大力弘扬教育家精神

本书编写组

人民出版社

目　录

高校篇

前 言
大力弘扬教育家精神 加快建设教育强国

　　教育，是国之大计、党之大计。党的十八大以来，以习近平同志为核心的党中央高度重视教师队伍建设，做出系列决策部署，推动我国教师队伍素质不断提高，为教育强国建设提供有力人才支撑。2023年教师节前夕，习近平总书记致信全国优秀教师代表，首次提出中国特有的教育家精神，并从六个维度系统阐释了教育家精神的丰富内涵和实践要求。2024 年 9 月，习近平总书记在全国教育大会上的讲话中提出，实施教育家精神铸魂强师行动，培养造就新时代高水平教师队伍。2024 年 8 月，《中共中央 国务院关于弘扬教育家精神加强新时代高素质专业化教师队伍建设的意见》发布，对大力弘扬教育家精神、打造支撑教育强国建设的新时代高素质专业化教师队伍作出了全面系统部署。2025 年 1 月，《教育强国建设规划纲要（2024—2035 年）》印发，提出构建素质精良的教师队伍体系，建设高素质专业化教师队伍，筑牢教育强国根基。这一系列重要讲话和文件，为新时代高素质专业化教师队伍建设指明了前进方向、明确了关键路径、提供了有力保障。

　　伟大时代需要伟大精神，强国建设离不开强国之师。教育家精神深深根植于中华优秀传统文化，是历代师者用生命和智慧写就的伟大精神，也是新时代筑牢教育强国根基的精神源泉。这种精神既赓续着"因材施教""有教无类"的千年文脉，又激荡着"振兴中华""强国有我"的时代强音；既需要在大力弘扬中激励广大教育工作者"为党育人、为国育才"的坚定行动，也需要在深入践行中锻造强国之师的精神风貌。

思想是行动的先导，理论是实践的指南。正所谓"立志而圣则圣矣，立志而贤则贤矣"，唯有思想认识深刻到位，行动才会走向自觉。习近平总书记提出的中国特有的教育家精神，将中华优秀传统文化的思想精髓与新时代教育改革发展的生动实践相结合，具有深厚的历史底蕴、鲜明的时代特征、开阔的国际视野，赋予了新时代人民教师崇高使命。各地各校大力弘扬教育家精神，积极推进教育高质量发展，不仅是教育改革发展的必然要求，更是实现中华民族伟大复兴中国梦的必然选择。为此教育部特别编写了《大力弘扬教育家精神》一书，通过丰富的案例和深入的分析，展示了各地各校在大力弘扬教育家精神、建设高质量教师队伍方面的创新举措与成功经验。为教育工作者提供了宝贵的借鉴与启示。这些实践探索与经验成果，对于其他地区和学校具有重要参考价值，能够为各地各校推进教育高质量发展提供有益指导。

当前，我国教育全面进入推进高质量发展、加快建设教育强国新阶段，为全面建成社会主义现代化强国、实现中华民族伟大复兴奠定更加坚实的基础。我们比任何时候都更加深刻地认识到，教师队伍是教育高质量发展的第一资源，是支撑科技自立自强的重要力量，是培育壮大我国人才队伍的有力保障，是实现教育强国、科技强国、人才强国建设目标的重要支撑。要从战略和全局高度充分认识教师工作的极端重要性，把加强教师队伍建设作为建设教育强国最重要的基础工作来抓，通过持续深入弘扬教育家精神，扎实推进教育家精神铸魂强师行动，加快培养造就新时代高水平教师队伍，为支撑教育强国建设提供有力的师资保障。

一是坚持党对教师队伍建设的全面领导，筑牢教育强国之基。教师队伍关乎"谁来培养人"的问题，要坚持党对教师队伍建设的全面领导。确保党牢牢掌握教师队伍建设领导权，引导广大教师深刻领悟"两个确立"的决定性意义，增强"四个意识"、坚定"四个自信"、做到"两个维护"；切实加强教师思想政治和师德师风建设，做到以文化人、以德育人；大力弘扬教育家精神，将个人理想融入国家发展大局，忠诚于党和人民的教育事业，牢记"为党育人、为国育才"的初心使命，将教育报国与个人职业发展紧密结合，在强国建设、民族复兴的伟大进程中展现教育担当。

二是强化实践行动，落实立德树人之本。践行教育家精神必须落实到具体的教育教学实践中。我们大力弘扬教育家精神，把握遵循教书育人和教师成长规律，推动教育家精神融入教师培养培训全过程，贯穿教书育人各环节。创新人才培养模式，培养学生的创新能力和实践能力。要面向世界科技前沿和国家重大战略需求，积极参与"卡脖子"技术攻关，推动科技成果转化，为国家发展提供智力支持。要构建协同育人生态，凝聚各方资源，打造全方位、全过程、全员参与的育人模式，实现教育的全面创新与发展。

三是完善制度建设，保障教育家精神落地生根。一千八百多万教师支撑世界最大规模教育体系，做好这一庞大体量的教师队伍建设工作，制度建设是重要保障。我们要健全师德师风建设长效机制，完善优化教师考核评价机制，激发教师教书育人的积极性。健全教师教育培养培训体系，优化教师专业发展培训项目，提升教师综合素质。要强化典型引领，通过宣传教育系统"共和国勋章""人民教育家""时代楷模"等先进事迹，发挥榜样示范作用，营造尊师重教的良好氛围。

教育家精神体现在每一位教育工作者的本职工作和日常行动中，从古到今，诸多教育工作者用不同的教育实践，共同诠释着教育家精神的时代内涵。他们身上闪耀的，是"有教无类"的平等，是"得天下英才而教育之"的热爱，是"捧着一颗心来，不带半根草去"的赤诚，是"只要还有一口气，就要站在讲台上"的坚守，是"为学当如金字塔"的追求。他们的从教故事再一次证明：教育家并非遥不可及的称号，而是每位坚守教育初心、坚持立德树人行动者的生动写照。

党中央清晰擘画了教育强国宏伟蓝图，全国教育大会的胜利召开和教育强国建设规划纲要的印发，发出了加快建设教育强国的动员令。2025 年是贯彻全国教育大会精神、落实教育强国建设规划纲要的关键之年，是三年行动计划实施的开局之年，也是"十四五"收官和"十五五"谋划之年，更是面向十年建成教育强国全面布局、高位推进之年，节点特殊、意义重大。广大教师要将弘扬教育家精神与加快建设教育强国结合起来，激发建设教育强国的使命感、责任感、紧迫感，以更加饱满的热情、更加坚定的信念、更加务实的行动，以教育家精神为指引，推动教育事业不断向前发展，为实现教育强国目标而努力奋斗！

本书编写组

2025 年 4 月

地
方
篇

北　京

以教育家精神为引领　打造高质量首都教师队伍

2023 年 9 月，在第 39 个教师节到来之际，习近平总书记致信全国优秀教师代表，首次提出并深刻阐释了中国特有的教育家精神，号召全国广大教师"以教育家为榜样，大力弘扬教育家精神"。2024 年 9 月，全国教育大会在北京召开，习近平总书记出席大会并发表重要讲话，指出要实施教育家精神铸魂强师行动，加强师德师风建设，提高教师培养培训质量，培养造就新时代高水平教师队伍。教育家精神的论述阐释既是对新时代中国教师群体特质的凝练升华，又赋予了新时代人民教师更加崇高的使命，是在教育强国宏伟目标引领下对教师队伍高质量、高标准建设提出的新要求，充分体现了习近平总书记和党中央对教育事业的高度重视、对教师群体的特殊厚爱，彰显了教育"国之大计、党之大计"和教师"立教之本、兴教之源"的战略地位，为我们打造高素质教师队伍、推进教育高质量发展、建设教育强国指明了前进方向，提供了根本遵循。

北京市委、市政府历来高度重视教师工作，始终坚持把教师队伍建设作为建设教育强国最重要的基础工作来抓，市委常委会每年专题研究教师队伍建设，持续深化新时代教师队伍改革创新。加强党对教师工作的全面领导，推动所有高校党委成立教师工作部，推进中小学党组织领导的校长负责制改革，明确党组织政治责任，把思想政治要求贯穿教师的培养、招聘、使用、管理、服务、职评、奖惩等全过程；组织实施教育家型校长教师涵养等系列干部教师高端培训项目，努力提升干部教师思想政治素质，深入开展"师德集中学习教育"专项活动，建立师德师风月调度工作机制和部门联动审核机制，师德师风严的态势逐渐形成。坚持抓创新，深化推动小范围、大比例、强效度的教师交流轮岗工作，探索教师全员实训机制，有力推动义务教育优质均衡发展。特别是在教育家精神提出后，第一时间召开加快推进新时代首都教师队伍高质量发展座谈会，引导广大教师大力传承和弘扬教育家精神，树立"躬耕教坛、强国有我"的志向和抱负；以教育家精神为引领，扎实开展"教师队伍建设年"活动；聚焦教师队伍建设重点难点问题，一体推进教师思想政治、师德师风、育人本领的整体性跃升。广大教师在服务保障党和国家大事要事、服务首都经济社会发展、服务国家科技项目攻关等方面作出了重大贡献，充分展示了首都教师队伍良好的精神风貌。

学习贯彻习近平总书记关于大力弘扬教育家精神的重要指示，是首都教育系统当前和今后一个时期的一项重要政治任务。为贯彻落实党中央精神和市委、市政府决策部署，将推进中国式现代化作为最大的政治，把高质量发展作为新时代的硬道理，充分发挥首都教育科技人才领先优势，推动首都教育高质量发展，支持率先发展新质生产力。我们将以大力弘扬和践行教育家精神为主线，认真贯彻落实《教育强国建设规划纲要（2024—2035年）》，出台《贯彻落实〈关于弘扬教育家精神加强新时代高素质专业化教师队伍建设的意见〉工作方案》，全面实施弘扬教育家精神强师工程，推进系列重点改革举措，守正创新、攻坚克难、狠抓落实，扎实推进新时代教师队伍建设，着力打造一支师德高尚、业务精湛、结构合理、充满活力的高素质首都教师队伍，努力回答好"强国教育、首都何为"的时代命题。

实施弘扬教育家精神强师工程。实施教育家精神铸魂强师行动，开发教育家精神公共必修课程，建立健全教师定期理论学习制度，全面开展教师思想政治轮训。开展"双带头人"教师党支部书记"强国行"专项行动，加强高层次人才领航工作站建设。深入落实教师职业行为准则、师德考核办法和违反职业道德行为处理办法，落实教职员工准入查询制度和从业禁止制度，严格落实师德失范"零容忍"。加强"双师型"教师标准体系建设，实施教师学历提升计划，实施数字化赋能教师发展行动。

推进市属高校人事制度改革。聚焦改革的系统性、整体性、协同性，推进编制管理改革，优化编制结构，向"双一流"学科、优势和特色学科倾斜，在提升编制使用效益同时，采取多元化聘用方式，自主灵活用人。推进岗位管理改革，细化岗位分类分级体系，有效调动各类人员积极性。推进校内评价改革，统筹定性定量评价，建立科学有效的评价体系。完善内部收入分配激励机制，探索建立激发创新活力、知识价值导向、管理规范有效、保障激励兼顾的薪酬制度。采取"共性＋个性"相结合的方式，聚焦中心工作、优化考核指标、强化结果应用，以科学精准的绩效考核推动高质量发展。

优化教师资源配置。按学段优化招聘规模和结构，保持教师队伍资源配置与学龄人口波动同频共振。鼓励集团内、直升校优先招聘具有高学段教师资格的教师。打通人力资源管理体制机制壁垒，在学区、集团内实行编制、招聘、职称等资源要素的统筹、动态管理，引导超编学校向缺编学校流动，促进集团、学区内教师常态化有序流动。支持鼓励一贯制学校打通使用教师，优化各学段师生配比。

促进教师培训提质增效。完善三级联动互补的教师培训体系，建设"区—学区／集团—学校"协同联动的教师专业发展支持体系。健全教育家型校长教师涵养等市级高端培训机制。优化高等学校高水平教师队伍建设支持计划，拓展职业院校教师素质提高计划基地范围。完善自主选学机制和精准培训机制，打造高水平教师培训课程资源。深化数字赋能教师发展，高质量实施教师开放型在线辅导和在线研修。

实施卓越教师培养计划。优化完善公费师范生培养政策，支持相关高校扩大教育硕士推免比例，实施"2+2+2"本研衔接培养模式，加强研究生层次中小学教师培养。鼓励支持"双一流"建设高校为代表的高水平院校为中小学培养研究生层次优秀教师，支持师范院校建设数学、科技、工程类教育中心，构建多样化学习实践平台。加强对"国优计划"的政策支持，选优配强实践基地和实践导师，鼓励支持开展订单培养。

天　津

弘扬教育家精神　锻造津沽一流教师队伍

　　国将兴，必贵师而重傅。2023 年教师节前夕，习近平总书记致信全国优秀教师代表，从理想信念、道德情操、育人智慧、躬耕态度、仁爱之心、弘道追求六个方面，提出并深刻阐释中国特有的教育家精神，勉励全国广大教师"以教育家为榜样，大力弘扬教育家精神，牢记为党育人、为国育才的初心使命"。习近平总书记的重要论述根植于数千年中华传统师道文化沃土，蕴含着鲜明时代内涵与文化特质，是对中国教育家精神特质的高度凝练和价值升华，为广大人民教师提供了精神航标和行动指南，为建设支撑教育强国的教师队伍指明了前进方向，提供了根本遵循。我们要深刻把握核心要义，认真贯彻到教师队伍建设中去。

　　锻造"明道信道"的铸魂之师。"师者，所以传道受业解惑也。"作为教师，传道首先自己要明道、信道。新时代教师应明之"道"、应信之"道"，必须是马克思主义信仰、中国特色社会主义共同理想和共产主义远大理想、社会主义核心价值观，这也是习近平总书记反复提到的"大德"。习近平总书记多次强调，要坚持教育者先受教育，努力成为先进思想文化的传播者、党执政的坚定支持者，更好担起学生健康成长指导者和引路人的责任。作为"传道者"，教师只有自己有理想、有信仰，才能用自己的理想点燃学生的理想，用自己的信仰引领学生的信仰。习近平新时代中国特色社会主义思想是当代中国马克思主义、二十一世纪马克思主义，是全党全国人民为实现中华民族伟大复兴而奋斗的行动指南。天津是全国"大思政课"建设综合改革试验区，要引导广大教师胸怀"国之大者"，把服务党、服务国家和服务人民作为最高追求，坚持不懈用习近平新时代中国特色社会主义思想铸魂育人，将张伯苓先生的"爱国三问"一代代传承下去，以高度的社会责任感和深厚的爱国情怀筑牢教育强国根基。

锻造"立德躬行"的模范之师。师者，人之模范，一日为师，一世楷模。世界上很少有职业像教师这样要求严格，很少有群体能像教师一样对学生的思想和行为产生深远影响。天津近现代涌现出张伯苓、严范孙、赵天麟、张伯礼等一大批教育家。他们不仅是知识的传播者，更是精神的熏陶者、人格的影响者和道德的践行者。天津要坚持师德师风第一标准，从细处入手、实处发力，抓牢抓实师德师风建设各项重点工作，确立师德师风严的主基调，不断稳固师德师风持续向好的态势。完善教师荣誉体系，持续开展"津门师德巡讲"活动，讲好教育家教书育人故事，讲好身边榜样教师的动人事迹，激励广大教师见贤思齐，用真心、真情、真诚关爱学生，用知识、学识、见识照亮学生心灵，为学生扣好"第一粒扣子"，彰显榜样的力量。

锻造"业精善学"的创新之师。"启智润心、因材施教"是教育家精神的本质要求。习近平总书记强调："扎实的知识功底、过硬的教学能力、勤勉的教学态度、科学的教学方法是老师的基本素质，其中知识是根本基础。"[①] 教师只有始终处于学习状态，站在知识发展前

---

① 2014年9月9日，习近平总书记同北京师范大学师生代表座谈时的讲话。

沿，乐思善学，刻苦钻研，不断充实、拓展、提高自己，方能无愧于教师的称号。新时代，天津要以提升教师育人智慧为目标，整体提高师范院校办学水平，支持高水平综合大学试点开展教师教育，深入实施"未来教育家行动计划""津门三杰""卓越教师计划"等系列培养培训项目，推动数字技术与教育教学的有机融合，促进教师终身学习和专业发展。要深化教师分类评价改革，深入实施教学成果培育项目，引导广大教师做有研究能力的实践者，深耕教材、深耕课堂，在教学理念与方法上积极探索，主动学习借鉴人类创造的一切优秀文明成果，做理论与实践相统一的"大先生"。

锻造"充满活力"的强国之师。习近平总书记指出："当今世界的竞争说到底是人才竞争、教育竞争。要更加重视人才自主培养，更加重视科学精神、创新能力、批判性思维的培养培育。"[①] 当前和今后一个时期，天津要认真学习贯彻习近平总书记考察天津重要讲话精神，践行"四个善作善成"重要要求，把党中央的关心和重视转化为加快推动教师队伍建设的务实举措。要强化高等教育龙头作用，深入实施科教兴市、人才强市行动，深化教育科技人才综合改革，打造国家战略科技力量，支持青年教师成长，引导高校教师把论文写在津沽大地上，做有情怀、有格局、有能力、有贡献的"大先生"。要推进现代职业教育体系建设改革，建立"工匠之师"一体化培养体系，完善校企"共聘共育""双栖制"引人用人机制，培育传承绝活、弘扬绝技的技能大师，引导教师主动成为大国工匠精神的引领者和示范者。要夯实基础教育基点，适应学龄人口变化，稳妥推进中小学教师编制、职称、岗位综合改革，优化教师资

---

① 2021年5月28日，习近平总书记在中国科学院第二十次院士大会、中国工程院第十五次院士大会、中国科协第十次全国代表大会上的讲话。

源配置和队伍结构，依法保障教师待遇，切实减轻教师负担，为教育家精神的培育提供良好环境，为教育家型教师的成长与进阶创造发展空间。

河　北

让教育家精神在燕赵大地盛开绽放

习近平总书记对河北知之深、爱之切，党的十八大以来十一次视察河北，给保定学院西部支教毕业生群体代表回信，对河北农业大学教授李保国同志先进事迹作出重要批示，作出"义务教育一定要搞好，让孩子们受到好的教育"①，"要推动京津优质中小学基础教育资源同河北共享，深化区域内高校师资队伍、学科建设、成果转化等方面合作"② 等重要指示，为河北教育工作提供了重要遵循和强大动力。特别是，习近平总书记在 2023 年首次提出了中国特有的教育家精神，并从六个方面作出深刻阐释。

河北省坚持把学习贯彻习近平总书记重要指示批示精神作为首要政治任务，大力弘扬教育家精神，把加强教师队伍建设作为最重要的基础工作来抓，为建成教育强国、教育强省提供有力支撑。

突出思想铸魂，加强党对教师队伍建设的领导。坚持把政治标准作为评价新时代教师队伍建设的首要标准，真正做到育人者先受教

---

① 2012 年 12 月 29 日至 30 日，习近平总书记在河北省阜平县考察扶贫开发工作时的讲话。

② 2023 年 5 月 11 日至 12 日，习近平总书记在河北考察并主持召开深入推进京津冀协同发展座谈会上的讲话。

育。组织广大教师认真学习贯彻习近平总书记关于教育的重要论述，把提高教师思想政治素质作为教师队伍建设的首要任务，深入推进习近平新时代中国特色社会主义思想"三进"工作。建立完善党委统一领导、党政齐抓共管、部门各负其责的教育领导体制，落实中小学校党组织领导的校长负责制、高校党委领导下的校长负责制，选优配强民办高校党委书记，全面推进"双向进入，交叉任职"，分类建立公办学校、民办学校党建标准体系、责任体系，构建全链条、全覆盖党建工作新格局。承办教育部 2024 年"教育家精神"巡回宣讲活动（河北站），组织优秀教师代表开展全省"教育家精神"巡回宣讲。利用西柏坡、塞罕坝等红色资源，为师范生和在职教师开展红色教育。在教师党员和党支部空白点的农村中小学校，大力推进党的组织和党的工作，实现全覆盖。所有国培省培班建立临时党支部。提升大中小学思想政治教育一体化建设质量，建立 14 个市级、167 个县级德育共同体和省级大中小学思政课一体化共同体、12 个集体备课中心，开展大中小学思政课教师结对教研、集体备课、进修访学。

加强教师教育，努力打造高质量教师队伍。坚持做优职前培养，打造以教育家精神为引领的教师教育体系。提升教师队伍专业素养，培养造就一支教育家型教师队伍。实施"强师计划"，持续推进"教育家型"校长培养工程，到 2027 年，省级骨干教师、特级教师、燕赵名师分别达到 5000 名、1500 名、100 名。开展省级公费师范生和"优师计划"师范生培养，每年培养 1200 人左右，率先实施"3+1+2"本研衔接公费师范生培养试点。全面实施市级小学全科公费师范生培养试点工作，每年培养 1500 人左右。实施"特岗计划"，不断为乡村地区提供优质师资。实施职业院校名师（名匠）名校长培养计划，遴选认定一批省级"燕赵大师、燕赵名匠"，到 2027 年，职业院校"双师型"教师占专业教师比例达到 60% 以上。开展黄大年式教师团队创建活动，每两年认定 50 个优秀教学团队。每两年遴选 100 名高校青年骨干教师，给予项目支持。培育 3—5 个省级师范教育基地，加快建设开放、协同、联动的教师教育体系。建立全省"大思政课"校外师资库，推进首批 66 名社科专家、先进模范走进思政课堂。树立为人师表形象，着力建设一支政治强、情怀深、思维新、视野广、自律严、人格正的思政课教师队伍。按照师生比 1∶350 的要求，配齐配强思政课教师，每人每月足额发放 1000 元岗位津贴。

加大培训力度，提升教师教书育人能力水平。坚持做好教师在职提升，让教育家在燕赵大地不断涌现。深化国培省培计划改革，全省每年培训中小学教师 5 万人以上，将培训名额向乡村一线教师倾斜。开展高校书记、校长专题培训，强化理论武装，把抓好党建作为办学治校的基本功，以高质量党建引领教育高质量发展，举办全省高校党委书记教育强国专题培训班。持续开展中小学书记、校长培训，提升教学理念和办学水平。建立 30 个省级名校长工作室，充分发挥专业引领与示范作用。借力京津优质教育资源，每年选派 200 名优秀中小学校长教师跟岗培训。

发挥激励作用，全面深化教师管理综合改革。坚持问题导向，不断破解制约教育高质量发展因素。优化中小学教师"县管校聘"管理机制，加强城镇优秀教师校长向乡村学校、薄弱学校流动，每年教师交流轮岗比例不低于符合交流条件教师总数的 10%，其中骨干教师交流轮岗比例不低于交流总数的 20%。每年选派 1000 名教师开展"三区"支教计划。每年招募 1500 名教师实施全学段银龄教师支持行动。

强化待遇保障，积极营造尊师重教良好风尚。坚持提高教师的社会地位和待遇水平，从而激发教师的工作积极性和创造力，为建成教育强国、教育强省提供坚强保障。做好第 40 个教师节系列庆祝活动，在全省开展"燕赵教育世家""我心中的好老师"和"老师，我想对您说"系列宣传活动，推出"观景、加油、通讯"三项"惠师行动"，举行大型歌舞剧《嘱托——春天的课堂》演出活动。加大强师惠师举措力度，确保义务教育教师平均工资收入水平不低于当地公务员平均工资收入水平。落实 22 个原集中连片贫困县和 12 个山区县乡村教师生活补助政策，按照每人每年 3600 元标准发放，对在乡村学校任教满 25 年的教师实行职称倾斜。开展多种形式的教师表彰奖励和选树宣传活动，定期评选一批"最美教师"、教育系统先进集体和先进个人，让"人民教师无上光荣"观念深入人心。

山　西

弘扬教育家精神　推动山西教育高质量发展

百年大计，教育为本；教育大计，教师为本。教师是立教之本、兴教之源，承担着让每个孩子健康成长、办好人民满意教育的重任。党的十八大以来，习近平总书记高度重视教师队伍建设，多次在不同场合强调教师工作的意义，对广大教师提出殷切期望。2023 年教师节前夕，习近平总书记致信全国优秀教师代表，首次提出中国特有的教育家精神，全面深刻阐释了教育家精神的丰富内涵和实践要求。

山西省委、省政府认真贯彻落实习近平总书记关于教育的重要论述和对山西工作的重要讲话重要指示精神，全面深化新时代教师队伍建设改革，坚持教师队伍发展"三优先"战略，实施新时代教师队伍党建提升、师德建设行动、乡村教师培养、中小学教师素质提升、职业院校技能型"双师型"教师建设、高校教师激励引领、中小学管理体制改革、教师地位待遇提升保障等八大计划，教师队伍建设取得可喜成绩。全省各级各类学校专任教师达到 49.3 万人，在全国率先统一城乡中小学教职工编制标准，普通高中、高等教育专任教师研究生学历占比分别高于全国 1.2 个、0.6 个百分点，学前、小学、初中、高中生师比均优于全国平均水平。

　　山西省落实立德树人根本任务，培养理想信念坚定、道德情操高尚、躬耕态度端正笃实的教师队伍。强化教师党员理论武装和思想政治教育，强化教师党支部政治功能，实施教师队伍党建提升计划，加强师德师风建设，将师德师风作为评价教师队伍素质的第一标准。以理想信念教育引领教师队伍建设，组织党员教师开展习近平新时代中国特色社会主义思想主题教育，牢记为党育人、为国育才的初心使命，以德立身、以德立学、以德施教。实施高校教师党支部书记"双带头人"培育工程，"双带头人"教师党支部书记基本配齐，进入全国前列。

　　山西省立足专业素质能力提升，培养具备育人智慧、富有仁爱之心、衷心执着弘道追求的教师队伍。实施教师教育振兴行动计划，建立以山西师范大学等师范院校为主体、其他高水平非师范院校参与的师范教育体系，每年安排3所省属师范本科高校培养公费师范生和"优师计划"师范生1300人左右，从源头上确保师范生培养质量。建设高素质专业化的中小学教师队伍，严把入口关，严格中小学教师资格和招聘准入，开展中小学教师定期注册试点。落实"三基建设"要求，开展全省教育系统干部教师基本能力、专业能力测评，教师基础素质和基本能力大幅提升。广开引才之路，从部属高校、中科院引进优秀人才到山西省高校任职、挂职。涌现出全国高校黄大年式教师团队、全国教书育人楷模、全国"最美教师"等一大批先进典型。

　　教师肩负着贯彻党的教育方针、立德树人、培养德智体美劳全面发展的社会主义建设者和接班人的历史使命，是躬耕教育一线的实践者、奋斗者。大力培养造就高素质专业化教师队伍，培养造就更多人民满意的好老师，才能厚植国家强盛的根基。我们要从建设教育强国、科技强国、人才强国的战略高度，弘扬教育家精神，做好新时代教育家型教师的培养工作。

一要以教育家精神构建优秀优良师德师风体系。引导广大教师牢记习近平总书记的殷切嘱托，牢牢把握立德树人根本任务。配齐建强思想政治工作队伍和党务工作队伍，健全教师政治理论学习制度，引导广大教师深入学习领会习近平新时代中国特色社会主义思想，带头践行社会主义核心价值观，坚定理想追求，端正躬耕态度，践行弘道使命。实施师德建设行动计划，厘清当代师德师风建设的新规律、新内容、新方式，贴合实际地对师德师风评价机制进行改革，引导广大教师把教书育人和自我修养紧密结合，以仁爱之心教学，以模范行为影响学生。

二要以教育家精神培育高素质教师队伍。大力支持师范院校发展，不断优化以教学知识和技能为主要内容的课程培养方案。实施乡村教师培养计划，引导各地采取定向招生、定向培养、定期服务等方式与高等师范院校联合培养"一专多能"和紧缺学科教师。开展中小学教师全员培训，促进教师终身学习和专业发展。继续实施职业院校教师素质提高计划、高校教师激励引领计划，建设高素质创新型高校教师队伍。通过这些措施，不断提升教师育人能力，培养更多启智润心、因材施教的好老师。

三要以教育家精神引领尊师重教社会氛围。各级党委政府要把全面加强教师队伍建设作为根本性民生工程，作为教育投入重点予以优先保障，持续巩固义务教育教师平均工资收入水平不低于当地公务员平均工资收入水平的成果。按照"多劳多酬、优绩优酬"的原则，加大对高校创新人才的激励力度。深入挖掘选树优秀教师典型，做好教师节宣传庆祝工作。继续推行各地教师免费乘坐城乡公交、参观旅游景点，二甲以上公立医院设立教师挂号窗口等惠师政策，弘扬尊师重教社会风尚，从而形成正向循环，进一步内化与外化教育家精神，以更加积极的态度投身教育教学工作中。

内蒙古

着力锻造一支躬耕北疆本领过硬的教师队伍

内蒙古自治区深入贯彻落实习近平总书记关于教育的重要论述和对内蒙古重要指示精神，聚焦完成好习近平总书记交给的五大任务和全方位建设"模范自治区"两件大事，牢记为党育人、为国育才使命，以铸牢中华民族共同体意识为主线，大力弘扬和践行中国特有的教育家精神，坚持"四有"好老师和"四个引路人"标准，着力锻造一支躬耕北疆、本领过硬的教师队伍，为建设教育强区、奋力谱写中国式现代化内蒙古篇章提供有力保障。

一是强化思想政治引领，树立崇高的理想信念。深入开展学习贯彻习近平新时代中国特色社会主义思想主题教育，融入延伸开展"感党恩、听党话、跟党走"群众教育实践活动，举办习近平新时代中国特色社会主义思想进教材进课堂进头脑研讨会，开展青年师生宣讲团、理论学习轻骑兵等宣讲千余场，推进习近平新时代中国特色社会主义思想入脑入心，引导广大教师深刻领悟"两个确立"的决定性意义，增强"四个意识"、坚定"四个自信"、做到"两个维护"。实施"躬耕北疆·赓续师魂"行动，把教育家精神纳入教师入职第一课、师德专题课、师范生培养和教师校长培训必修课，教育引导广大教师自觉做教育家精神的传承人、行动派，做有理想、负责任的行动主义者。

积极创建铸牢中华民族共同体意识教育示范区，实施"石榴籽"育人工程、"大思政课"建设工程，围绕"北疆文化"打造一批"名师金课"，把爱国主义精神、蒙古马精神和"三北精神"融入融汇，将铸牢中华民族共同体意识融入办学治校、教书育人全过程，让广大教师牢记"国之大者"，坚定心有大我、至诚报国的理想信念，树立胸怀天下、以文化人的弘道追求。

二是深化师德师风建设，培育高尚的道德情操。始终坚持师德师风第一标准，压紧压实主体责任，建立涉师德师风事件事前预警防控、事中规范核查、事后通报警示一体化工作机制，将师德建设成效纳入各地各校年度考核重要内容，构建系统完备、执行有力、问责有据的师德建设长效机制。强化全员师德养成，面向全区教育系统开展师德集中学习教育"六项行动"（政治建设"思想铸魂"行动、规矩立德"固本强基"行动、专项整治"清朗净化"行动、关键群体"教育提升"行动、以案明纪"警钟长鸣"行动、榜样引领"典型赋能"行动），努力构建崇德向善、风清气正的育人环境。加强典型引领，全方位建设以教育家精神为特色的校园文化，建立"教育家精神"名师工作室，组织开展"躬耕北疆·传承有我"行动，大力宣传时代楷模、"人民教育家"、"最美教师"等榜样人物及先进事迹，激励广大教师勤修乐教爱生、甘于奉献的仁爱之心，陶冶言为士则、行为世范的道德情操。

三是提升教师专业素质，锻造过硬的育人本领。实施高质量教师队伍建设行动，统筹推进教师队伍建设由规模扩大向质量提升转变。从源头上改善师资供给，通过实施"公费定向培养师资计划""优师计划""国优计划""师范教育协同提质计划"，开展师范类专业认证评估，厚植教育家精神生长沃土。强化京蒙协作教育倍增计划，深入推进卓越教师领航校长培育项目、优秀中青年教师支援乡村教育等项目，深化产教融合培育"双师型"教师，围绕自治区重点学科、科研平台有组织地开展高层次人才引育，推动教师专业成长。把学习和践行教育家精神作为教师入职培训、学习研修的重要内容，作为评优树模、职务晋升的重要依据，以教育家精神引领教师综合素质和专业能力"双提升"，引导广大教师秉持勤学笃行、求是创新的躬耕态度，涵养启智润心、因材施教的育人智慧。

四是持续强化政策保障，营造良好的育人氛围。强化教育部门与组织、宣传、人社等各有关部门协同联动，完善惠师政策，保障教师待遇，维护教师权益，减轻教师负担，讲好教师故事，让广大教师在岗位上有幸福感、事业上有成就感、社会上有荣誉感，支持和吸引更多优秀人才热心从教、精心从教、长期从教、终身从教。聚焦优化教师资源配置，结合人口发展趋势和生源变化动态调整优化中小学教职工编制结构，建强乡村教师队伍，稳步推进义务教育校长教师"县管校聘"管理改革，持续推进银龄教师行动计划和教育人才"组团式"帮扶，促进教师数量、素质、结构协调发展。全力做好原民族语言授课学校师资保障，坚定不移全面推行使用国家统编教材，确保各民族青少年掌握和使用好国家通用语言文字。聚焦"双师型"教师队伍建设，规范教师认定，引导专业课教师到企业实践或校外实训基地实训，积极培育职业教育名师。聚焦提升教师教学和研究能力，实施高校青年科技人才发展项目，加强创新团队建设，依托内蒙古高等研究院和京蒙、沪蒙、陕蒙及"东北三省一区"等协作平台，强化对外交流合作，引导高校教师主动融入、更好服务经济社会发展。

辽 宁

大力弘扬践行教育家精神　筑牢教育强省建设根基

强国必先强教，强教必先强师。习近平总书记立足实现中华民族伟大复兴中国梦、打造中华民族"梦之队"筑梦人的特殊历史使命，提出中国特有的教育家精神，赋予新时代人民教师崇高使命，为我们打造高素质专业化教师队伍、推进教育高质量发展指明了方向、提供了遵循。

辽宁牢记总书记殷切嘱托，将加强教师队伍建设作为教育强省最重要的基础工作来抓，大力弘扬践行教育家精神，推动新时代教师队伍建设不断迈出新步伐。

教育引导广大教师坚定政治方向，做中国特色社会主义的坚定信仰者。心有大我、至诚报国的理想信念是教育家精神的首要内涵。辽宁始终坚持以习近平新时代中国特色社会主义思想凝心铸魂，强化教师队伍思想政治工作。广大教师深入理解和领会习近平总书记关于教育的重要论述，牢记为党育人、为国育才初心使命，坚定"躬耕教坛、强国有我"的志向和抱负。下一步，将深入实施教育家精神铸魂强师行动，教育引导广大教师坚定理想信念，始终胸怀"国之大者"，从新时代的伟大变革中、从辽宁振兴发展取得的丰硕成果中深化对中国共产党和中国特色社会主义的政治认同、思想认同、理论认同、情感认同，忠诚于党和人民的教育事业，深刻领悟"两个确立"的决定性意义，增强"四个意识"、坚定"四个自信"、做到"两个维护"。践行初心使命，把立德树人根本任务的要求落实到教书育人的全过程，造就更多理想远大、信念坚定、可堪大用、能担重任的栋梁之才。服务中心大局，聚焦辽宁实现全面振兴新突破、加快新时代"六地"建设等目标任务，在教书育人、科研攻关等工作中奋发作为、追求卓越，书写无愧于党、无愧于人民、无愧于时代的师者荣光。

教育引导广大教师强化师德修养，做高尚道德情操的模范践行者。言为士则、行为世范的道德情操是教师职业的内在要求。近年来，辽宁以有力的行动推动师德师风建设走深走实，教师队伍师德师风更加优良，教育行风持续向好。2020年以来，全省1300余名教师、170多个集体获得省级以上表彰，涌现出全国教书育人楷模、全国"最美教师"等一批先进典型，向全社会展示了辽宁广大教师良好的精神风貌。下一步，将深入实施师德师风塑造工程，推动师德师风建设常态化长效化。教育引导广大教师加强自我修养，大力学习弘扬中华优秀传统文化，积极践行社会主义核心价值观，树立新时代辽宁教师良好形象。强化自律自强，模范遵守宪法和法律法规，认真落实新时代教师职业行为准则，严格自我约束、规范职业行为，敬重学问、为人师表。忠诚热爱教育事业，知责于心、担责于身、履责于行，为国家培养德智体美劳全面发展的社会主义建设者和接班人，培养担当民族复兴大任的时代新人。

教育引导广大教师练就过硬本领，做传道授业解惑的知识传播者。启智润心、因材施教的育人智慧和勤学笃行、求是创新的躬耕态度，事关能否培养出一批又一批社会主义建设者和接班人。近年来，辽宁高度重视教师队伍素质提升和结构优化，全省义务教育阶段本科以上学历专任教师比例、职业教育"双师型"教师比例、高等教育高级职称专任教师比例均高于全国平均水平，高校研究生导师从2020年2.1万人增长到2023年2.7万人，增幅28.6%。下一步，将健全教师教育体系，提高师范教育办学质量，完善省、市、县、校分级研训体系，强化教师全员培训，持续提升教师专业素质能力。

教育引导广大教师坚持以人为本，开展有温度、触动心灵的高质量教育。践行终身学习理念，客观把握创新人才培养、科教融合等一系列教育问题，不断更新知识结构，用真学问将莘莘学子引向知识的殿堂。坚持理论教育与实践养成相结合，启发式地带领学生学习知识、研究问题，激发学生的学习兴趣和热情。不断提升数字素养，善用信息技术让课堂更灵动、让教学更有趣、让学生更爱学。让每个学生都找到自己奔跑的赛道，赢得人生出彩的机会。

教育引导广大教师厚植深厚情怀，做学生健康成长的知心引路者。乐教爱生、甘于奉献的仁爱之心和胸怀天下、以文化人的弘道追求是教师职业的必然要求。近年来，辽宁建立了以省特级教师、省优秀教师为代表的教师荣誉表彰体系和以教书育人模范、教育世家、中小学领航校长、"最美教师"和最美校长为代表的教师选树宣传体系，引导广大教师见贤思齐，将自己的情怀融入教学之中。下一步，将创新开展教师宣传工作，传播教育家思想、展现教育家风貌，教育引导广大教师把自己的温暖和情感倾注到每一个学生身上，真诚地尊重学生、充分地理解学生、宽容地关怀学生。充分继承和发挥"家国天下"的优良传统，全面弘扬辽宁"六地"红色文化，引领学生勇担强国使命、勇担振兴大任，追求更有高度、更有境界、更有品位的人生。

教育引导广大教师勇于开拓创新，做教育改革的探索实践者。实践是教育家成长的丰厚土壤，环境是教育家成长的外部条件。近年来，辽宁不断完善教师队伍管理服务制度，涵养尊师文化、提振师道尊严，教师职业发展通道进一步畅通，广大教师岗位荣誉感、职业使命感、事业成就感进一步增强。下一步，将进一步深化教师评价改革、优化教师管理服务，鼓励支持广大教师站在教育改革前沿，勇于投身教育改革创新实践，探索适合时代需求的教书育人模式，推进课程体系、教学内容和教学方式改革，以教学科研一线的改革成果助推教育事业改革取得实质性进展，打造一批具有辽宁特色的改革典型、改革品牌。坚持把保障教师权益作为重要工作来抓，加大各级各类教师待遇保障。满腔热情关心教师工作、学习和生活，千方百计为教师解难题、办实事，让广大教师安心从教、热心从教、舒心从教、静心从教。统筹规范社会事务进校园，精简督查检查评比考核事项，让教师有更多时间和精力聚焦教书育人的主责主业，潜心育人、大胆探索。

吉 林

践行教育家精神　培育新时代卓越教师

吉林省委、省政府坚持以习近平新时代中国特色社会主义思想为指导，认真贯彻落实习近平总书记关于教育的重要论述，始终把教育摆在优先发展的战略地位，大力培育新时代卓越吉师，教育服务经济社会发展的能力显著提升，不断在教育高质量发展、可持续振兴的新路上贡献吉林力量。

弘扬教育家精神，助力建设教育强国。教育家精神植根于数千年来中华民族尊师重教的优秀传统教育文化，同时也展现了新时代教师的精神风貌，具有强大的感染力、引领力。党的十八大以来，习近平总书记始终高度重视教师队伍建设，在不同场合多次表达对教师队伍的关心关怀并提出殷切期望。"九个坚持"重要论述深刻回答了新时代如何坚持走中国特色社会主义教育发展道路的根本问题，特别是"坚持把教师队伍建设作为基础工作"，为广大教师担当好培养社会主义建设者和接班人、建设教育强国的重要使命提供了根本遵循。从争当"四有"好老师到做好"四个引路人"，从"经师"和"人师"的统一者，到做学生为学、为事、为人的"大先生"，为新时代我国教师队伍建设指明了前进方向。在第 39 个教师节到来之际，习近平总书记又从理想信念、道德情操、育人智慧、躬耕态度、仁爱之心、弘道追求六个方面深刻阐述了中国特有的教育家精神的核心要义，具有深邃的思想内涵和鲜明的价值导向。

教育家精神是激励、指引和涵育广大教师立德修身、潜心育人、创新砥砺的强大精神动力，是全体广大教师共同追求的价值目标、道德养成、素质能力。大力弘扬教育家精神，是新时代赋予人民教师的崇高使命，彰显了习近平总书记立德树人、兴教强国的教育情怀，有利于将"强国必先强教、强教必先强师"的战略蓝图更好转化为打造新时代高素质专业化教师队伍的行动指南，为教育强国建设贡献卓越"吉师"力量。

践行教育家精神，彰显吉林文化底蕴。尊师重道是中华民族世代传承的优良传统，也是吉林省优秀师道文化生生不息的内在动力。一代又一代教育工作者在吉林大地上追求教育理想、从事教育实践，不断锤炼出新时代优秀教师的精神品质，有"为共产主义事业永远进击一生，为无产阶级教育事业艰苦开拓和创造一生，为马列主义、毛泽东思想的传播鞠躬尽瘁一生"的成仿吾先生，有被誉为"中国量子化学之父"的唐敖庆先生，还有倡导"要当教育家，不要当教书匠"的著名哲学家、教育家陈元晖先生。他们爱生如子、爱校如家的治教精神，求真务实、勇于创新的科学精神，心有大我、至诚报国的爱国精神，奠定了吉林省师道文化的底色和本色。同时，教育家精神还饱含了蓬勃的时代特征和责任担当。近年来，吉林省又涌现出一大批优秀教育工作者，延续了老一辈教育家的脚步，不断书写教育家精神的新时代伟大华章。"人民教育家"、时代楷模黄大年，"最美奋斗者"郑德荣，全国教书育人楷模朴航瑛、高夯、孙正聿、史宁中……他们的育人理念、治学精神，生动诠释了教育家精神的崇高品德、价值信仰，塑造了吉林省师道文化的新色和亮色。

践行教育家精神，讲好教育家故事，持续开展模范事迹的宣传和学习，树立新时代卓越吉师发展的精神目标，成为吉林省弘扬教育家精神的宝贵资源和有效途径，也将为吉林省未来教育家的培养奠定扎实的基础。

赓续教育家精神，培育新时代卓越吉师。教育家精神是中华民族的宝贵财富。在全面建成社会主义现代化强国的新征程中，要全面深化新时代教师队伍建设改革，面向全学段全体教育工作者传承赓续教育家精神，涵育新时代卓越吉师，以教育家精神打造一支高素质专业化教师队伍，回应好人民群众对教育工作和教师队伍建设的更高要求。一是强化教师队伍思想引领。全力推动习近平新时代中国特色社会主义思想和党的二十大精神进教材、进课堂、进头脑。在资格认定、教师招聘、职称评审、岗位聘用、年度考核、推优评先、表彰奖励等工作中，严格落实师德师风教师队伍建设第一标准，引导广大教师大力弘扬并自觉践行教育家精神。二是推进建设高质量教师教育体系。实施"卓越吉师培育行动"，聚焦强化思想引领、优化资源配置、夯实职业素养、保障工资待遇等环节重点发力，深入推进吉林省师范教育协同发展联盟建设，开展教师精准培训，全面提升教师素质能力，培养一批具有爱国情怀、国际视野的优秀校长和教师，倡导教育家办学。三是不断提高教师地位待遇。切实提高教师政治地位、社会地位、职业地位，巩固义务教育教师平均工资收入水平不低于当地公务员平均工资收入水平的成果，健全教师荣誉制度，吸引更多优秀人才热心从教、精心从教、长期从教、终身从教。

教育家精神赋予了教育事业新的时代内涵，吉林省委、省政府将挺膺担当、起而行之，进一步深刻领会党中央对教育事业的高度重视，弘扬践行教育家精神，培育新时代卓越吉师，开创教育强省新局面，以高质量教育支撑高质量发展。

黑龙江

弘扬教育家精神　谱写教育强国建设"龙江篇章"

习近平总书记提出的教育家精神，是"两个结合"在教育领域的生动体现，是对中华传统师道的时代传承，提出了新时代教育事业高质量发展的新理念和教师队伍高标准建设的新要求，回应了教师队伍建设的时代主题，为新时代教师队伍建设提供了总方向、总指引、总遵循，具有鲜明的道德感召力、价值引领力、实践驱动力。我们要大力弘扬教育家精神，在加快建设教育强国、推动龙江振兴发展的新征程中，走好强师惠师尊师之路，为奋力谱写中国式现代化龙江篇章提供重要支撑。

一以贯之加强师德师风建设，牢记"为党育人、为国育才"的初心使命。伴随东北老工业基地的诞生和发展，一代又一代龙江教育工作者潜心育人、敬业奉献，涌现出以刘永坦、杨士莪为代表的一批时代楷模和"人民教育家"，为广大教师树起了精神坐标、立起了榜样旗帜。扎实推进教育家精神龙江实践，必须坚持师德师风第一标准，以习近平新时代中国特色社会主义思想滋养初心使命，让育人者先受教育，让铸魂者先铸其魂，引领广大教师做好"好老师"、当好"引路人"、争做"大先生"。筑牢政治忠诚之基。从东北抗联精神、北大荒精神、大庆精神（铁人精神）中汲取养分，传承红色基因，赓续红色血脉，加强教师思想政治教育，教育引导广大师生深刻领悟"两个确立"的决定性意义、增强"四个意识"、坚定"四个自信"、做到"两个维护"，筑牢"身在最北方，心向党中央"的政治忠诚。发挥党建引领作用。重视"双培养"机制，把骨干教师培养成党员，把党员教师培养成教学、科研、管理骨干，锻造一批"双带头人"教师党支部书记，使教师党支部成为涵养师德师风的重要平台，使党员教师成为践行高尚师德的中坚力量。完善激励约束机制。加大力度选树宣传师德师风先进典型，广泛开展"龙江师魂"大型全媒传播行动，用身边人身边事讲好师德师风故事。分类制定大中小学教师师德师风评价指标体系，严格师德督导和违规惩处。

多措并举提升教师综合素质，增强"躬耕教坛、强国有我"的能力本领。 着眼抓好后继有人这个根本大计，黑龙江大力实施高素质教师队伍建设战略行动，深入实施中小学教师能力素质提升五年计划和校长"双百"、教师"十百千"工程等，打出教师队伍提质培优"组合拳"，形成名师引领、全员练兵、互融共促的整体格局。扎实推进教育家精神龙江实践，必须聚焦教师素质能力全员全方位全过程提升，为教师成长成才培植沃土、提供环境、搭建平台，切实提升教师队伍整体素质和建设水平。以优化师资配置提质量。在推进国家教师队伍改革试点上"先行先试"，健全基于学龄人口变化的教师配备调整机制，做好城乡之间、学段之间动态管理，构建县域教师交流、市域跨县支教、省域跨市援边的师资均衡配置管理体系，着力打造国家、省、市、县四级名师名校长队伍。以创新教师培养体系强赋能。着力推动教育向北开放发展，大力揽蓄海内外优质师资，围绕兴边富民、稳边固边，实施边境县教师能力素养提升"三年会战"，完善政校企合作机制，建设高水平范教育基地，构建以师范院校为主体、高水平大学支持、教师发展机构为纽带、优质中小学为实践基地、行业企业积极参与的全方位、开放性、多元化现代教师教育培训体系。以教师管理综合改革落实减负。以破除"五唯"为着力点深化教育评价改革，充分赋予学校用人自主权，开发优质数智教育资源，提升教师数字素养与胜任力，强化教师激励保障机制，减少教师非教学工作任务，让教师"轻装上阵"。

凝心聚力推动龙江振兴发展，投身"科技创新、教育先行"的火热实践。扎实推进教育家精神龙江实践，必须畅通教育、科技、人才的良性循环，教育引导广大教师坚守科研一线，瞄准学科前沿，勇攀科技高峰，把论文写在祖国大地上。加快打造区域人才高地。全面落实新时代龙江人才振兴60条和创新发展60条，深入实施"头雁""春雁""龙江学者"等人才支持计划，以"固巢留凤""筑巢引凤"并举聚才蓄智，健全培养选拔优秀年轻教师常态化工作机制，打造高层次人才"雁阵"和接续梯队，着力培养造就战略科学家、一流科技领军人才和创新团队，着力培养造就卓越工程师、大国工匠。深度服务科技自立自强。注重科研平台育才、重大项目育才、联合培养育才，推进环大学大院大所创新创业生态圈建设，推动建立科教、产教协同育人机制，引导高校教师坚持"四个面向"，不断向科学技术的广度和深度进军，加强有组织科研，解决关键核心技术"卡脖子"问题，增强产业链供应链竞争力和安全性。助力构建现代产业体系。对接服务黑龙江"4567"现代产业体系，打造高水平"双师型"教师队伍，在技术转移、成果转化和产业化等领域深耕发力，大力发展数字经济、生物经济、新能源等战略性新兴产业，积极培育量子信息等未来产业，加快建设教育赋能的国家级现代农业科研、重型装备制造、中俄教育合作、冰雪体育研学"四大新高地"，打造教育强国建设"龙江范例"。

上　海

以新时代教师之魂引领发展城市教育

　　人无精神不立、国无精神不强，教育家精神的提出，是应对时代变革、涵养教师精气神之需，也是锻造"四有"好老师队伍、加快建设教育强国之需。上海认真学习贯彻习近平总书记关于教育家精神的重要论述，大力推动教育家精神融入各级各类学校办学治校和教书育人全过程，着力造就一支理想信念坚定、师德师风高尚、专业水平高超、终身发展能力强的高素质专业化教师队伍，为发展中国特色、世界一流的城市教育提供关键支撑。

　　第一，立师德，坚定不移把师德师风建设摆在首要位置。上海树牢"立德者先自立、树人者先树己"，始终把抓好师德师风作为教师队伍建设第一要务。一是抓教师思想政治引领，将思想政治和师德养成作为教师培训重点，充分发挥各级各类学校基层党支部的战斗堡垒作用，重点加强留学回国人员国情教育和青年教师的思想政治引领，使教师成为社会主义核心价值观的坚定信仰者、积极传播者和模范践行者。二是抓榜样示范作用发挥，充分发挥"人民教育家"于漪老师的榜样作用，由教育部和上海市共建于漪教育教学思想研究中心，针对全市教师开展大轮训，推动于漪老师"三尺讲台一生情"的高尚教育情怀感染和引领全市教师。三是抓尊师重教氛围营造，组织开展全国教书育人楷模、上海教育功臣、上海"四有"好教师推选，加大优秀教师宣传推广；鼓励全市各行各业在向社会公众提供服务时"教师优先"，引导图书馆、博物馆等实行"教师优待"，讲好优秀教师教书育人故事，让教师成为令人羡慕的职业。四是抓师德师风考核评价，严格落实师德师风第一标准，出台师德专业素养标准及核心指标，将师德表现作为教师入职、绩效考核、职称（职务）评聘、岗位聘用和奖励表彰等的首要要求；构建教师入职查询和有关违法犯罪人员从教限制机制，对不符合从教要求的人员进行定期排查和处理，对师德违规问题"零容忍"。

第二，强师能，坚定不移把教师专业发展作为核心任务。大力弘扬教育家精神，关键要引导广大教师不断厚植教书育人本领。为此，上海持续健全面向全体的专业成长发展"立交桥"：一方面，完善教师准入与培养制度。实施应届高校毕业生赴郊区乡村基础教育学校任教及从事紧缺学科任教的落户加分政策；全面推行基础教育新任教师的教师资格证书和规范化培训合格证书"双证"注册制度，所有新教师都要在教师专业发展学校经过6个月规范化培训，由上海相关学科优秀教师带教后才能入职，推动教师高起点入职；开展职业教育"双师型"标准认定，专业课教师每5年内必须积累不少于6个月的一线生产服务实践经验；建立高校新教师岗前全覆盖培训制度，全市统一组织开展为期3个月的脱产培训。另一方面，实施一流教育人才集聚工程。连续19年实施"普教系统名校长名师培养工程"，累计培养上万名优秀校长和教师，打造了一支教育家型领军人才队伍；布局建设37个培养教育家型领军人才的"高峰计划"基地，109个培养骨干教学团队和骨干人才的"攻关计划"基地，以及579个培育优秀青年骨干教师的"种子计划"基地，形成骨干领军人才分层递进培养模式；实施职业教育人才振兴计划，建成一批职业教育教师教学创新团队、职业教育名师工作室和职业教育技能大师工作室，聘请"大国工匠""上海工匠"等高层次技术技能人才到学校任教；在健全高校"师资博士后"制度基础上，相继实施青年教师培养资助计划、中青年教师国外访学进修计划、青年骨干教师国内访问学者计划、实验室技术队伍建设计划等，形成"阶梯式"的高校教师专业发展通道。

第三，解师忧，坚定不移深化教师人事薪酬制度改革。注重营造良好的教育教学政策环境，让教师全身心投入教书育人工作，落实好立德树人根本任务。一是优化配置标准与岗位结构，修订公办中小学幼儿园教师配置标准，全面推行基础教育教师区管校聘；实施大中小学岗位设置动态调控机制，各级各类学校高级岗位结构比例大幅提高。二是健全薪酬分配机制，建立不同学段教师工资收入联动增长机制，逐年增加绩效工资额度。构建义务教育教师绩效工资分配新机制，确保教师平均工资收入水平高于市级公务员平均工资收入水平；建立职业院校与其承担职业技能培养培训任务相挂钩的绩效考核机制和绩效工资总量调整办法，不断提高教师收入水平。高等教育试行动态调整绩效工资水平申报制，支持高校把开展"四技"服务等社会服务所得用于教师收入分配。三是深化教师评价改革，深化中小学校长职级制度改革，优化中小学专业技术职务岗位结构比例，逐步推进中小学教师职称制度改革；实施高校教师分类评价制度，鼓励推行"代表性成果"评价和同行评议，形成以品德、能力、业绩、贡献为主要标准的考核评价导向。四是强化教师减负措施落实，从严把关各类督查检查评比考核事项，全面规范各类社会事务进校园，从严从紧规范借用中小学教师行为，持续为教师安心、热心、舒心、静心从教创造更好环境。

江　苏

弘扬教育家精神　建设高素质专业化教师队伍

2023 年 9 月，习近平总书记首次提出中国特有的教育家精神，从理想信念、道德情操、育人智慧、躬耕态度、仁爱之心、弘道追求六个方面作出深刻阐述，赋予了新时代人民教师崇高使命，为新时代教师队伍建设指明了前进方向、提供了根本遵循。

江苏历来崇文重教、名家辈出，陶行知、黄炎培、陈鹤琴、斯霞等众多教育名家勤勉敬业的奉献精神、躬身垂范的榜样力量，影响了一代又一代江苏教育人，成为教育家精神的重要来源。迈入新时代，江苏教师队伍建设有了长足发展，现有专任教师超百万，教师学历层次、教育教学质量持续提升，涌现出全国教书育人楷模李吉林、杨瑞清等一大批模范教师，入选全国高校黄大年式教师团队54 个。在 2022 年国家级教学成果评比中，江苏获奖 206 项，占全国的 10.3%，实现基础教育、职业教育、高等教育国家级教学成果特等奖全覆盖。

习近平总书记对江苏教育深切关怀、殷切期待，提出"办好人民满意的教育""把青少年培养成为拥有'四个自信'的孩子"等重大要求。教师是立教之本、兴教之源。江苏牢记习近平总书记关于大力弘扬教育家精神的重要指示，把教师队伍建设放在江苏经济社会发展全局、教育强省建设大局中来把握，将教育家精神融入教师队伍建设，引领全省百万教师增强"强国建设、教育何为"历史使命感，激励全省广大教师成为学生为学、为事、为人的"大先生"，以高素质专业化教师队伍筑牢教育强省根基，为江苏在教育强国建设中"走在前、做示范"提供有力支撑。

一是突出立德树人第一要务。习近平总书记把具有"心有大我、至诚报国的理想信念"放在了教育家精神内涵的首位。弘扬和践行教育家精神，江苏毫不动摇坚持社会主义办学方向，始终把加强教师队伍政治引领摆在首位，推动全省教师深刻领悟"两个确立"的决定性意义，增强"四个意识"、坚定"四个自信"、做到"两个维护"，胸怀"国之大者"，牢记为党育人、为国育才初心使命，把立德树人根本任务贯穿教书育人全过程，努力培养德智体美劳全面发展的社会主义建设者和接班人，造就更多可堪大用、能担重任的栋梁之材。

二是坚持师德师风第一标准。习近平总书记2014年9月9日在同北京师范大学师生代表座谈讲话时强调，"教师的职业特性决定了教师必须是道德高尚的人群"。弘扬和践行教育家精神，江苏坚持把师德师风作为评价教师队伍素质的第一标准，厚植"言为士则、行为世范"丰厚土壤，要求教师率先垂范、身体力行，以独特的人格魅力、高尚的道德情操来影响学生。落实新时代教师职业行为十项准则、教职员工准入查询和从业禁止制度，在全国率先制定《教师师德失范行为处理实施细则》，促进师德师风建设常态化、规范化、法治化。继承发扬陶行知等老一辈江苏教育家"捧着一颗心来，不带半根草去"的精神，持续开展"江苏教师年度人物""四有好教师团队"等先进典型宣传，引导广大教师勤修"乐教爱生、甘于奉献的仁爱之心"。

三是狠抓教书育人第一能力。"启智"是教师的基本职责,"润心"则是教育教化功能的独特体现。弘扬和践行教育家精神,江苏坚持"高素质专业化"重大定位,坚持教师职前职后一体化培养,持续提升广大教师启智润心、因材施教的能力本领。推动师范院校聚焦主业,鼓励支持高水平综合大学举办师范教育,让优秀的人培养更优秀的人。深入实施新时代中小学名师名校长培养计划,构建省、市、县、校四级教师专业发展支持体系,推动广大教师持续升华教育理念、创新教学方法、尊重学生个性,努力让每个学生都有人生出彩的机会。

四是培养会聚人才第一资源。习近平总书记在 2024 年全国两会期间参加江苏代表团审议时,要求江苏深化科技体制、教育体制、人才体制等改革,打通束缚新质生产力发展的堵点卡点。弘扬和践行教育家精神,江苏坚持教育、科技、人才一体推进,发挥高等教育龙头作用,在人才引进培育上下功夫、善作为。围绕传统产业升级、新兴产业壮大、未来产业培育,支持卓越工程师学院、创新研究院建设,着力培养青年科学家、卓越工程师,为发展新质生产力提供人才支撑。持续完善高校高层次人才引育留用机制,以"胸怀天下、以文化人"的精神聚天下英才而用之,有效利用世界一流教育资源和创新要素,更好发挥江苏对区域乃至全国发展的辐射带动力。

五是激活深化改革第一动力。弘扬和践行教育家精神,需要科学的评价、充分的保障和宽松的环境。江苏坚持优化教师管理和资源配置,加大待遇保障力度,助力优秀教师成长为教育家,营造全社会尊师重教浓厚氛围。深入推进义务教育教师队伍"县管校聘"改革,支持高校依法采取多元化聘用方式选人用人。持续深化教育评价改革,坚决破除"五唯",形成注重能力、实绩和贡献的鲜明导向。维护教师合法权益，减轻中小学教师负担，支持教师积极管教，维护师道尊严。健全义务教育阶段教师工资长效联动机制，吸引更多优秀人才热心从教、长期从教。

浙 江

以教育家精神为引领　加快建设教育强省

　　百年大计，教育为本；教育大计，教师为本。习近平总书记历来高度重视教育工作和教师队伍建设，在浙江工作期间，就把推进科教兴省、人才强省作为"八八战略"重要内容，并提出了师资为基、人才强校的理念。党的十八大以来，习近平总书记对教育强国建设和教师队伍建设作出一系列重要论述。特别是在 2023 年第 39 个教师节到来之际，习近平总书记致信全国优秀教师代表座谈会与会教师代表，首次从六个方面深刻阐述了中国特有的教育家精神和实践要求，为新时代教师队伍建设提供了根本遵循、指明了努力方向。浙江省认真学习习近平总书记关于教育强国的重要论述，全面贯彻党的教育方针，深刻领会教育家精神的丰富内涵，牢记为党育人、为国育才的初心，把握深入实施"八八战略"的实践要求，紧扣推进教育科技人才一体化的重要命题，加快推进教育现代化和教育强省建设，为"勇当先行者、谱写新篇章"提供坚实支撑。

　　聚焦党建引领铸魂，坚决落实立德树人根本任务。习近平总书记强调："加强党对教育工作的全面领导，是办好教育的根本保证。"①浙

---

① 　2018 年 9 月 10 日，习近平总书记出席全国教育大会并发表重要讲话。

江省坚持和加强党对教育工作的全面领导，推动省、市、县三级建立党委教育工作领导小组、教育工委，党管教育、综合治教的格局全面形成。以"80后""90后""00后"为主组建10多万人的新时代高校理论宣讲团，党建和业务"双带头人"教师党支部书记配备比例达98.47%。下一步，浙江省将聚焦党建引领，坚持和完善高校党委领导下的校长负责制，全面推进中小学校党组织领导的校长负责制，以政治家、教育家、实干家的标准，选优配强各级各类学校领导班子尤其是书记、校长。加强学校基层党组织建设，切实把党的领导贯穿教育事业全过程各方面，确保党的教育方针贯通到底、贯彻到位。坚持凝心铸魂，认真回答培养什么人、怎样培养人、为谁培养人这一教育的根本问题，培养德智体美劳全面发展的社会主义建设者和接班人。打造特色品牌，积极构建"大思政"工作体系。

聚焦高水平高质量，加快推进高等教育整体性跃升。习近平总书记在浙江工作期间高度重视高等教育工作，强调"全面打造浙江高等教育品牌"，大力实施"重点高校建设计划"，为浙江推进高等教育强省建设指明了路径方向。2023年，浙江出台高水平大学建设、普通高校高质量发展、高校基础设施提质等3个文件，推动高原造峰取得实质性进展。下一步，浙江省将加快高水平大学建设，大力实施"双一流196工程"，支持浙江大学建设世界一流大学，支持省属高校创建国内一流大学，支持各类高校培育A+学科和"双一流"学科，力争到2027年，1所高校不断接近世界一流大学前列，9所左右地方高校进入全国一流行列，全国一流学科总数达到60个以上。加快普通高校高质量发展，落实布局结构优化等支持政策，构建多元政策叠加的普惠性政策体系，力争到2027年，浙江高等教育竞争力和综合实力跻身全国第一方阵。加快推进高校基础设施提质工程，持续改善高校基本办学条件，力争到 2027 年，基本建成与高校办学规模和内涵式发展相适应的高校基础设施支撑体系。

聚焦促进优质均衡，持续擦亮"浙里优学"品牌。 习近平总书记在浙江工作时强调，要统筹城乡教育资源，推进城乡教育一体化，提高区域之间、城乡之间、学校之间均衡发展的程度。20 年来，浙江教育资源供给不断扩大，十五年教育普及率超过 99%，城乡义务教育学校校际差异系数降至 0.28 以内。下一步，浙江省将整体推进基础教育扩优提质，加强教育资源前瞻性布局，建立与常住人口变化相协调的公共教育服务供给机制，缩小区域、城乡、校际、群体教育差距。扩大公办幼儿园资源供给，深化义务教育学区制管理改革和全域教共体（集团化）办学试点，完善以"县中崛起"工程为抓手的校际帮扶机制，推动学校建设标准化、城乡区域教育一体化、师资配置均衡化，力争到 2027 年，所有县（市、区）通过国家学前教育普及普惠县省级评估，75% 的县（市、区）通过国家义务教育优质均衡发展县省级评估。加快现代职业教育高质量发展，全力打造"三融""三优""三合"现代职业教育体系，力争到 2027 年，中职学生通过多种渠道接受高等教育的比例达到 80%，长学制人才培养达到中职招生的 60% 以上。深入推进教育数字化，全面实施《浙江省数字教育高质量发展行动计划（2024—2027 年）》，以教育数字化驱动引领教育现代化。

聚焦师德师风建设，全面打造高素质教师队伍。 习近平总书记在浙江工作时强调："高质量的教育离不开高素质的教师。"浙江把教师队伍建设摆在突出位置，20 年来共培养 4900 名浙派名校长名师名班主任，打造 57 个国家级和省级黄大年式教师团队，为农村学校定向输送 4000 多名优秀师范毕业生。强教必先强师，下一步，浙江省将强化精神塑造，坚持把师德师风作为评价教师队伍素质的第一标准，加强师德教育，建设一支师德高尚、业务精湛、结构合理、充满活力的高素质教师队伍，把浙江打造成为弘扬教育家精神的高地。提升专业能力，办好高水平师范教育，支持高校教育学科建设。支持高水平综合大学培养高素质复合型教师，扩大教育类研究生招生，大力提高中小学教师学历层次。探索开展山区海岛县研究生定向培养，实施浙派名师名校长培训计划、基础教育领军人才培养计划，推动教师人才队伍建设走在各类人才队伍建设前列。到 2027 年，小学教师具有本科及以上学历比例达到 96％，初中教师具有研究生学历比例达到 12％，普通高中教师具有研究生学历比例达到 23％。加强关心关爱，让广大教师工作更加体面、生活更有保障、地位更受尊崇，让尊师重教的氛围更加浓厚。

安　徽

弘扬教育家精神　培养造就新时代高水平教师队伍

　　强国必先强教，强教必先强师。2023 年 9 月，习近平总书记致信全国优秀教师代表，提出中国特有的教育家精神，深刻阐述了教育家精神的丰富内涵和实践要求，科学回答了建设什么样的教师队伍、怎样建设教师队伍等重大问题，是对新时代中国教师群体精神特质的凝练升华，彰显了教师是立教之本、兴教之源的战略地位和时代要求。2024 年 9 月，习近平总书记在全国教育大会上进一步强调，要实施教育家精神铸魂强师行动，加强师德师风建设，推动教育家精神融入教师培养全过程，贯穿课堂教学、科学研究、社会实践各环节，进一步阐明了弘扬教育家精神的方法和路径。习近平总书记关于教育家精神的重要论述，高屋建瓴、思想深邃、内涵丰富，为新时代教师队伍建设提供了根本遵循。

　　安徽省委、省政府高度重视教师队伍建设，先后出台全面深化新时代教师队伍建设改革实施意见、新时代基础教育强师计划等一系列重要文件，围绕师德师风、专业素质、待遇保障等，采取了一系列重大举措，推动全省教师队伍呈现总量保持稳定、质量加快提升、结构逐步优化的良好态势。截至 2023 年底，全省各级各类学校共有教职工 95.7 万人，含专任教师 77.6 万人，其中中小学教职工 81.6 万人，含专任教师 66.2 万人。

下一步，安徽将深入贯彻党的二十届三中全会精神以及习近平总书记考察安徽重要讲话精神，全面落实全国教育大会精神，加快推进教育强省建设，把教师队伍建设作为重中之重，坚持师资为基、人才强校，培养造就新时代高水平教师队伍。

第一，加强思想政治引领，以教育家精神涵养"人师"。坚持"经师""人师"相统一，把师德师风建设摆在教师队伍建设的首位，让教育者先受教育。坚定不移以习近平新时代中国特色社会主义思想为引领，加强教师思想政治建设，引导广大教师深刻领悟"两个确立"的决定性意义，增强"四个意识"、坚定"四个自信"、做到"两个维护"。深入实施教育家精神铸魂强师行动，把教育家精神融入教师培养培训全过程，贯穿课堂教学、科学研究、社会实践各环节。依托安徽丰富的红色资源等，高质量建设一批师德师风教育基地。严格落实新时代教师职业行为十项准则等规定，健全师德失范行为警示通报机制，对师德违规行为"零容忍"。

第二，完善教师教育体系，以高质量培养造就"名师"。深入实施基础教育强师计划，把提升质量作为重中之重。办强师范教育，实施师范院校提升计划，做优做强安徽师范大学等头部师范院校，建设一批师范类高峰学科，培育一流学科。综合考虑学龄人口变化等因素，加快推进专科师范院校转型，停招撤销一批办学水平不高的师范类专业。推动高水平大学开展教师教育。优化培养结构，适应高考综合改革、五育并举等需求，重点加强思政、数学、物理以及科学、音体美、心理健康教育、劳动教育等紧缺学科教师培养。稳定本科培养规模，大力实施"硕师计划"，优化教师学历结构。提升培训水平，开展分层分类精准培训，持续强化名师培养。实施皖北地区基础教育优质资源扩容工程，通过"强校+"带动、集团化办学、跟岗学习、专题班等措施，为皖北地区培养一批优秀教师、优秀班主任、优秀校长。用好长三角教育一体化发展机制，常态化选派中小学教师赴沪苏浙学校挂职锻炼。

第三，实施人才强校工程，以超常规力度汇聚"大师"。统筹推进教育科技人才体制机制一体改革，用好人才兴皖工程 2.0 版政策，强化政策系统集成，全面推进高校人才队伍建设。加大引的力度，深入实施高校人才队伍高质量发展支持行动，持续开展"招才引智高校行"等活动，加快引进世界一流战略科学家和顶尖团队，加大高校学术副校长岗位设置力度。提升育的能力，建立 40 岁以下重点人才长期稳定支持机制，提升国家级人才培养能力。加强高校博士后工作站、流动站建设，强化留皖留校任教政策支持。适应新兴产业发展需求，加大新兴学科教师队伍建设力度，造就一批既懂教学又懂科研、懂产业的复合型人才。营造留才环境，健全高校人才分级分类服务体系，在科研经费、住房、子女上学、配偶就业等方面提供全方位支持，涵养近悦远来的高校人才生态。

第四，坚持校企协同发力，以高水平合作壮大"双师"。实施职业教育教师队伍能力提升行动，创新培养模式，提升培养质量。深化校企"双主体""双导师"育人，修订完善"双师型"教师标准和认定办法，支持职业学校与龙头企业合作共建"双师型"教师培养培训基地，开发职业教育师资培养课程，开展定制化、个性化培养培训。构建灵活的用人机制，采取固定岗与流动岗相结合的方式，支持职业学校招聘行业企业业务骨干、优秀技术和管理人才。全面实施产业教授制度。

第五，完善管理体制机制，以深层次改革推动"强师"。统筹优化教师管理与资源配置，持续增强教师队伍活力。积极应对学龄人口分学段梯次达峰带来的影响，深化教职工编制周转池制度建设，建立师生配比动态调整机制，深化中小学"县管校聘"改革，推进校长教师制度化交流轮岗。加强教师资源统筹配置，强化公办园教师配备，补齐初高中教师缺口，建立基础教育教师城乡之间、校际之间、学段之间余缺调配机制。动态调整教师岗位结构比例。深化高校科技和人才评价改革，完善以实践、创新价值、能力贡献为导向的评价机制，全面推进高校科技成果赋权改革。推进高校薪酬制度改革，完善高校科研人员兼职取酬制度。

第六，提升服务保障水平，以暖人心举措更好"惠师"。弘扬尊师重教优良传统，提高教师政治地位、社会地位、职业地位。加强教师待遇保障，严格落实"义务教育教师平均工资收入水平应当不低于当地公务员平均工资收入水平"要求，提高中小学教师教龄津贴标准，完善中小学班主任津贴、乡村教师生活补助等政策。维护教师职业尊严，切实减轻中小学教师非教育教学任务负担。健全教师荣誉制度，做好教师荣休工作，让教师享有崇高社会声望，成为最受社会尊重的职业之一。

福　建

弘扬教育家精神　引领教育高质量发展

习近平总书记高度重视教师队伍建设，勉励全国广大教师"以教育家为榜样，大力弘扬教育家精神"，并从理想信念、道德情操、育人智慧、躬耕态度、仁爱之心、弘道追求六个方面深刻阐释了教育家精神的丰富内涵和实践要求，赋予新时代人民教师崇高使命，为加强教师队伍建设指路引航、举旗定向。福建是习近平新时代中国特色社会主义思想的重要孕育地和实践地，素有尊师重教的优良传统，有责任在弘扬教育家精神上当好行动派、实干家，为强国建设、民族复兴汇聚磅礴力量。

在发挥独特优势中彰显教育家精神。习近平总书记曾在福建工作17年半，领导和推动福建的改革开放和现代化建设事业，始终将教育摆在战略位置，开创了一系列重要理念和重大实践。习近平总书记在闽工作期间关于教育的重要论述和实践，是福建弘扬教育家精神、推进教育强省建设最为重大而独特的优势。

福建省委、省政府牢记习近平总书记的殷殷嘱托，深入学习领会习近平总书记在福建工作期间开创的重要理念和重大实践，推动教育强省建设，让教育家精神蔚然成风。强化组织领导，省委、省政府主要领导分别担任省委教育工作领导小组组长和第一副组长，将教师队伍建设纳入省对市、县（区）教育督政重要内容。强化顶层设计，制定《关于全面深化新时代教师队伍建设改革的实施意见》，编制福建省教师队伍建设规划，开展教师教育振兴行动，实施名师名校长培养工程和"闽江学者"奖励行动等系列举措。强化措施保障，优先谋划教师工作，优先保障教师队伍建设，形成了党政全力推动、部门协同配合、学校科学管理、社会广泛参与的教师工作良好局面，全省72万名教职工获得感成色更足、幸福感更可持续。

在赓续优良传统中弘扬教育家精神。福建历史上素有"海滨邹鲁""东南洙泗"的美誉和"地瘦栽松柏，家贫子读书"的传统，名师荟萃、人才辈出。崇文重教的传统浸润于闽山闽水，在八闽大地薪火相传、历久弥新。

福建赓续深厚文脉，不断激活文化资源，全面开展教师培养培训，振之以"木铎金声"，着力帮助教师涵养大智慧、拓展大格局、成为"大先生"。选树先进典型，建立完善标准统一、覆盖各级各类教育、侧重不同领域的优秀教师评选表彰机制，近年评选表彰福建省杰出人民教师182名、福建省特级教师1320名。关心关爱教师，依法保障教师待遇，健全中小学教师工资长效联动机制，持续落实乡村教师生活补助制度，确保义务教育教师工资收入合理增长。讲好教师故事，寻访"最美教师"，组织拍摄《大闽师道》《点草成金》等影视作品，宣传教师先进事迹，塑造人民教师光辉形象。党的十八大以来，福建教育系统涌现出"感动中国"人物林占熺、全国教书育人楷模兰臻、全国"最美教师"陈炜和全国高校黄大年式教师团队等一大批优秀教师代表。

在担当特殊使命中传递教育家精神。2023年9月，中共中央、国务院出台《关于支持福建探索海峡两岸融合发展新路建设两岸融合发展示范区的意见》，赋予福建重大政治责任、重大历史使命和重大发展机遇。教育交流合作是两岸融合发展的基点，福建抢抓战略机遇，勇担特殊使命，出台一系列政策，支持台胞来福建求学、研习、就业以及便利在地生活、扩大社会参与面，着力答好两岸融合"教育何为"，充分发挥福建教育吸引力。

福建始终秉持"两岸一家亲"理念，引导台湾教师了解两岸文缘相承，增进文化认同，强化育人使命，推动台湾教师快速融入，做两岸教育交流的纽带与桥梁。积极引进台湾教师，实施台湾全职教师引进资助计划，对引进台湾教师的高校连续3年给予经费资助，近年引进台湾教师1751人次。全力推进交流融合，实施闽台师资联合培养计划，依托厦门大学、台湾逢甲大学等高水平大学，在两岸分别设立了4个联合培养中心。持续办好海峡两岸中小学校长论坛、闽港澳台侨校长论坛等品牌交流活动。持续落实同等待遇，支持台湾教师凭在台取得的技能证书，参与福建职业教育"双师型"教师认定。符合条件的台湾教师，可以直接入编并聘任中高级职称，其子女可参照享受高层次人才入学照顾政策，确保台湾教师"引得进、用得好、留得住"。

在开创发展新局中践行教育家精神。教育是经济发展的重要支撑，福建正在从全国全省大局中谋划教育强省建设。教师是教育发展的第一资源，广大教师坚守为党育人、为国育才的初心使命，树立"躬耕教坛、强国有我"的志向抱负，将教育家精神转化为育人实践、落实到教育教学，培养造就一大批优秀人才，为新福建建设提供了人才支撑和智力保障。

福建从战略高度认识教师工作的极端重要性，把加强教师队伍建设作为教育强省的基础工作来抓，以教育之强夯实福建发展之基。提高思想政治素质，加强理想信念教育，引导教师自觉做中国特色社会主义的坚定信仰者和忠实实践者。增强教书育人本领，将弘扬教育家精神作为重要教学内容，以高水平学科支撑高水平教师教育。建立完善教师培训体系，引导广大教师树立终身学习理念，不断厚植扎实的知识功底、锤炼过硬的教学本领。深化教育综合改革，全面实施高校人员控制总量管理改革，推动省属公办高校新增人员 7500 名；为全省中小学投放 4 万个编制，有效缓解中小学缺编问题。深入推进中小学教师"县管校聘"管理改革，常态化组织开展县域内教师交流轮岗，有效促进教师资源均衡配置。

江　西

让教育家精神滋润教育高质量发展

2023 年 9 月，习近平总书记致信全国优秀教师代表，提出中国特有的教育家精神，号召全国广大教师以教育家为榜样，大力弘扬教育家精神，为强国建设、民族复兴伟业作出新的更大贡献。这是习近平总书记关于教师队伍建设重要论述的一次集成和凝练，鲜明标注了我们党立足于新时代新征程对中国特色社会主义教育内在规律认识的新高度和新境界。深入学习贯彻习近平总书记关于教育家精神的重要论述，对于我们加强新时代高质量专业化教师队伍建设，加快推进教育高质量发展、夯实教育强国之基具有十分重要的意义。

江西自古就有崇文重教的优良传统，造就了人才辈出、名贤荟萃、文化兴盛的辉煌历史。进入新时代，江西省委、省政府更是坚持把教育摆在重要战略位置，把教师作为教育发展的第一资源，在工作上优先谋划，保障上优先投入，需求上优先满足，教师队伍实现量质齐升，教师地位待遇不断提升，师德师风建设全面加强，在全国率先建立长期从教教师荣誉制度，涌现出龚全珍、支月英等一大批在全国有影响的先进典型，在赣鄱大地形成了"党以重教为先、政以兴教为本、民以助教为荣、师以从教为乐"的浓厚氛围，广大教师幸福感更强、成就感更高、荣誉感更显。教师是立教之本、兴教之源，我们将深入学习贯彻习近平总书记关于教育家精神的重要论述，让教育家精神更好滋润江西教育事业高质量发展。

深刻把握教育家精神的首位标准。着力强化思想政治引领，坚持不懈用党的创新理论凝心铸魂、强基固本，筑牢教师精神之基，引导广大教师深刻领悟"两个确立"的决定性意义，增强"四个意识"、坚定"四个自信"、做到"两个维护"。深入开展弘扬教育家精神宣传活动，引导教师时刻以教育家精神为标尺，牢记为党育人、为国育才的初心使命，树立"躬耕教坛、强国有我"的志向和抱负，切实担负起立德树人根本任务。

深刻把握教育家精神的第一要求。着力强化师德师风建设，坚定不移把师德师风建设放在教师队伍建设的首要位置，把教育家精神融入师德规范，纳入新教师岗前培训和在职教师全员培训的必修课。健全师德考核制度，将师德师风纳入教师队伍管理全过程评价体系，形成上岗有承诺、行为有对照、评价有依据、培训有效果、监管有信用、违规有惩处、坚守有荣誉、退休有欢送的师德师风建设长效机制。引导广大教师坚持教书与育人相统一、言传与身教相统一，严格从业禁止和教职工准入查询制度，对师德违规行为"零容忍"，筑牢新时代师德高地。

深刻把握教育家精神的实践要求。始终坚持把教师队伍建设作为建设教育强省最重要的基础工作来抓，把弘扬教育家精神、培育教育家型教师作为教育人才培养的重要目标，加强高水平师范院校和师范专业建设，实施好"师范教育协同提质计划"，启动实施省级卓越教师培养计划，全面提升师范教育水平。依托"国培计划""省培计划"，支持教师在职培训和学历提升，提升教师教书育人水平。加大中小学名师、名校长、名班主任和骨干教师、学科带头人选拔培养力度，推进职业教育"双师型"教师团队建设,加强高校高水平教学科研人才队伍建设,努力培养造就一支师德高尚、业务精湛、结构合理、充满活力的高素质专业化教师队伍,全面夯实教育高质量发展的根基,为奋力谱写中国式现代化江西篇章提供有力支撑和智力支持。

深刻把握教育家精神的内在要义。着力强化教师发展动能,全面深化教师管理体制改革,建立完善教职工编制城乡、区域统筹和动态调整机制,优化教师结构配置。深入推进义务教育"县管校聘"改革,大力推进校长教师交流轮岗,让更多优秀校长和优秀教师"下得去、留得住、教得好",提升薄弱学校办学水平,不断缩小城乡师资差距,促进教育公平。深化教师考核评价制度改革,健全完善职称评价标准,建立符合各级各类教师岗位特点的考核评价指标体系,突出教育教学能力和实绩评价,切实破除"五唯"顽瘴痼疾,坚决扭转轻教学、轻育人等倾向,不断提升教师队伍整体活力。

深刻把握教育家精神的科学内涵。着力营造尊师重教良好风尚,进一步完善教师荣誉制度,深入开展全省中小学"最美教师"、最美班主任、最美书记校长和高校最美辅导员推选活动,引导广大教师坚守三尺讲台,潜心教书育人,让教育家精神浸润红土圣地。进一步完善惠师政策,切实解决教师的急难愁盼问题,持续巩固义务教育教师平均工资收入水平不低于当地公务员平均工资收入水平成果,维护好教师权益,努力让教师成为社会上最受尊敬、最令人向往的职业。进一步落实教师减负举措,切实解决教师非教学任务过重问题,努力让广大教师安心从教、热心从教、舒心从教、静心从教,成为教育家精神的弘扬者、践行者。进一步优化乡村教师发展环境,深入实施"圆梦"乡村教师关爱行动,在职称评聘、表彰奖励、培养培训、学历提升等方面向乡村教师倾斜,不断增强广大乡村教师的获得感、幸福感。

山　东

奋力书写"教育强国、教师何为"山东篇章

在 2023 年第 39 个教师节到来之际，习近平总书记致信全国优秀教师代表，首次提出并全面阐述了中国特有的教育家精神，充分体现了党中央对广大教师的关心和重视，是激励、指引广大教师立德修身、潜心育人的强大精神力量。山东坚持把弘扬践行教育家精神作为重要引领，努力打造高素质创新型教师队伍，以教师之强支撑教育之强。

一要深刻理解教育家精神的时代价值。教育家精神是教师队伍建设思想的新发展，是加快建设教育强国的新动力，是教师立德修身的新航标，是引领教师队伍建设的新旗帜。

二要系统把握教育家精神的丰富内涵。教育家精神涵盖六个方面十二条核心要义，内涵丰富、催人奋进，是对我国历代优秀教师品格的高度凝练，是对新时代教师使命的系统总结。

坚定理想信念是教育家精神的政治灵魂。教育家精神引导广大教师坚定心有大我、至诚报国的理想信念。"心有大我"就是心中有国家和民族，把人生坐标定位于服务党和国家之所需，将个人理想融入强国建设、民族复兴的宏伟目标。"至诚报国"就是忠诚于党和人民的教育事业，立足教学岗位，做奉献祖国的实践者和引路人。教师

只有坚定心有大我、至诚报国的理想信念，才能校准航向目标、筑牢信仰之基，更好承担起为强国建设、民族复兴培育时代新人的历史重任。

陶冶道德情操是教育家精神的崇高风范。教育家精神引导广大教师陶冶言为士则、行为世范的道德情操。"言为士则"就是吐辞为经，言语要表达正确的世界观、人生观和价值观，传播先进思想文化，弘扬主旋律、传递正能量。"行为世范"就是举足为法，要求别人做到的自己首先要做到，用模范行动树立高尚人格，用高尚人格赢得学生的信赖。教师只有陶冶言为士则、行为世范的道德情操，为人师表、言传身教，才能当好学生道德修养的"镜子"和良好品行的示范。

涵养育人智慧是教育家精神的核心要素。教育家精神引导广大教师涵养启智润心、因材施教的育人智慧。"启智润心"就是启迪智慧、润泽心灵，同时关注学生的情感世界，形成激发智慧、触动心灵的高质量教育。"因材施教"就是强调以学生为中心，尊重个性、承认差异、包容不足，循循善诱、诲人不倦、精心培育，助力莘莘学子成长出彩。教师只有涵养启智润心、因材施教的育人智慧，锤炼科学的教学方法和过硬的教学能力，才能赋能学生成长成才。

秉持躬耕态度是教育家精神的基本要求。教育家精神引导广大教师秉持勤学笃行、求是创新的躬耕态度。"勤学笃行"就是践行终身学习理念，善于学习新知识、新技术、新理论，并将所学用于实践。"求是创新"就是研究真问题，探求新知识，总结新规律，勇于做教育改革的奋进者和学生创新思维的引路人。教师只有秉持勤学笃行、求是创新的躬耕态度，才能涵养先进的思想文化，练就扎实的知识功底，以勤勉的教学态度和深厚的学术造诣开启学生的智慧之门。

勤修仁爱之心是教育家精神的鲜明底色。教育家精神引导广大教师勤修乐教爱生、甘于奉献的仁爱之心。"乐教爱生"就是用真心真情尊重学生、理解学生、包容学生，在教书育人中感受职业的成就感、幸福感和自豪感。"甘于奉献"就是全心付出、甘为人梯，为教育事业倾尽心力。教师只有勤修乐教爱生、甘于奉献的仁爱之心，用爱培育爱、激发爱、传播爱，才能培养心有大爱的人。

树立弘道追求是教育家精神的独特品质。教育家精神引导广大教师树立胸怀天下、以文化人的弘道追求。"胸怀天下"就是以天下为己任，从人类进步、世界变化和中国发展中推进教育发展、培育学生成才。"以文化人"就是赓续中华优秀传统文化，弘扬全人类共同价值，将其融入教育教学。教师只有树立胸怀天下、以文化人的弘道追求，将传道、弘道作为治学育人的责任和使命，才能真正当好"经师"和"人师"的统一者。

三要积极探索教育家精神的实践路径。坚持全方位政治引领，全面加强党对教师工作的领导。把弘扬践行教育家精神作为教师思想政治工作的重中之重，健全教育家精神铸魂强师行动组织实施体系，着力加强学校党委教师工作委员会、党委教师工作部建设。实施新时代教师思想政治引领行动，广泛开展教育家精神宣讲活动、教育家精神专题学习研讨活动。

坚持全环境教育养成，增强践行教育家精神的内生动力。开展弘扬践行教育家精神系列活动，将教育家精神作为教师培训必修课程。充分利用山东特有文化资源，开展沉浸式、体验式实践教育，引导教师在文化浸润中溯师源、悟师道、弘师德。开展"大道师者"宣传展播活动，全面展示齐鲁教师践行教育家精神的先进事迹。

坚持全领域支持保障，完善弘扬践行教育家精神的长效机制。健全省级教师荣誉体系，大力评选表彰优秀教师、齐鲁教育名家等先进典型。不断深化教师职称评聘改革，依法保障教师工资待遇，抓好乡村教师政策落实。弘扬尊师重教社会风尚，做好教师入职、荣退和教师节等重要节点走访慰问和关怀奖励，积极推行惠师举措。

山东将始终把加强教师队伍建设作为最重要的基础工程，以弘扬践行教育家精神为引领，旗帜鲜明尊师道、铸师魂、强师能、塑师表，奋力书写好"教育强国、教师何为"的山东篇章。

河　南

造就支撑教育强省的高素质教师队伍

百年大计，教育为本；教育大计，教师为本。习近平总书记对教育家精神的深刻阐释，充分体现出党中央对新时代教师队伍建设的高度重视，对广大教师为人、为学、为师的殷切希望，对我国尊师重教优秀传统的深厚情怀，为教师队伍建设提供了源源不断的精神动力和理论滋养。

作为全国教育人口大省、教师队伍大省，河南当前正处于加快建设教育强省、向高质量发展跃升的重要关键期、攻坚期，必须坚持以教育家精神为引领，主动超前布局、有力应对变局、奋力开拓新局，共同形成气势磅礴的凝聚力与创造力，造就支撑教育强省的高素质教师队伍，以教育之强、教师之强夯实中国式现代化河南实践之基。

一要聚焦教育家精神的价值谱系，坚持全过程、多方位涵养教育家精神。教育家精神凝聚并体现着中华民族伟大的民族精神和时代精神，既是对广大教育工作者精神肖像的高度凝练，也是对每一位教育从业者奋斗目标和工作方向的生动引领。要坚持把教育家精神全方位融入立德树人的全过程，将习近平新时代中国特色社会主义思想作为首要的必修课程，常态化开展学习教育，引导广大教师深刻领悟"两个确立"的决定性意义，增强"四个意识"、坚定"四个自信"、做到"两个维护"，坚持"四个相统一"，争做"四有"好老师，当好"四个引路人"。坚持教育者先受教育，创新工作方式方法，增强教师教育的针对性实效性，大力弘扬焦裕禄精神、红旗渠精神、大别山精神，开展教师思想政治全员培训，引导广大教师坚持为党育人、为国育才神圣职责，做中国特色社会主义共同理想和中华民族伟大复兴中国梦的积极传播者，真正成为学生健康成长的"航向引领者"。

二要优化教育家精神的成长生态，坚持全途径、多举措健全完善师德涵养体系。师德师风水平决定着人才培养的质量，关系着国家和民族的未来。要坚持把提高教师思想政治素质和职业道德水平摆在首要位置，突出全员全方位全过程师德养成，推动教师成为先进思想文化的传播者、党执政的坚定支持者、学生健康成长的指导者。在浓厚的师德氛围熏陶下，河南先后孕育出"践行焦裕禄精神的好校长"张伟、全国教书育人楷模、全国"最美教师"等一大批师德模范，形成师德光辉长耀中原大地的师德先进群体现象。2024年，河南在全省开展"弘扬践行教育家精神"主题教育系列活动，发挥榜样的感召力和引领力，在全社会营造尊师重教的良好生态和浓厚氛围。通过举办圆桌论坛、中原会讲、道德讲堂等活动，把弘扬教育家精神推向纵深发展，推动河南全省上下持续掀起弘扬学习教育家精神热潮。

三要领会教育家精神的内涵实质，坚持全覆盖、多层次构建特色教师教育体系。教育要解决的根本问题是培养什么人、怎样培养人、为谁培养人。学高为师、行为世范，好老师是学生的人生航标灯，一个人遇到好老师是人生的幸运。要始终坚持把办好师范教育作为第一职责，加大对师范教育支持力度，不断优化教师教育布局结构，健全以师范院校为主体、高水平综合大学参与、优质中小学为实践基地的开放、协同、联动的教师教育体系。以大力弘扬教育家精神、助力教育强省建设为导向，以"四个专项行动""五类重点项目"为牵引，实施师范教育质量提升行动计划，全面提高师范人才培养质量。持续深化教师培训体系改革，加强教师人才队伍建设，实施卓越教师队伍建设工程、新时代基础教育强师计划、职业学校教师梯队"百千万"攀升计划、高等教育"中原百人、千人计划"，加快构建教师思想政治建设、师德师风建设、业务能力建设相互促进的教师队伍建设新格局。

四要发挥教育家精神的引领力量，坚持全链条、多维度激发教师队伍新活力。习近平总书记指出，全党全社会要弘扬尊师重教的社会风尚，努力提高教师政治地位、社会地位、职业地位，让广大教师享有应有的社会声望。宣传弘扬教育家精神，是尊师重教的积极响应，是培养教育家型教师、强师以兴国的必由之路。要充分发挥教育家精神引领作用，教育激励广大教师争做教育家精神的弘扬者、践行者，成长为党和人民可以信任和依靠的"大国良师"。必须加强教师队伍建设规划指导，优化教师管理和资源配置，加大待遇保障力度，完善教师荣誉表彰体系，切实减轻学校和教师负担，健全中小学教师工资长效联动机制，支持和吸引优秀人才热心从教、精心从教、长期从教、终身从教，源源不断培养造就更多可堪大用、能担重任的未来卓越教师和教育家，为加快建设教育强省、高质量建设现代化河南提供有力支撑。

舟大者任重，马骏者远驰。新时代新征程加快建设教育强省刻不容缓、任重道远。河南将深入学习贯彻习近平总书记关于教育的重要论述，在大力弘扬践行教育家精神上勇当先锋、争做示范、敢走前列，积极探索践行教育家精神的实施策略和推动路径，加快推进教育现代化、建设教育强省，努力办好人民满意的教育，为推进中国式现代化建设河南实践作出更大贡献。

湖　北

为教育强国建设提供荆楚强师新支撑

　　强国必先强教，强教必先强师。湖北深入学习贯彻习近平总书记关于教育家精神的重要论述，坚持教育优先发展，把弘扬教育家精神贯穿教育强省建设全过程，奋力在教育强国建设新征程中作出湖北贡献。

　　一是坚定不移弘扬教育家精神。习近平总书记从理想信念、道德情操、育人智慧、躬耕态度、仁爱之心、弘道追求等六个方面对教育家精神进行了系统阐释。弘扬教育家精神，是赓续中华优秀传统文化宝贵精神财富的重要举措，是涵育担当民族复兴大任时代新人的现实需要。

　　教育家精神是推进教育强国建设的时代呼唤。教育家精神呈现了教育家的理想追求和使命担当。当前，我们正在奋力推进中国式现代化，全面建设教育强国，亟须大力弘扬教育家精神，培养一大批有文化自信、家国情怀、全球视野、未来眼光的时代新人，为教育强国建设提供更好支撑。

　　教育家精神是激发教育创新动能的不竭力量。党的十八大以来，习近平总书记五次考察湖北，要求塑造更多依靠创新驱动、更多发挥先发优势的引领型发展，寄予湖北服务高水平科技自立自强的殷切希望。湖北是科教大省，大力弘扬教育家精神，必将有利于把湖北科教优势转化为创新优势、发展胜势。

教育家精神是锻造培育优秀教师的价值支撑。湖北省现有教职工89.7万人，其中专任教师68.6万人，他们躬耕于近1.8万所各类学校，传道授业、甘当人梯、默默奉献，展现了教书育人、立德树人的良好精神风貌。大力弘扬教育家精神，必将为更多优秀人才热心从教、精心从教、长期从教、终身从教提供强大精神指引。

二是坚持以教育家精神引领高质量教师队伍建设。近年来，湖北坚持以教育家精神为引领，把教师队伍建设作为建设教育强省最重要的基础工作，聚焦重师德、强师能、优师资、暖师心、促师为，积极打造"荆楚强师"品牌。

引领教师在促进教育均衡发展中挑重担。深化县管校聘改革，通过"大校联小校""强校联弱校""城镇校联农村校"，创新建立1425个教联体，覆盖66%的义务教育学校，促进优质教育资源向农村学校、薄弱学校辐射。建立城乡教师双向交流机制，设立城乡教师交流轮岗专项经费，每年推动全省城区教师5000人到乡村交流轮岗，5000名乡村教师到城区跟岗见习。

引领教师在支撑科技自立自强中勇担当。强化高校产学研协同创新，实施楚天英才计划、产业教授等项目，激励广大教师深度参与"尖刀"技术攻关工程，成功研发全球首颗高分辨率毫米波雷达卫星"珞珈二号"等一大批重大创新成果。发挥高校院所在科技创新中的独特优势，打通"源头创新—技术开发—成果转化—产业聚集"转化链条，全省创新成果加快转化，科技成果省内转化率提高到65.2%。

引领教师在涵育社会文明风尚中树标杆。探索建立好党员带动好老师、好支部带活好团队、好作风带出好氛围的党建引领"三带六好"

机制，引导党员教师作表率。大力实施"荆楚好老师群星计划"，激发好老师不断涌现群星效应，推出全国全省优秀教师典型300多个，涌现出全国"最美教师"殷鸿福、全国教书育人楷模马丹、全国模范教师彭玉生等一大批有影响力的教师标杆。

三是厚植教育家精神奋力谱写教育强省建设新篇章。湖北将推动广大教师始终铭记为党育人、为国育才的使命，扎实践行教育家精神，加快建设教育强省，为奋力推进中国式现代化湖北实践提供基础性、战略性支撑。

培养更多"大先生"。加强师德师风建设，引导广大教师争做"经师"和"人师"相统一的荆楚"大先生"。深入实施湖北教师教育振兴工程，推动教师队伍建设由规模扩大向质量全面提升转变。坚持以优质均衡为基本导向，加快推进以县城为重要载体的就地城镇化和"双集中"发展，促进教师资源合理流动。加快建设教育数字化体系，助力教师队伍建设数字化转型。统筹高等教育、职业教育、继续教育，源源不断培养高素质技术人才、大国工匠、能工巧匠。

搭建更好"大平台"。坚持教育、科技、人才"三位一体"统筹推进，依托国家重点实验室、湖北实验室、新型研发机构等创新平台，打通优质高校、优势学科、优异人才、优秀企业同向奔赴的通道，使教育科技人才产生倍增效应。布局一批高等研究院、现代产业学院，建设一批市域产教联合体、行业产教融合共同体，建好湖北科创学院、未来技术学院、卓越工程师学院。引导和支持高校聚焦培育发展新质生产力现实需要，动态调整学科专业，让最新科技知识、企业家进课堂。

营造更优"大环境"。科学安排教育经费支出，推动教育经费使用结构重心从规模扩张向质量提升、结构优化转移，从硬件设施建设向教育教学改革和教师队伍建设等转移。统筹推进"三全育人""五育"并举，营造公平和谐的育人环境。完善校家社协同育人机制，巩固提升"双减"工作水平，营造良好育人生态。开展"百名院士进百校讲科普""少年对话院士""荆楚科普大讲堂"等活动，办好全国首档院士科普节目《你好　赛先生》，充分发挥院士和专家在弘扬教育家精神中的示范引领效应。

湖　南

把教育家精神贯穿教师队伍建设全过程

2023 年教师节前夕，习近平总书记致信全国优秀教师代表，首次提出中国特有的教育家精神，深刻回答了"为何当教师、为谁当教师、如何当教师"这一根本性问题。2024 年 3 月 18 日，习近平总书记在湖南第一师范学院考察时强调，学校要立德树人，教师要当好"大先生"。

湖南是教育大省，素有尊师重教的优良传统。要认真学习贯彻习近平总书记的重要指示精神，大力弘扬教育家精神，培养造就高素质专业化教师队伍，为加快建设教育强省、奋力谱写中国式现代化湖南篇章，为推进强国建设、民族复兴作出新的更大贡献。

准确把握我国发展新的历史方位，深刻认识弘扬教育家精神的重大意义。从千百年来人类的历史经验和发展规律来看，教育问题始终是关系国家和民族前途命运的根本性问题，教育发展水平在很大程度上决定着一个国家的现代化水平和一个民族的文明程度。准确把握我国发展新的历史方位，深入贯彻新发展理念，加快构建新发展格局，努力推动高质量发展，从根本上要靠教育、科技、人才的支撑。

强国必先强教，强教必先强师。教育家精神内涵丰富、博大精深，是对我国教育传统的创造性转化和创新性发展，是推进强国建设、民族复兴的宝贵精神财富和重要力量源泉。要深刻认识弘扬教育家精神的重大意义，准确把握其丰富内涵、精神实质和实践要求，切实提高教师队伍建设的质量、效率和公信力，为以中国式现代化全面推进强国建设、民族复兴提供有力支撑。

把教育家精神贯穿教师队伍建设各方面、全过程，努力培养造就一支规模宏大、结构合理的高素质专业化教师队伍。要深入开展教育家精神学习宣传实践活动，充分发挥教育家精神的思想感召、价值引领和实践指导作用，将其深度融入各阶段各类型教育中，有效贯穿教师队伍建设各方面、全过程，培养造就更多教育家和"大先生"。

一是提升教师队伍培养综合质量。要以教育家精神为价值引领和目标牵引，大力推进改革创新，持续提高师资人才供给的质量和效率，从源头上保障教师队伍素质。师范院校要坚守办学定位，深化人才培养模式改革，强化师范生专业基础、核心素养和实践能力，其他院校要注重师资人才培育，为培养造就教育家打牢坚实基础。要优化实施"乡村教师公费定向培养计划""优师计划"，加大对农村和欠发达地区优质师资供给，促进城乡、区域间教师资源优化均衡配置。

二是拓展教师专业成长平台。好老师不是天生的，教育家不是一蹴而就的，而是一个长期实践、不断精进的过程。要将教育家精神纳入各级各类教师培训体系，发挥培训示范引领作用，健全各级教研、教培体系，强化校本研修制度机制，高质量开展教师全员培训与精准培训。支持省内高水平综合大学创办教师教育学院，构建以师范院校为主体、高水平综合大学参与、教师发展与教研机构为纽带、优质中小学为实践基地的具有湖湘特色的教师专业发展体系。要深化教育、教学和教师评价与管理改革，推动教育理念更新、教学方法变革、教师队伍管理与教育家精神的深度融合。大力实施高层次教育人才支计划，造就一批教育家型党组织书记、校长和教师。

三是重塑师德师风建设体系。教育家精神是师德师风的价值追求和衡量标准。要进一步完善师德师风建设体系，全面提升教师思想政治素质和职业道德水平。深入学习贯彻习近平总书记关于教育的重要论述，精心开发教育家精神专题课程，筑牢教师队伍信仰之基。建设教育家精神教育实践基地，结合入职宣誓、榜样引领、情景体验、实践教育、公益支教、志愿服务、经典诵读等日常活动，组织学校开展师德师风专题教育，打造好"师者如是""湖湘师表"等湖湘师德教育品牌。

加强党的领导，为大力弘扬教育家精神提供坚强保证。要加强教育家精神的研究阐释和宣传，持续发扬湖湘文化的尊师重教传统，充分挖掘"要做人民的先生，先做人民的学生"的徐特立、"欲栽大木柱长天"的杨昌济等湖南杰出教育家的时代价值，大力宣传当代优秀教师的先进事迹，让教育家精神更加生动鲜活、更加深入人心。要不断提高教师的政治地位、社会地位、职业地位，健全完善教师荣誉表彰体系，创新优化教育综合服务保障和各项惠师政策落实机制，切实保障和稳步提升教师待遇，让教师成为最受社会尊重和令人羡慕的职业。要根据我国总体供需格局的发展变化，大力推动院校重组和学科重塑，重构教育供给体系和能力。要务实推动"县管校聘"、校长教师交流轮岗以及"县城学校用编、乡村学校用人"等改革试验落地见效。要积极探索职称评聘分离、职称与待遇脱钩改革，推动形成以增加知识价值为导向的新型人才评价机制和收入分配格局。要深入推进依法治教、依法治校，赋予学校更多办学自主权，建立社会事务进校园清单管理制度，为学校和教师减负赋能，加快推动全省教育治理现代化。

广　东

以教育家精神引领教育强国建设

强国必先强教，强教必先强师。广东深入学习贯彻习近平总书记关于教育家精神的重要论述，着力将教育家精神融入深化新时代教师队伍建设改革，坚持优先谋划、优先发展、优先保障，以强师之策厚植人才培养、科技创新沃土，奋力在教育强国建设新征程中作出广东贡献，以实际行动深刻领悟"两个确立"的决定性意义，增强"四个意识"、坚定"四个自信"、做到"两个维护"。

弘扬教育家精神，必须增强做好新时代教师工作的使命感与责任感。习近平总书记关于教育家精神的系统阐述，体现了涵育担当民族复兴大任时代新人的迫切需要，是习近平总书记关于教育的重要论述的重大成果。弘扬践行教育家精神，是引领广大教育工作者坚定理想信念、增强教书育人使命感和责任感的重要契机，是做好新时代教师工作的目标方向。广东省委、省政府高度重视教育，坚持把教育摆在优先发展的重要位置，坚持把加强教师队伍建设作为最重要的基础工作抓实抓好。2023 年教师节以来，广东组织开展了学习贯彻教育家精神的主题宣讲和系列座谈，并通过专家撰文、选树典范等形式推动对教育家精神的系统化、常态化学习。2024 年新年伊始，广东省委、省政府以一号文件出台加快教育强省建设的意见，全面贯彻党的二十大精神和习近平总书记关于教育的重要论述，部署实施"新强师工程"等八大工程，明确提出大力弘扬教育家精神，提升教师躬耕教坛新境界。

弘扬教育家精神，必须不断深化新时代教师管理制度改革创新。广东是教育大省，拥有各级各类教师 166 万余人，这既是推动教育强省建设的重要保障，也对教师队伍高质量发展提出现实挑战。党的十八大以来，广东坚持以习近平新时代中国特色社会主义思想为指导，贯彻落实《中共中央 国务院关于全面深化新时代教师队伍建设改革的意见》，大力推进高素质教师队伍建设。坚持改革、开放、创新"三大动力"，持续深入推进教师管理制度改革，破解教师队伍科学发展的体制机制障碍。深化中小学教师"县管校聘"管理改革，统筹教师配置和管理，不断优化教师队伍结构，推动基础教育优质均衡发展。健全职业院校教师管理制度，推动职业院校教师与企业工程技术人员、高技能人才双向流动。深化教师职称制度改革，建立健全分级管理服务机制，畅通教师专业发展渠道，向高校下放教师职称评审权，树立以"破五唯"为导向的职称制度和评价标准。创新教师资格管理制度，探索港澳台居民在内地申请中小学教师资格政策。

弘扬教育家精神，必须高标准推进新时代教师队伍建设。学习领会教育家精神，重在将习近平总书记的重要指示精神转化为建设高素质教师队伍的新实践。广东立足改革开放前沿，着眼教育高质量发展，教师队伍建设应有更高的理想追求、目标任务、素养要求，以深入实施"新强师工程"为抓手，健全"三大体系"，强化教师思想政治引领，高标准提升教师能力，营造尊师重教良好氛围。始终把党的建设放在首位，将全面从严治党落实到每个教师党支部，实施"双带头人"和"双培养"机制，力争让每一位党支部书记和党员骨干教师都成为党建引领、业务示范的标兵。严格落实师德师风第一标准，把教育家精神融入师德规范，创新师德教育方式，推行师德考核负面清单制度，严把教师师德关。将教育家精神纳入各级各类教师培养培训体系，融入教师综合素质和专业能力提升全过程。积极推进广东"新师范"建设，加大对师范院校和师范专业支持力度，夯实教师培养基石，优化优秀师资供给模式。升级省中小学"百千万人才培养工程"、"四名"工作室建设及省级高层次人才项目等发展支持平台，构建教育家型教师队伍成长支持体系。推动省域内教育优质均衡发展，持续实施"全口径全方位融入式对口帮扶"机制，持续提升全省教师专业素质能力。常抓不懈地提高教师地位待遇，营造教育家成长优良生态，弘扬尊师重教社会风尚。压实各级党委政府主体责任，不断提升教师政治地位、社会地位和职业地位，吸引和稳定优秀人才长期从教、终身从教。完善以"南粤优秀教师"为主的教师荣誉表彰体系，组织颁发乡村教师从教 20 年荣誉证书，建立新入职教师宣誓制度等，切实增强教师职业的荣誉感、成就感，激发教师成长内驱力和职业自豪感，使教育家精神成为广大教师的自觉追求。

党的二十大报告指出，教育、科技、人才是全面建设社会主义现代化国家的基础性、战略性支撑。2024 年初，广东召开全省高质量发展大会，吹响了建设现代化新广东的新一轮冲锋号。推动产业科技创新，发展新质生产力，关键在于畅通教育、科技、人才的良性循环。教师作为教育工作的中坚力量，既是教育强国的首要资源，也是科技强国的重要保障，还是人才强国的重要支撑。接下来，广东将持续深入学习贯彻习近平总书记关于教育家精神的重要论述，把弘扬和践行教育家精神融入教师队伍建设的全过程各方面，持续为以中国式现代化全面推进强国建设、民族复兴伟业作出新的更大贡献。

广　西

弘扬教育家精神　锻造八桂教育先锋队伍

　　广西是我国少数民族人口最多的自治区，同时是革命老区、边疆地区，在中国式现代化建设中肩负重要使命。大力培育和弘扬教育家精神，锻造八桂教育先锋队伍，具有重要战略意义。我们要深入学习贯彻习近平总书记关于教育家精神的重要指示精神，把党的领导、师德师风建设、教学改革和教师教育体系建设贯穿到教育工作的全过程、各领域，大力弘扬教育家精神，努力打造一支高素质专业化创新型的边疆民族地区教师队伍，为建设教育强区、新时代壮美广西提供人才支撑和智力支持。

　　加强党的领导是弘扬教育家精神的根本保证。广西认真学习贯彻习近平总书记关于教育的重要论述，坚持把加强党对教育工作的全面领导作为弘扬教育家精神的根本政治保证，始终从战略和全局高度认识教师工作的极端重要性，引导广大教师牢记为党育人、为国育才的初心使命，坚定心有大我、至诚报国的理想信念。坚持以落实立德树人为根本任务，建立健全各级各类学校党的组织体系，持续完善高校党委领导下的校长负责制，健全中小学校党组织领导的校长负责制，分类实行高校和中小学校党组织星级化管理，评选高校星级党支部 474 个，中小学星级党组织 1257 个。培育创建全国高校党建工作

"双创"党组织 104 个、自治区高校党建工作"双创"党组织 320 个、中小学名师党支部书记工作室 132 个。实现公办高校"双带头人"教师党支部书记全覆盖。广西将进一步探索更加符合教师群体特点、适应教学科研实际的党建工作体系，推动党建工作与教书育人、科学研究等业务工作深度融合，确保教育领域始终成为坚持党的领导的坚强阵地。

加强师德师风建设是涵养教育家精神的首要任务。师德师风是评价教师队伍的第一标准，是确保高质量完成立德树人工作的关键性要素。广西坚持把师德师风建设作为涵养教育家精神的首要任务，引导广大教师陶冶言为士则、行为世范的道德情操，秉持乐教爱生、甘于奉献的仁爱之心。持续健全师德师风制度保障，将师德师风作为教师招聘引进、职称评审、评优奖励等方面重要依据，严格执行拟聘用教职员工全员查询制度，近两年共核查新入职教职员工约 14 万人次。创新师德师风建设责任传导机制，将师德师风纳入从严治党清单和地方政府履行教育职责评价体系，全面压实师德师风建设主体责任。探索创新师德教育模式，常态化组织开展师德巡讲、广西优秀教师进校进课堂巡讲和"我的教师梦"主题演讲等活动，着力培育教师职业认同与社会责任感。广西将大力推进示范引领，持续开展以优秀教师为榜样的"每月名师"宣传活动，激发教师对标先进，着力提升师德师风水平。

扎实推动教学改革是厚植教育家精神的必由之路。广西始终坚持把教师作为立教、兴教的根本，以改革创新作为教育事业发展的强大动力，以教学改革推动教育家精神落地落实，引导广大教师不断增长勤学笃行、求是创新的躬耕态度，有力提升教育水平。深入实施义务教育质量提升行动，扎实推进教育稳边固边示范带建设，义务教育优质均衡发展取得积极进展。推进"双减"工作落地，学科类校外培训机构压缩率达 96.4%，九成以上的家长对"双减"工作表示满意。探索中小学科学教育，广西有 3 个科学教育实验区、33 所科学教育实验校入选全国首批中小学科学教育实验区、实验校名单。面向东盟的职业教育开放合作创新高地加快建设，获评 2022 年职业教育改革成效明显省（区、市）。深化高等教育内涵式发展，共有 195 个专业入选国家级一流本科专业建设点，对接产业发展需求建设 50 个示范性现代产业学院。广西将坚持把高质量发展作为各类教育发展的生命线，围绕基础教育补短板、职业教育创品牌、高等教育抓特色，引导教师在教学改革浪潮中厚植教育家精神。

加强教师教育体系建设是践行教育家精神的基础支撑。教师是教育发展的第一资源，师范生作为未来教师的主力军，践行教育家精神，必须优化师范教育体系。近年来，广西持续加强教师教育体系建设，形成了以 10 所师范院校为主、21 所综合院校共同参与的教师培养格局，在校师范生 12.4 万人，师范院校在校师范生占比逐年提高。实施师范专业办学能力提升计划，提高师范教育能力。从 2023 年起，直属公办高校师范生生均定额拨款系数从 1.1 提高到 1.3，有效推动政策、资源、投入进一步向教师倾斜，为广西教育发展提供了充足的师资储备。广西将探索构建培养卓越教师的教师教育体系，实施高校师范专业办学能力提升计划，打造高水平师范教育基地，实施育新秀、育骨干、育优师、育名师、育大家等基础教育"五育工程"，为高质量教育发展提供高水平教师支撑。

海　南

全力推动海南自贸港教育高质量发展

　　强国必先强教，强教必先强师。2023年教师节前夕，习近平总书记致信全国优秀教师代表，从六个方面深刻阐释了教育家精神的核心要义和实践要求，对广大教师提出殷切期望，为新时代教师队伍建设提供了根本遵循，为加快建设教育强国注入了强大动力。作为国家倾力打造的教育改革开放试验田和教育开放发展新标杆，海南自贸港教育要以教育家精神为指引，加快建设并实现教育现代化，推动自贸港教育高质量发展。

　　教育家精神为实现中国式教育现代化新图景指明了前进方向。 教育家精神是建设教育强国的精神动力。党的二十大报告强调，以中国式现代化推进中华民族伟大复兴，教育、科技、人才是全面建设社会主义现代化国家的基础性、战略性支撑。中国式现代化的核心在于人的现代化，人的现代化前提是教育的现代化。优先发展教育是迈向教育强国的时代要求，要以教育的高质量发展助力中国式现代化的实现。教育家精神中蕴含着坚定的教育信念、高尚的教育品行、丰富的教育智慧、扎实的教育风范、远大的教育追求和浓厚的教育情怀。要以教育家精神为引领，在全社会形成尊师重教、兴教强国的风尚，引领教师塑造共同的价值追求，加快培养高素质创新型人才，推动教育高质量发展，加快教育强国建设。

教育家精神是新时代教师队伍建设的核心引领。教师是立教之本、兴教之源。习近平总书记始终高度重视教师队伍建设，从"四有"好老师到"四个引路人"，到"经师"与"人师"相统一，从新时代的"大先生"到教育家精神，赋予新时代人民教师崇高使命，对教师队伍建设提出了新的更高要求。在全面建设社会主义现代化国家的征程上，推动教师队伍现代化建设，必须以教育家精神为引领，坚持守正创新，引导广大教师始终坚守人民立场，坚定理想信念，厚植家国情怀，见贤思齐，主动担当，积极作为，全面落实立德树人根本任务，坚持"教书和育人相统一"，以德修身、以德立学、以德施教，不断培养造就更多的"大国良师""大先生"。

以教育家精神为指引，加快海南自贸港教育高质量发展建设进程。坚持政治导向，加强教师思想政治与师德师风建设。坚持政治导向是大力弘扬教育家精神的应有之义。大力弘扬教育家精神必须突出思想铸魂，用习近平新时代中国特色社会主义思想武装教师头脑，组织广大教师开展系统化、常态化学习，提高政治站位，加强教师思想政治工作。坚持师德师风第一标准，将全面落实立德树人根本任务贯穿教育全过程全方位，确保党对教师队伍建设的领导。以教育家精神为引领，培育一批拥有鲜明海南特色的"教育家"群体。

坚持目标导向，健全海南中国特色教师教育体系。坚持目标导向是大力弘扬教育家精神的必然要求。大力弘扬教育家精神，要充分发挥师范院校服务地方的优势，积极拓宽教师培养渠道，优化实施定向公费师范生培养计划、特岗教师招聘计划等。大力实施各类教育协同提质行动，推动职业院校"双师型"教师队伍建设，优化实施职业院校教师素质提高计划。支持师范院校建设教师教育协同创新基地和教师发展中心，加强师范专业建设，构建师范院校、地方政府、中小学"三位一体"的协同育人体系。不断构建完善国培、省培、市县培、校本研修四级教师研训体系，全面提升各级各类教师专业能力和综合素质。

坚持问题导向，深化教师综合管理改革。坚持问题导向是大力弘扬教育家精神的内在动力。大力弘扬教育家精神，要深入推进教师资格制度改革，把好教师队伍入口关。要深入推进义务教育教师队伍"县管校聘"管理改革，推动校长任期制、校长教师交流轮岗制，优化教师城乡区域布局，实现教师教育资源跨区域、跨城乡流动，实现优质资源共享。要持续深化基层教育人才激励机制改革，健全完善教师待遇保障机制，在培训、职称评聘、表彰奖励等方面向乡村教师倾斜，促进更多优秀教育人才向基层、向乡村流动。

坚持效果导向，弘扬尊师重教社会风尚。坚持效果导向是大力弘扬教育家精神的现实要求。大力弘扬教育家精神，要在全社会开展学习和弘扬教育家精神的主题教育活动，发挥好全国高校黄大年式教师团队、教书育人楷模等优秀教师代表的示范作用，引领带动教师发展，形成优秀教师不断涌现的良好局面，并通过媒体宣传平台，充分展示广大教师爱岗敬业、勤学笃行、乐教爱生、甘于奉献的可亲可敬形象。要健全教师荣誉表彰体系，加大教育领域优秀典型选树力度，讲述新时代教师的新故事，让"人民教师，无上光荣"的观念深入人心，让教师成为最受社会尊重和令人羡慕的职业。

立足新起点，迈向新征程。海南自贸港建设正处于封关运作的关键时期，海南教育界将大力弘扬和践行教育家精神，坚定扛起新时代中国教育开放发展新标杆大旗，牢牢把握教育强国建设新形势新任务新要求，牢牢把握自贸港建设大政治、海南区域社会发展大民生、学生成长成才大规律，牢牢把握广大教师的职业发展愿景和人民群众的切身利益诉求，用实际行动回答"师道何往"，培养更多奋进教育强国建设的"大先生""教育家"，切实办好人民满意和自贸港建设需要的教育。

重　庆

大力实施教师队伍强基培优行动
全面落实教育家精神

　　强国必先强教，强教必先强师。党的十八大以来，习近平总书记始终心系教师成长，站在党和国家事业发展薪火相传、后继有人的战略高度，对新时代教师队伍建设作出系列重要指示批示，特别是2023年教师节前夕提出了中国特有的教育家精神，深刻阐述了教育家精神的丰富内涵和实践要求，为加强新时代教师队伍建设指明了前进方向、提供了根本遵循。重庆深入学习贯彻全国教育大会精神，谋划实施教师队伍强基培优行动，着力建设高素质专业化教师队伍，推动教育家精神融入教师培养培训全过程，努力在教育强国建设中体现重庆担当、展现重庆作为。

　　坚持教育家精神铸魂强师。习近平总书记强调，要实施教育家精神铸魂强师行动，加强师德师风建设。重庆是教育家成长的沃土，陶行知、张伯苓、叶圣陶等著名教育家曾在重庆办学或任教，他们高尚的道德情操感动和激励着广大教师。近五年来，重庆始终坚持党对教师工作的全面领导，切实加强教师思想政治教育和师德师风建设，涌现出大批师德典型，1名教师荣获中宣部时代楷模称号，3名教师获得全国教书育人楷模、全国"最美教师"称号，9万名教师扎根乡村学校 30 年以上。新时代新征程，重庆将全力打造"红岩先锋"变革型党组织，形成党建引领"大先生"涵养的良好生态；坚持将师德师风作为评价教师队伍素质的第一标准，健全覆盖大中小幼常态化师德师风教育制度，构建职前职后一体化的师德养成教育体系，全覆盖引导教师在教育教学全过程厚植教育家情怀；开展践行教育家精神先锋行动，定期选树教书育人楷模、"最美教师"。力争到 2027 年，培养党建思政红岩先锋 100 人，建成全国师德师风建设基地 1 个、市级师德师风教育实践基地 10 个。

建设基础教育专业型教师队伍。基础教育在国民教育体系中处于基础性、先导性地位。近五年来，重庆坚持质量为先、突出重点，为农村地区培养小学全科教师近 1 万名，招聘"特岗教师"4600 名，培训中小学、幼儿园教师 18 万人次，新增市级骨干教师 3237 人，基础教育教师队伍规模不断壮大，质量逐步提升，结构更加合理。但城乡、区域、校际之间师资不均衡，城市学校缺编、农村学校教师学科结构不合理的状况依然存在。新时代新征程，重庆将紧紧围绕基础教育扩质提优，加快建设高质量基础教育教师体系，构建以师范院校培养为主体，高水平综合大学参与，区县政府、教师发展机构和优质中小学协同联动的教师教育新格局；深化"县管校聘"改革，建立周转编制制度，切实解决城乡、区域、校际之间师资不均衡问题；建立健全"新入职教师—骨干教师—名师—学科带头人—教育家型教师"五级教师成长体系。力争到 2027 年，建设"巴渝新师"协同培养共同体 7 个，建成教师教育实践基地 200 个、教师发展示范学校 70 所。

打造职业教育"双师型"教师队伍。建设一支高质量的"双师型"教师队伍，是推动职业教育高质量发展、深化现代职业教育体系改革的重要保障。近五年来，重庆坚持突出重点、打造亮点，新增"双师型"教师 15400 人，增长 210%，高技能人才占比达到 35%，其中全国技术能手 35 人，"双师型"教师数量不断增加、结构比例明显改善、社会认可度逐渐提升。当前全市"双师型"教师队伍的数量和质量仍难以满足职业教育提质增效的迫切需要。新时代新征程，重庆将着力实施职业教育提质领跑行动，整合在渝综合院校、师范类院校和行业企业优势资源，多主体协同参与职业院校教师培养；落实企业实践和兼职教师管理制度，鼓励职业院校与企事业单位互聘兼职；支持高水平学校和大中型企业共建"双师型"教师培养培训基地、企业实践基地，提升校企合作水平；开发产业导师资源库，探索建立重庆职业教育培训资源平台。力争到 2027 年，"双师型"教师占专任教师的比例达到 70%，高技能人才占比达到 45%，全国技术能手达到 50 人，新增"双师型"教师培养培训示范基地、企业实践基地 50 个。

培育高等教育创新型教师队伍。高校在教育科技人才一体化发展中发挥重要引领作用，面对教育强市、推进教育现代化新形势新任务，迫切需要打造一支高素质专业化创新型高校教师队伍。近五年来，重庆坚持以打造西部人才中心和创新高地为目标，每年落实 1 亿元高层次人才引育激励资金和专项支持经费，引育国家级人才688 人，高校作为创新人才"蓄水池"和人才高地的战略作用不断凸显。但在渝高校高层次领军人才紧缺状况尚未从根本上转变，拔尖创新人才仍然匮乏。新时代新征程，重庆将大力实施全球顶尖人才引进"渝跃行动"，同步实施新重庆引才计划高校专项和院士带培计划，引进培养一批具有影响力的科学家和学科领军人才；加快推进高等教育综合改革，开展成渝地区高校访问学者计划，推动成渝地区高校师资互聘、教学资源共享、培训基地共建；探索校企双聘的"两栖"引才用才新模式，推动高校教师创新活力竞相迸发。力争到 2027 年，在渝普通本科高校专任教师博士学位占比超过 45%。

集聚名师名家卓越之师。名师名家是推进教育改革的引领者，培养一批名师名家卓越之师，对于助推全体教师专业成长、打造高素质教师队伍，推动教育高质量发展至关重要。近五年来，重庆始终坚持名师领航、名家示范，新增市级中小学骨干教师 3237 人、市级学科名师 485 人、教育家型校长教师培养对象 63 人，享誉巴渝的名师名家不断涌现。但现阶段名师名家卓越之师规模和引领力不足，教师综合素质、专业化水平和创新能力还需进一步提升。新时代新征程，重庆将深入实施中小学卓越校长培育工程，完善职业院校名师名匠培养体系，加强全国高校黄大年式教师团队建设，建立完善名师名家引进、培养、管理、服务一体化培养体系和保障机制，推动名师名家发挥更大作用，展现更强担当。力争到 2027 年，每千名中小学教师拥有市级骨干教师 35 人，实施"渝跃行动""新重庆引才计划"引进人才 160 名，培育全国名师名校长 60 名，培养造就一批具有巴渝特色、全国影响、国际视野的名师大家。

四　川

以教育家精神涵育高素质教师队伍

2023年教师节前夕，习近平总书记致信全国优秀教师代表，明确提出并深刻阐释了中国特有的教育家精神，号召全国广大教师"以教育家为榜样，大力弘扬教育家精神"。我们要积极响应习近平总书记号召，努力推动四川教师队伍从"规模扩张"向"质量提升"转变，谱写四川为党育人、为国育才的时代新篇。

深刻认识弘扬教育家精神的时代意义。习近平总书记关于教育家精神的阐述植根于中华优秀传统文化，源于扎根中国大地办教育的伟大实践，既明确了新时代人民教师的价值引领和人生追求，又明确了教育强国建设支撑力量的培养方向和责任使命，必须以战略眼光和宏阔视野来认识与把握。

坚定心有大我、至诚报国的理想信念，陶冶言为士则、行为世范的道德情操，是落实立德树人根本任务的内核要求。培养什么人、怎样培养人、为谁培养人是教育的根本问题。四川是教育大省，有1600万名学生、101万名专任教师，必须引导广大教师牢记初心使命，胸怀"国之大者"，聚焦"省之要事"，把师德师风建设摆在立德树人首要位置，以德立身、以德立学、以德施教，培养一代又一代德智体美劳全面发展的社会主义建设者和接班人。

涵养启智润心、因材施教的育人智慧，勤修乐教爱生、甘于奉献的仁爱之心，是建设高质量教育体系的现实需要。国以人立，教以师兴。全面落实习近平总书记对四川工作系列重要指示精神，加快四川高质量教育体系建设，必须引导广大教师深刻认识教育的政治、战略、民生属性，不断拓宽教育工作的视野和格局，心中有爱、眼中有光，把教育家精神内化为教书育人能力、教学方式方法，助力教育高质量发展。

秉持勤学笃行、求是创新的躬耕态度，树立胸怀天下、以文化人的弘道追求，是构建支持全面创新体制机制的本源动能。党的二十届三中全会对统筹推进教育科技人才体制机制一体改革作出战略部署，推动国家创新体系整体效能提升成为建设教育强国的重要任务。四川高校每年毕业人才超过 50 万人，科技成果转化超过 1 万项。统筹推进育人方式、办学模式、管理体制、保障机制改革，让广大教师尤其是高校教师既教书育人又科技创新，聚焦拔尖创新人才培养，厚培国家战略人才力量，不断强化教育对现代化建设的引领支撑作用。

切实找准建强高素质教师队伍的关键着力点。 赓续优良传统，强化"头雁"引领，以教育家精神涵育教书育人"大先生"，关键是要把准方向、找对路径，持续用力、久久为功。

注重党建引领，突出培根铸魂。必须坚持党对教育事业的全面领导，坚持以习近平新时代中国特色社会主义思想为指引，不断用党的创新理论武装头脑、指导工作。要完善和落实高校党委领导下的校长负责制和中小学校党组织领导的校长负责制，将思政工作队伍建设纳入意识形态责任制，坚决守好思想政治教育主阵地。

注重深化改革，突出赋能提质。四川省推进教师教育振兴行动计划，实施名师、名校长、名班主任、名辅导员培养工程，在不断深化教师供给侧改革方面作出积极探索。要构建职前职后一体化教师培养体系，推进新时代中小学优秀党组织书记和卓越校（园）长、学科领军教师，职业院校名师名匠培养计划，深化民族地区教师能力提升精准帮扶工程，以"四有"好老师标准培养一大批教育改革发展的带头人、实干者。

注重优先发展，突出尊师重教。四川省坚持优先谋划教师工作、优先保障教师工作投入、优先满足教师队伍建设需要。省委常委会每年听取教师队伍建设情况汇报，省委书记、省长带头深入学校关心慰问教师。要落实义务教育教师平均工资收入水平"不低于"政策，实施义务教育教师安身工程，加大住房保障力度，用心用情关怀关爱教师，结合教师节庆活动，大力宣传和表彰优秀教师校长，选树师德楷模，营造尊师重教良好社会风尚。

大力加强高素质教师队伍建设的具体举措。加快建设教育强省，我们将深入学习贯彻习近平总书记关于教育的重要论述，加快落实四川省与教育部战略合作协议，大力弘扬教育家精神，建强高素质教师队伍。

完善培养体系。优化教师教育体系，坚持将思想政治建设摆在首要位置，实施新时代教师思想铸魂工程，把践行教育家精神与弘扬长征精神、"两弹一星"精神等结合起来，纳入培养培训体系，筑牢教师理想信念之基。实施新时代基础教育强师计划、职业教育教师队伍能力提升行动、高校院士后备人选培养计划。支持高校大力引进培养"高精尖缺"优秀人才。

健全评价体系。贯彻落实党的二十届三中全会精神，深化教师评价改革，坚持师德师风第一标准，把教育家精神作为新教师岗前培训和在职教师全员培训的必修课。突出教育教学实绩，引导教师上好每一节课、关爱每一个学生。强化一线学生工作，明确干部教师参与学生工作的具体要求。改进高校教师科研评价，坚决破除"五唯"顽瘴痼疾，让教师专注于教学、专心于科研。

建强支撑体系。实施高质量教师队伍建设战略工程，全面开展教育家精神养成教育和传承活动，全方位支持、激励、服务教师。将教育投入更多地向教师倾斜，加强教师工资待遇保障。持续减轻教师非教育教学负担，完善教师荣誉制度，健全教师礼遇制度，推动形成优秀人才竞相从教、广大教师尽展其才、好老师不断涌现的良好局面。

贵　州

大力弘扬教育家精神　推进教育高质量发展

2023 年教师节前夕，习近平总书记致信全国优秀教师代表，首次提出并阐释了中国特有的教育家精神，即"心有大我、至诚报国的理想信念，言为士则、行为世范的道德情操，启智润心、因材施教的育人智慧，勤学笃行、求是创新的躬耕态度，乐教爱生、甘于奉献的仁爱之心，胸怀天下、以文化人的弘道追求"。深入理解教育家精神提出的重大意义、丰富内涵和实践要求，大力弘扬教育家精神，推进教育高质量发展，是新时代教育工作者的崇高使命担当。

从"百年大计"的高度领悟教育家精神的重大意义

百年大计，教育为本。纵观人类历史，教育兴则国家兴，教育强则国家强。建设教育强国，是实现高水平科技自立自强的重要支撑，是促进全体人民共同富裕的有效途径，是以中国式现代化全面推进强国建设、民族复兴伟业的基础工程。强国必先强教，强教必先强师。习近平总书记提出的中国特有的教育家精神，为新时代加强高素质教师队伍建设指明了前进方向、提供了根本遵循，为广大教师正心明道、怀德自重，当好新时代的"大先生""引路人"提供了价值指引和行动指南，充分彰显了习近平总书记心系教育、尊师重教的深厚教育情怀，充分体现了我们党把教育摆在优先发展的战略位置，深刻把握中国特色社会主义教育内在规律和本质、探索中国式教育现代化理念和思路的新境界。人无精神则不立，国无精神则不强。教育家精神的提出，适应教育改革发展之需和教师队伍建设之要，将激发广大教师深沉的文化自信和对新时代的责任感，对加快建设教育强国、推进中国式现代化具有极为重要的意义。

从"两个结合"的维度理解教育家精神的丰富内涵

教育家精神既是以马克思主义教育思想指导当代教育工作实践的全新阐发，也是对中华优秀传统文化的发扬光大。马克思主义教育思想与中华优秀传统文化，特别是中华优秀传统文化中熠熠生辉的师道文化，构成了教育家精神的思想内核、精神源流和文化土壤。教育家精神所蕴含的"心有大我、至诚报国"的理想信念，鲜明指向教育家精神的核心在于"爱国"，体现了马克思主义集体主义观与传统爱国主义思想的结合。"言为士则、行为世范"的道德情操，揭示了教育家精神的根本在于"立德"，体现了马克思主义人本思想与传统"为人师表"教育理念的结合。"启智润心、因材施教"的育人智慧，表明教育家精神的关键在于"育人"，体现了马克思主义关于人的全面发展理论与传统"学高为师"教育理念的结合。"勤学笃行、求是创新"的躬耕态度，揭示教育家精神的要义在于"躬行"，体现了马克思主义实践观与传统"知行合一"理念的结合。"乐教爱生、甘于奉献"的仁爱之心，表明教育家精神的珍贵品质在于"仁爱"，体现了马克思主义人本思想与传统"师道至善"教育观念的结合。"胸怀天下、以文化人"的弘道追求，阐明教育家精神的崇高境界在于"弘道"，体现了马克思主义追求真理品格与传统"崇真求道"思想的结合。教育家精神所具有的丰富内涵，充分体现了"把马克思主义基本原理同中国具体实际相结合、同中华优秀传统文化相结合"的理论自觉和行动自觉，是"两个结合"在教育领域的生动体现。

从"知行合一"的角度把握教育家精神的实践要求

教育家精神是理实相生、知行合一的成果，也要在理实一体、知行合一中涵养、发扬。贵州是明代王阳明"知行合一"哲学思想的诞生地，广大教育工作者更应在知行合一践行教育家精神上走在前、作表率。近年来，贵州围绕推进教育高质量发展，建设特色教育强省，着力加强教师队伍建设，通过教师"国培计划"、"省培计划"、职业院校素质提高计划等教师培训项目和中小学教师能力素质测试等举措，培育打造高素质教师队伍；通过县管校聘、绩效评价、职称评定等改革举措，提升教师队伍活力，激发教师干事创业热情；深入学习教育家精神，涌现出时代楷模刘芳、陈立群，全国教书育人楷模顾昌华、何梅、李红波，全国"最美教师"周贤怡、刘秀祥、顾亚，"蝴蝶妈妈"王玉等优秀教师典型，发挥了榜样引领作用。持续宣传教育家精神，利用有关媒体推出专栏、专刊、专题报道，宣传优秀教师典型，讲好贵州教育故事。组建省级教育家精神宣讲团，深入全省各地开展宣讲，引导广大教师牢记"为党育人、为国育才"的初心使命，激励广大教师弘扬和践行教育家精神，争做教育家精神的身体力行者、宣传弘扬者、率先垂范者，努力成为具有深厚家国情怀、崇高道德品质、一流职业素养的教育家，并通过宣传宣讲，在全社会营造尊师重教的良好氛围。

新时代新征程，我们将坚持以习近平新时代中国特色社会主义思想为指导，围绕加快建设教育强国，大力弘扬教育家精神，加强教师队伍建设，推进教育高质量发展，努力为实现中华民族伟大复兴作出更大贡献。

云　南

以教育家精神引领教师队伍高质量发展

云南践行以教育家精神引领教师队伍建设，把爱党爱国爱学校爱学生作为基本要求，建设有师德有责任有情怀有水平的教师队伍，营造尊师重教社会风尚，以云岭教师之强支撑云南教育之强。

突出政治引领，在涵养师德师风中弘扬教育家精神。云南持续强化政治建设，不断锤炼广大教师忠诚于党的教育事业的政治品格，牢固树立"躬耕教坛、强国有我"的志向和抱负。加强理想信念教育，把学习贯彻习近平总书记关于教育家精神的重要指示有机融入到主题教育中，组织开展师德集中学习教育，并纳入各级各类教师职前培养、资格准入、职后培训和日常管理的全过程。制定实施《云南省中小学幼儿园教师违反职业道德行为处理实施细则（试行）》，建立健全教职员工准入查询制度，组织开展师德师风专项整治行动，将师德建设作为学校工作考核和办学质量评估的重要指标。加强思政工作队伍建设，连续 15 年举办高校思政课教师教学比赛，连续 3 年开展中小学班主任和思政课教师基本功展示交流活动，多措并举推进思政课教师"大学习、大培训、大练兵、大比武"。

突出立德树人，在厚植教育情怀中弘扬教育家精神。云南坚持增强广大教师立德树人的责任感，做有情怀有温度的好老师、"大先生"。充分激发班主任在控辍保学中的重要作用，全省 15.5 万名班主任强化家校社联动，确保了全省控辍保学实现动态清零。实施留守儿童、困境儿童关爱工程，建立教师与留守儿童"一对一"精准帮扶机制，组织万名党员挂联万人、万师访万家，2024 年寒假组织教师上门家访 10 万人次，做到每个孩子都有人管、都有人爱、都有人帮助，不仅关注他们的生活、学习，更加关注孩子们的心理健康、亲情关爱，弥补家庭教育的缺失。

突出专业发展，在提升执教能力中弘扬教育家精神。云南坚持育才由育师开始，持续提升教师综合素质和专业素养，增强教书育人的能力和水平。聚焦书记校长队伍建设，以政治能力提升为重点，连续 10 年组织高校书记校长培训班，全面推进基础教育学校校长职级制改革，组织"万名校长培训班"，5 年培训 1 万名优秀校长。聚焦教师专业素质整体提升，统筹建立国家、省、州（市）、县（市、区）、学校 5 级培训体系，每 5 年开展一轮教师全员培训。省级实施"义务教育青年教师培训计划"，5 年培训 3 万名青年教师；各州（市）、县（市、区）和学校通过乡村教师培训、团队研修、送教下乡等项目，每年培训中小学幼儿园教师 10 万人次。建立"中小学幼儿园教师培训小学期制"，着力破解教师培训工学矛盾。聚焦示范引领，构建基础教育"三级三类"（省、市、县三级，教学名师、学科带头人、骨干教师三类）教师人才阶梯式发展体系，全省组建名师名校长工作室 1941 个，遴选 2 个职业教育"双师型"教师培养培训基地，入选全国高校黄大年式教师团队 9 个。

突出机制创新，在激发躬耕态度中弘扬教育家精神。云南坚持把教师作为教育发展的第一资源，多措并举持续优化教师管理和资源配置，激发广大教师积极投身教书育人事业的热情。抓好教师补充，统一中小学各学段教职工编制标准，建立全省事业编制周转池制度，实现中小学教职工编制总量达标。每年统筹安排 1600 余个培养名额实施地方优师专项与省级公费师范生项目。创新机制优化资源，推动高校教师校际、校院、校企互聘兼职，支持高校外聘教师 1.2 万人次，全面推行义务教育教师"县管校聘"。分类分层实施"银龄教师"行动，吸引更多优秀退休人才从教。推进体育美育浸润行动计划，选派两批共 2600 名体育美育专业高校师生，到教育发展相对薄弱地区支教。统筹实施教育人才"组团式"帮扶、教育部直属高校托管帮扶、"省管校用"对口帮扶、省属高校托管帮扶、州（市）内优质普通高中托管帮扶"五个一批"帮扶模式，实现了高中县域托管帮扶、三级及以下公办普通高中帮扶"两个全覆盖"。

突出保障激励，在强化尊师重教中弘扬教育家精神。云南坚持营造尊师重教良好风尚，出台强师利师惠师政策，为教育家精神落地生根创造优良环境。落实教育优先发展，省委、省政府召开全省教育发展大会，实施教育高质量发展三年行动计划，明确从 2023 年起的 3 年内新增省级教育投入 300 亿元，倡导领导干部当好"编外校长"，实实在在帮学校和教师解难题、办实事，形成了"五级书记抓教育，党政同责办教育"的工作格局。强化教师工资保障，在高校实施"1+N"绩效工资总量核定，落实义务教育教师平均工资收入水平不低于当地公务员平均工资收入水平政策。乡村教师生活补助差别化政策实现原集中连片特困县全覆盖，惠及 9500 多所乡村学校的 14 万名教师。增强教师荣誉感，省委、省政府每年隆重举行教师节表彰活动，2018 年以来，每年奖励 500 名教龄 20 年以上的优秀乡村教师每人 10 万元，激励广大教师坚守三尺讲台、潜心教书育人。

西　藏

把教育家精神融入教育发展全过程

在 2023 年第 39 个教师节前夕，习近平总书记致信参加全国优秀教师代表座谈会的教师代表，深刻阐述了中国特有的教育家精神。西藏要深刻领会教育家精神的丰富内涵，牢记为党育人、为国育才的初心使命，树立"躬耕教坛、强国有我"的志向和抱负，自信自强、踔厉奋发，着力推动西藏教育高质量发展。

深刻理解教育家精神的丰富内涵。教育家精神是一个系统性、整体性价值蕴含，包含了六个逻辑严谨、联系密切、内在统一的实践要求，具有价值、实践、目标三个层次。

深刻领悟教育家精神的基本蕴含和价值取向。"心有大我、至诚报国"的理想信念是教育家精神的根本底色，决定着教育家精神的价值取向。"言为士则、行为世范"的道德情操，生动诠释了教育家精神蕴含的人格魅力。广大教师要将"小我"融入"大我"之中，一方面要提高政治觉悟，始终将党和人民的期盼置于教育事业首位；另一方面，要自觉修炼个人道德情操，用自己的道德人格点亮学生前行的人生灯塔，做好学生成长与发展的"引路人"。

深入领会教育家精神的育人智慧和实践要求。"启智润心、因材施教"是高超的育人智慧，培养社会主义建设者和接班人，迫切需要广大教师既精通专业知识、做好"经师"，又涵养德行、成为"人师"。"勤学笃行、求是创新"的躬耕态度要求广大教师坚持终身学习，探索真理和敢于创新，既要有热爱教育的定力，也要有敢闯敢试的勇气，积极培育拔尖创新人才。

全面把握教育家精神的人格风范和社会担当。"乐教爱生、甘于奉献"的仁爱之心要求广大教师要坚持以人为本，以学生为中心，以学生成长成才为目标，成为深受学生尊重与爱戴的良师益友。"胸怀天下、以文化人"的弘道追求要求广大教师涵养胸怀天下的精神境界，积极主动地学习借鉴人类创造的一切优秀文明成果，以守正创新的正气和锐气谱写新时代教育新篇章。

以教育家精神引领高素质教师队伍建设。当前，西藏已建立了一支政治素质过硬、理想信念坚定、甘于吃苦奉献的教师队伍。截至 2024 年 4 月，全区在职教职工 63857 人，专任教师 59153 人，学历合格率 99.61%，涌现出了以全国"最美教师"次仁拉姆等为代表的一大批教书育人模范。在建设教育强区新征程上，要弘扬教育家精神，进一步加强教师队伍建设，服务教育高质量发展。

加强师德师风建设。将教育家精神作为师德师风教育的第一课、必修课、常修课，引导教师提升反躬自省意识，将教学实践、教科研探究与价值引领深度融合，成为塑造学生品格、品行、品位的"大先生"。严格落实师德"一票否决制"和从业禁止制度，为教师心无旁骛钻研业务搭建广阔平台，引导广大教师聚焦教书育人主责主业。

优化教师资源配置。实施高海拔艰苦边远地区教师定向培养计划、乡村教师定向培养计划和校长教师交流轮岗制度，深入推进"县管校聘"，教师职称评聘进一步向高海拔艰苦边远和乡村学校教师倾斜。大力实施人才"育引用留"工程，完善教师荣誉表彰制度，强化教师待遇保障，吸引更多优秀人才进入教师队伍。

提升队伍整体素养。把思想政治教育、职业理想、职业道德、学术规范融入教师职前培养、职后培训和管理全过程。开展"一考三评"和教学技能大练兵，推进职称制度改革，充分发挥"教育援藏组团式人才""学科带头人"的示范引领和骨干带动作用，不断完善教师教育体系，营造尊师重教浓厚氛围。

把教育家精神融入西藏教育事业发展全过程。习近平总书记始终心系西藏教育发展，强调"改变藏区面貌，根本要靠教育"①。西藏紧紧围绕铸牢中华民族共同体意识这条主线，聚焦高质量发展这个主题，聚焦"四件大事"聚力"四个创建"。在建设教育强区新征程上，要将教育家精神融入教育事业发展全过程。

强化基础教育基点。扎实推进基础教育扩优提质专项行动，推进学前教育普及普惠安全优质发展，推动义务教育优质均衡发展，推进高中阶段学校多样化发展，实施西藏成都学校建设重点项目，推进优质学校挖潜扩容，加强新优质学校建设，努力让每个孩子都能享有公平而有质量的教育。

提高职业教育质量。扎实推进职业教育达标培优专项行动，以普职融通为关键点，以产教融合为突破口，以科教融汇为新方向，促进产业链与教育链供给匹配。支持西藏职业技术学院专升本，推动"高水平中职学校建设计划"，建设行业产教融合共同体、职业品牌专业（群）、高水平实训基地。

抬起高等教育龙头。大力实施高等教育振兴行动，调整优化学科专业结构，加快建设一流大学、一流学科和优势学科，实施西藏高等

---

① 2015 年 8 月 31 日，习近平总书记在中央第六次西藏座谈会上的讲话。

研究院建设专项行动，推进"两个先行先试"，构建大联盟整体推进机制，切实提升高等教育服务西藏经济社会发展的能力和水平。

西藏要牢记为党育人、为国育才的使命，践行教育家精神，以赤诚之心、奉献之心、仁爱之心投身教育事业，把高质量发展作为发展教育事业的生命线，为谱写好中国式现代化西藏篇章贡献力量。

陕　西

推动教育家精神在三秦大地落地生根

习近平总书记始终高度重视教育工作和教师队伍建设。2023 年教师节前夕，习近平总书记深刻阐释了中国特有的教育家精神的丰富内涵和实践要求。教育家精神是对中华优秀传统教育文化的传承发展和新时代教师队伍建设规律性认识的深刻总结，是对广大教师和教育工作者的极大鼓舞和鞭策，为打造高素质教师队伍、推进教育高质量发展提供了根本遵循。陕西坚持以习近平新时代中国特色社会主义思想为指导，深入学习贯彻习近平总书记关于教育的重要论述和历次来陕考察重要讲话重要指示，大力弘扬教育家精神，扎实推进新时代教师队伍建设，加快建设教育强省，努力为加快教育现代化、建设教育强国贡献陕西力量。

一是坚持以教育家精神涵养师德师风建设。习近平总书记来陕考察期间，亲切会见西迁老教授，对西迁精神给予高度赞扬，勉励广大师生到祖国最需要的地方建功立业。西迁精神是教育战线的宝贵精神财富，是践行教育家精神的光辉写照。陕西全面贯彻党的教育方针，落实立德树人根本任务，巩固拓展主题教育成果，把教育家精神融入师德师风建设，注重从伟大建党精神、延安精神、西迁精神中汲取丰厚滋养，坚持思政课建设与党的创新理论武装同步推进，推动构建以习近平新时代中国特色社会主义思想为核心内容的课程教材体系，加强大中小学思想政治教育一体化建设，深入推进师德师风建设三年行动计划和师德集中学习教育六大行动，深化全学段思政课教师"大练兵"，教育引导广大教师和教育工作者深刻领悟"两个确立"的决定性意义、增强"四个意识"、坚定"四个自信"、做到"两个维护"，沿着习近平总书记指引的方向，争做为学、为事、为人的"大先生"，努力培养德智体美劳全面发展的社会主义建设者和接班人。

二是坚持以教育家精神引领教师培养培训。习近平总书记强调人才培养，关键在教师。陕西坚持把加强教师队伍建设作为最重要的基础工作来抓，把教育家精神纳入各级各类教师培养培训体系，融入教师综合素质和专业能力提升全过程；出台《弘扬教育家精神 引领高素质教师队伍建设的指导意见》，将2024年确定为"弘扬践行教育家精神行动年"，扎实推进思想铸魂、理论阐释、文艺创作、荣誉激励、示范引领、关爱学生、尊师重道、以文化人等八大行动；不断加强高水平师范院校和师范专业建设，实施"师范教育协同提质计划"；强化基础教育"三级三类"骨干教师体系和"三级两类"骨干校园长体系建设；加强职业教育"名师""名匠"和"双师型"教师培养力度；精准开展教育帮扶，实施"城乡教师学习共同体——名师引领行动"，稳定提升全省教师专业素质能力，培养造就一支师德高尚、业务精湛、结构合理、充满活力的高素质专业化教师队伍，努力打造践行教育家精神的高地。

三是坚持以教育家精神深化教师评价改革。习近平总书记指出，教育评价事关教育发展方向，有什么样的评价指挥棒，就有什么样的办学导向。陕西充分发挥科教资源优势和高等教育龙头作用，以教育家精神为导向，以教育评价改革为牵引，统筹推进育人方式、办学模式、管理体制、保障机制改革，分别设置评价标准，调整职称改革政策，通过实施"菜单式"选项"破五唯"、乡村教师"定向评价、定向使用"，开展省属高校教师职称评审监管，启动"双师型"教师认定，实现"县管校聘"改革全覆盖等，全方位、精细化评价教师表现，不断强化评价标准和评价结果运用，切实做到以改进结果评价激活教师创造潜力、强化过程评价激励教师潜心育人、探索增值评价激起教师发展潜能、健全综合评价激发教师各尽所能，同时，以成果转化"三项改革"为牵引放大秦创原效能，持续完善高校科技成果转化体系，深化产学研协同创新，建设秦创原高校创业孵化基地，促进优势学科专业成链成群成势，持续提升人才培养与产业发展的契合度，充分释放高校创新创业活力，全力提高教师教育服务发展新质生产力的能力水平。

四是坚持以教育家精神营造尊师重教氛围。习近平总书记指出，教师要成为"大先生"，做学生为学、为事、为人的示范。从"四有"好老师到"四个引路人"，从做"经师"与"人师"的统一者到成为"大先生"，习近平总书记对广大教师和教育工作者充满殷切期许。陕西持续强化教育家精神引领作用，坚持营造尊师重教良好风尚，全面开展教育家精神养成教育和传承活动，加快推动教育系统"三支队伍"建设，组建陕西教师发展研究院，深化部省战略合作，提高教师待遇保障水平，巩固义务教育教师工资收入水平不低于当地公务员成果，不断完善教师荣誉表彰体系，切实提高教师政治地位、社会地位、职业地位，14支教师团队入选全国高校黄大年式教师团队，不断培养更多可堪大用、能担重任的卓越教师和教育家，为教育家精神在三秦大地落地生根创造优良环境。

教育是国之大计、党之大计；教师是立教之本、兴教之源。在教育强国建设的新征程上，陕西将牢记嘱托，感恩奋进，始终把教育摆在优先发展的战略地位，大力弘扬和践行教育家精神，加快推进教育现代化、建设教育强省，努力办好人民满意的教育，为谱写陕西新篇、争做西部示范作出新的更大贡献。

甘　肃

大力弘扬教育家精神
打造高素质专业化教师队伍

　　百年大计，教育为本；教育大计，教师为本。教师是人类灵魂的工程师，是人类文明的传承者。党的十八大以来，以习近平同志为核心的党中央把教师队伍建设摆在教育事业的突出位置。2023 年教师节前夕，习近平总书记致信全国优秀教师代表，鲜明提出中国特有的教育家精神，为新时代教师队伍建设指明了前进方向、提供了根本遵循。大力弘扬教育家精神，建强高素质教师队伍，对走实走好教育强国建设甘肃实践、加快推进教育高质量发展具有十分重要的意义。

　　面对新形势新任务新要求，我们必须从党和国家事业发展全局的战略高度，认识加强教师队伍建设的重大意义，深入学习贯彻习近平总书记关于教育的重要论述，以教育家精神引领新时代教师队伍建设，引导教师做有理想信念、有道德情操、有扎实学识、有仁爱之心的好老师，做学生锤炼品格、学习知识、创新思维、奉献祖国的引路人，致力于建设一支宏大的高素质专业化教师队伍。

　　心有大我、至诚报国的理想信念，是广大教师必须坚守的政治灵魂。习近平总书记在对中国特有的教育家精神的阐释中，将"心有大我、至诚报国的理想信念"列在首位，要求广大教师把教育工作与家国命运和时代使命结合起来，牢固树立为党育人、为国育才的责任感和使命感，始终忠诚于党和人民的教育事业。近年来，甘肃省始终把教师队伍建设作为教育高质量发展的基础性工程，积极引导广大教师把教育事业发展融入强国建设和民族复兴伟业之中。甘肃省将大力弘扬培育教育家精神，引导广大教师正确处理好"大我"与"小我"的关系，让"心有大我、至诚报国的理想信念"成为自觉价值追求，让他们成为先进思想文化的传播者、中国共产党的坚定支持者、学生健康成长的指导者。

言为士则、行为世范的道德情操，是广大教师必须具备的品格素养。立德先立师，树人先正己。广大教师只有坚守精神家园，遵守职业道德准则，做学生为学、为事、为人的"大先生"，成为被社会尊重、为世人效法的榜样，才能站好讲台、甘当人梯，以高尚的道德情操影响学生、引领学生。甘肃省坚持把提高教师思想政治素质和职业道德水平摆在首要位置，统筹推进思政课教师、辅导员、骨干教师、党员干部"四支队伍"建设，积极开展陇原名师、名班主任、名校长评选，深入实施师德学习教育和"清朗净化"专项整治行动，师德师风建设已经走上常态化、规范化、具体化的轨道。甘肃省将不断改进师德师风评价内容、方法与手段，引导广大教师以德立身、以德立学、以德施教、以德育德，在教学内容上改革创新，在教学方法上精益求精，当好青年的成长成才启智者。

启智润心、因材施教的育人智慧，是广大教师必须提升的专业能力。学生在认知能力、学习方式、自身素质等方面都存在许多差异，教师在教学过程中，如何从学生的实际情况和个体差异出发，有的放矢进行差别化教育，使每名学生都能扬长避短、激发潜能，是实现教育均衡和高质量发展的关键。甘肃省在师范生培养、新教师入职教育和在职教师各类培训中，着力引导教师正确认识自身角色定位，让他们从知识的传授者转变为学生学习的合作者、引导者、启发者、关怀者，注重学生身心全面发展，尊重每名学生的个性发展。甘肃省将努力培养高素质、专业化的教师队伍，不断丰富广大教师的育人智慧，让每名学生都有人生出彩的机会，努力培养担当民族复兴重任的时代新人。

勤学笃行、求是创新的躬耕态度，是广大教师必须践行的职业精神。学而不厌，诲人不倦。当今时代，各种新知识、新情况、新事物层出不穷，学生接受知识的渠道更加便捷多元。广大教师只有牢固树立终身学习理念，结合社会发展不断拓展知识视野、更新理念方法，才能为学生成长成才提供源源不断的知识活水。甘肃省通过深入实施师范教育协同提质计划，创新建设甘肃省教师发展中心，打造"1+N"教师培训体系，为广大教师开展学习研究和创新实践提供了基础平台。甘肃省将用好国家"西部振兴人才岗"等政策，深入实施高层次人才队伍建设工程，发挥好全国高校黄大年式教师团队示范作用，引领带动教师团队协同创新、合作育人，让勤学笃行、求是创新的理念更加深入人心，成为教师群体的自觉行动。

乐教爱生、甘于奉献的仁爱之心，是广大教师必须厚植的教育情怀。仁爱是中华民族的传统美德，更是师道传承的重要精神内核。肩负强国建设、民族复兴的光荣使命，教师群体唯有以最大的仁爱之心，涵育润泽学生的心灵，才能培养出全面均衡、符合时代发展需要的人才。甘肃省将按照好老师标准，教育引导广大教师铭记教书育人的根本使命，激励他们用爱培育爱、激发爱、传播爱，通过真情、真心、真诚拉近同学生的距离，滋润学生的心田，诠释好"为爱而教育"

的职业信仰。我们还将进一步健全教师荣誉表彰体系，落实好教师各项待遇保障政策，讲好教育家教书育人故事，鼓励广大教师对教育工作永葆热情。

胸怀天下、以文化人的弘道追求，是广大教师必须涵养的高远格局。胸怀天下、以文化人的弘道追求，是当代中国教育家的社会担当，是教育家精神的最高境界。作为立德树人的关键主体，广大教师只有心怀"国之大者"，胸怀世界，放眼未来，弘扬全人类共同价值，才能培养出具有宽广国际视野和深厚家国情怀的人才。甘肃是中华民族和华夏文明的重要发祥地之一，历史文化厚重，文物遗存丰富，文化类型多样，具有以文化人、以文明道的独特优势和巨大潜力。我们将引导广大教师深入学习中华优秀传统文化、革命文化、社会主义先进文化，借鉴吸收人类一切优秀文明成果，有机融入教书育人全过程，引导学生努力成为富有家国情怀、全球视野、创新能力的高素质国际化人才，为推动构建人类命运共同体贡献青春力量。

青　海

培养懂青海爱青海兴青海的教育家型教师

百年大计，教育为本；教育大计，教师为本。习近平总书记立足新时代强国建设、民族复兴伟业，创造性提出中国特有的教育家精神，赋予新时代人民教师更加崇高的使命，为高标准推进实施教育强国战略、办好人民满意的教育注入了更加强劲的精神动力。立足新时代新征程，加快建设现代化新青海、实现共同富裕的根本之计、长久之策仍然在教育，归根结底需要锻造一支新时代扎根高原、矢志教育，懂青海、爱青海、兴青海的教育家型教师队伍。

坚决筑牢新时代扎根高原矢志教育的教育家精神思想根基。一是夯实"心有大我、至诚报国"的理想信念根基。坚持不懈用习近平新时代中国特色社会主义思想凝心铸魂，引导广大教师不断加深对中国特色社会主义的政治认同、思想认同、理论认同、情感认同，强化"为党育人、为国育才"的政治自觉，正确处理好"大我"与"小我"的关系，主动将个人理想追求融入中华民族伟大复兴的中国梦、教育强国梦，矢志扎根高原、奉献青海、投身教育，自觉做共产主义远大理想和中国特色社会主义共同理想的坚定信仰者和忠实实践者。二是夯实铸牢中华民族共同体意识的思想实践根基。坚持把学校作为铸牢中华民族共同体意识教育的主阵地，切实以增进共同性为前提和方向，进一步深化民族团结进步教育、社会主义核心价值观教育，全面推进国家通用语言文字教育教学，引导广大师生牢固树立正确的历史观、民族观、国家观、文化观，不断增进对中华民族命运共同体的认知、认同和归属，有形有感有效践行中华民族共同体意识。三是夯实"学为人师、行为世范"的师德师风根基。着力健全教育、宣传、考核、监督与激励相结合的师德师风建设长效机制，在资格认定、教师招聘、职称评审、岗位聘用、年度考核、推优评先、表彰奖励等工作中严格落实师德师风第一标准，教育引导广大教师以德立身、以德立学、以德施教、以德育德，真正成为学生为学、为事、为人示范的新时代"大先生"。

巩固拓展新时代躬耕教坛立德树人的教育家精神培育路径。一是强化师范教育固本培元。有高质量的师范教育，才会有更多高素质教师、高水平人才。严格以教育家精神为标尺，围绕师德师风建设、高素质教师培养，进一步修订完善师范院校建设标准和师范类专业办学标准，推动师范教育更具前瞻性和针对性，强化师范生招生源头管理，精准实施乡村学校短缺学科教师培养计划、省级公费师范生培养计划等，构建协同开放共享的师范教育体系，全面提升师范生教书育人能力。二是强化教师培训引领成长。以名师名校长培养计划为引领，将教育家精神作为各级各类教师培养培训体系的重点内容，积极研究各级各类教师成长发展问题，探索教育家精神与教育教学改革的深度融合，进一步建立健全分层分类、阶梯式教师成长发展体系以及教师培训质量评价体系，构建具有青海特色的教师培养模式，大力培养一支师德高尚、业务精湛、结构合理、充满活力的教师队伍。三是强化教育援青赋能增效。充分借助对口支援和东西部协作省市的优质资源，进一步巩固完善高校对口支援机制，拓展推进职业教育和基础教育组团式帮扶机制，建立"请进来""走出去"工作机制，通过强化教师业务培训、选派支教、挂职锻炼以及共享优质教育教学资源等方式，促进学习发达地区和先进学校管理育人方面的经验做法，从而提升一批学校、带出一批教师、培养一批教研骨干。

厚植营造新时代尊师重教惠师重道的教育家精神社会氛围。一是进一步优化完善教师职业发展环境。持续完善和优化教师队伍建设的各项政策和措施，鼓励各级党委政府因地制宜出台支持性政策文件，切实保障和推动教师队伍高质量发展。进一步调整完善各级各类教师职称评价标准，建立符合教师岗位特点的考核评价指标体系，深化薪酬制度改革，充分激发教师队伍的整体活力。按照"越往基层、越是艰苦、待遇越高"的原则，落实艰苦边远地区津补贴政策，加强农村牧区教师周转房建设，不断提升艰苦边远地区教师待遇保障水平。二是进一步构建完善教师表彰奖励机制。细化完善省级教师表彰奖励办法及实施细则。在全省范围内广泛开展"教育家精神在青海"系列活动，讲好青海故事，体现青海特色，强化榜样引领，选树一批师德高尚、师风严谨、师能突出的名师名校长以及乡村教师典型，打造一批践行教育家精神示范团队和样板学校。鼓励各级党委政府、社会团体、企事业单位以各种形式，对优秀教师进行表彰奖励。三是进一步保障落实教师合法待遇权益。依法依规落实教师工资待遇、年度体检、津贴补贴、重大疾病救助制度，以及优秀教师外出疗养制度等有关待遇保障。聚焦社会事务加重教师负担问题，规范清理各类督查检查评比考核、社会事务进校园、抽调借用教师等事项，狠抓精简各类报表填报、调研统计工作，切实清理影响教育教学活动的不合理负担，进一步营造宽松、宁静的校园氛围和教育教学环境，确保教师潜心教书、静心育人。

宁　夏

践行教育家精神　打造教育强区之师

强国必先强教，强教必先强师，强师必先铸魂。习近平总书记提出的中国特有的教育家精神，成为广大教师广泛认同、共同遵循的价值追求和精神支柱，为打造高素质教师队伍，推进教育强区建设，指明了前进方向、赋予了强大动能。

强化政治引领，筑牢教师信仰之基。习近平总书记指出，广大教师要始终同党和人民站在一起，自觉做中国特色社会主义的坚定信仰者和忠实实践者，忠诚于党和人民的教育事业。践行教育家精神要在坚定广大教师"心有大我、至诚报国"的理想信念和树立"胸怀天下、以文化人"的弘道追求上下功夫，守牢教育初心，坚守育人使命。一是注重思想建设。坚持以习近平新时代中国特色社会主义思想统领教师队伍思想政治建设，把教育家精神纳入师范生培养、新入职教师岗前培训和在职教师全员培训的必修课，深入挖掘"不到长城非好汉"的革命精神、弘扬"社会主义是干出来的"的实干精神，教育引导广大教师自觉做教育家精神的传承人、行动派。二是注重党建引领。加强各级各类学校党组织建设，深入实施高校教师党支部书记"双带头人"培育工程、中小学校教师"双培养"工程，积极在优秀师范生、中小学教师中发展党员，把基层党组织建设成为学校教书育人的坚强战斗堡垒，引领广大教师争做"四有"好老师、当好"四个引路人"。三是注重典型引领。组织开展教育家精神"大学习、大宣传、大讨论"活动，组织开展重大课题研究，深入挖掘富有时代精神、育人成果丰硕、得到普遍认可的优秀教师典型和教书育人楷模，运用舞台剧、综艺栏目、微视频与短视频等艺术形式和传播方式讲好教师故事，引领广大教师向身边榜样看齐，做弘扬和践行教育家精神的表率。

强化第一标准，完善师德涵养体系。 习近平总书记指出，评价教师队伍素质的第一标准应该是师德师风。践行教育家精神要坚持第一标准，在陶冶广大教师"言为士则、行为世范"的道德情操和勤修"乐教爱生、甘于奉献"的仁爱之心上下功夫，坚持以德施教、仁而爱人。一是在正面引导上下功夫。常态化落实师德学习和警示教育制度，每年定期开展师德集中学习教育，引导广大教师守住法治底线，把牢师德红线。加大师德典型选树宣传力度，组织"感动教育"丛书编写工作，形成精神感召，集聚强大正能量。二是在师德评价上下功夫。坚持师德师风第一标准，将师德师风作为教师招聘引进、职称评审、评先评优等方面的首要要求，纳入领导班子和领导干部年度考核及高校党委书记抓党建工作述职评议范围，压实师德师风建设责任。三是在从严监管上下功夫。将师德师风纳入从严治党清单，作为对学校巡视巡察的重要内容，健全师德违规行为监测、核查、处理、通报一体化机制。坚持师德违规"零容忍"，对师德违规问题加大惩处和通报力度，发挥查处一案、警示一片、治理一域的震慑效应。

强化教育培训，锻造过硬育人能力。 习近平总书记指出，扎实的知识功底、过硬的教学能力、勤勉的教学态度、科学的教学方法是老师的基本素质。践行教育家精神要在涵养广大教师"启智润心、因材施教"的育人智慧和秉持"勤学笃行、求是创新"的躬耕态度上下功夫，提升育人品格和育人本领，促进学生全面发展。一是提升师范教育质量。加强师范院校和师范专业建设，加大教育硕士、教育博士等人才培养力度。深入实施"师范教育协同提质计划"，开展师范生教育教学能力大赛，培养政治素质过硬、业务能力精湛、育人水平高超的卓越教师，为造就未来教育家型教师奠定坚实基础。二是强化教师培训实效。把教育家精神融入教师综合素质和专业能力提升的全过程，深化"国培计划""区培计划"改革，创新培训方式方法，加强培训成果转化应用。完善教师教研制度，开发智慧教研平台，推动教研工作智能化、数字化发展。三是健全教师成长体系。加快构建和国家新时代名师名校长培养计划相衔接的名师骨干成长体系，实施名师名校长培养计划、骨干教师培育工程，培育一批教育家型教师校长。加强职业教育名师（名匠）和"双师型"教师培养力度，进一步完善高等学校、教科研机构和大中小学协同培养平台，让教师成长有目标，前行有方向，树立践行教育家精神的远大志向。

强化支持保障，营造尊师重教氛围。习近平总书记指出，要让教师真正成为最受社会尊重和令人羡慕的职业。践行教育家精神要在全社会构建和营造尊师重教的良好风尚，让教师真切感受到坚守三尺讲台、潜心教书育人的成就感和幸福感。一是加强待遇保障。完善教师工资待遇长效联动机制，巩固义务教育教师平均工资收入水平不低于当地公务员平均工资收入水平成果，推动提高教龄津贴标准，强化教师住房保障，进一步增强教师职业吸引力。二是关爱乡村教师。落实好乡村教师生活补助和乡镇工作补贴，定期组织乡村教师疗养，推动职称评聘向长期在乡村和艰苦边远地区从教的中小学教师倾斜，确保乡村教师下得去、留得住、教得好。三是减轻教师负担。认真贯彻落实教师减负各项工作要求，严格管理进校园的各项社会事务和督查检查评比事项，建立社会事务进校园白名单制度，切实减轻教师非教学负担，让广大教师安心从教、静心育人。

推动教育家精神落地生根

党的十八大以来，习近平总书记始终高度重视教育、心系广大教师，站在党和国家事业发展全局的高度，先后作出一系列重要指示批示，提出了中国特有的教育家精神，为教师队伍建设赋予了新时代的内涵与精神，为新时代高素质专业化教师队伍建设指明了方向，提供了根本遵循。

新疆维吾尔自治区党委、政府深刻领悟"两个确立"的决定性意义，增强"四个意识"、坚定"四个自信"、做到"两个维护"，始终把教育事业摆在优先发展的战略位置，深入贯彻落实习近平总书记就加强教师队伍建设作出的重要指示，着力破瓶颈、扩规模、调结构、提待遇，解决了诸多长期制约教师队伍建设的重点难点问题，教师队伍整体面貌发生了根本性变化。新疆将坚持问题导向、目标导向，加强统筹协调，强化要素保障，推动教育家精神在广袤的新疆大地落地生根，培养造就一支高素质教师队伍，为教育强区建设夯实基础。

一是坚持政治引领，推动广大教师牢固树立"躬耕教坛、强国有我"的志向和抱负。教师只有胸怀"国之大者"，心中装着国家和人民，忠诚于党和人民的教育事业，才能在实现中华民族伟大复兴的宏伟事业中实现个人价值。近年来，新疆坚持育人者先接受教育，坚持以习近平新时代中国特色社会主义思想凝心铸魂，常态化开展学习教育，开展"弘扬教育家精神·躬耕教坛担使命"系列活动，引导广大教师努力做精于"传道受业解惑"的"经师"和"人师"的统一者。聚焦教育系统领导干部这个"关键少数"，突出党的创新理论在党员、干部教育培训中的首课、主课地位，严格落实"第一议题""首学1小时"等制度，强化理论武装、坚定理想信念。聚焦教师队伍这个"绝大多数"，着力提升理论素养、涵养师德师风、弘扬教育家精神，提高教师思想政治和职业道德水平，坚持把铸牢中华民族共同体意识贯穿立德树人全过程，推动教师成为先进思想文化的传播者、党执政的坚定支持者和学生健康成长的指导者。

二是坚持素质提升，提高广大教师为党育人、为国育才的能力和水平。教师质量就是教育质量的保障，有一流的教师才有一流的教育，有一流的教育才有一流的人才。新疆始终坚持系统观念，坚持兵团地方融合，持续加强区、地、县三级教师发展中心建设，依托"优师计划""国培计划""区培计划"以及职业院校教师素质提高计划，以铸牢中华民族共同体意识、国家通用语言文字能力提升、教师数字素养提升等为主要内容，建立了更加开放的教师培训体系。实施师范教育协同提质计划，支持自治区师范院校与地县、中小学合作，推进5个教师教育改革试验区建设。实施"天山英才"教育教学名师培养计划，全面启动210个自治区级名教师、名校（园）长工作室建设任务。支持鼓励教师提升学历层次，实施援疆博士师资专项计划、少数民族高层次骨干人才计划，探索教师学历提升与在职培训的"立交桥"。着力提升教育系统领导干部能力素质，加大地县党政分管领导、教育部门和各级各类学校班子成员培训力度，支持书记、校长转变理念、创新方法，形成教学特色和办学风格。

三是坚持机制创新，推动形成教师资源科学配置、均衡配置的体系和布局。教师资源的均衡配置是促进教育高质量发展的前提。新疆根据教育发展需要，面对新型城镇化、学龄人口变化及高考改革等带来的新情况，采取有效措施优化教师资源配置，取得了阶段性成效。科学研判人口发展新态势和城乡义务教育一体化改革发展新形势，加强顶层设计，深化教师管理综合改革，形成更加开放、更高效率的教师补充、调配体制机制。坚持需求导向，多渠道补充教师，加大南疆和初、高中学段教师招聘力度，有序组织低学段教师获取初、高中教师资格。拓展实施银龄讲学计划、大学生实习支教等，缓解师资供需结构性矛盾。落实国家中小学教师资格制度，优化教师编制岗位动态调整机制，通过内部挖潜和购买服务，盘活编制存量，有序推进义务教育学校教师"县管校聘"管理改革，完善不适应教师转岗分流退出机制，着力建设高素质教师队伍。

四是坚持强化保障，营造广大教师潜心教书、精心育人的环境和氛围。新疆不断改善教师待遇，关心教师成长，全区建立了中小学教师工资长效联动机制，实现义务教育教师平均工资收入水平不低于当地公务员平均工资收入水平；有学校入选全国高校黄大年式教师团队、国家级职业教育教师教学创新团队；涌现出一批全国教书育人楷模、全国"最美教师"代表。加大对教师的关心关爱，持续落实各项保障政策，畅通乡村教师和教书育人业绩突出教师职称晋升绿色通道，减轻教师非教学事务负担，健全教师荣誉表彰体系，积极营造尊师重教的良好氛围，以教育家精神激励新疆广大教师的奉献精神，让他们安心从教、热心从教、舒心从教、静心从教。

新疆生产建设兵团

以教育家精神引领形成兵团教育新优势

教师是立教之本、兴教之源，肩负着为党育人、为国育才的神圣使命，是推动教育高质量发展、建设教育强国的第一资源。2023 年教师节来临之际，习近平总书记首次提出并深刻阐述了中国特有的教育家精神，赋予了新时代人民教师崇高使命，为新时代加强教师队伍建设提供了根本遵循。新时代新征程，习近平总书记提出了把兵团建设得更强大更繁荣，努力形成新时代兵团维稳戍边新优势，在实现新疆工作总目标中发挥更大作用的新要求。科教作为兵团发展壮大、履行职责使命的重要支撑，加快形成教育新优势是落实习近平总书记重要指示，落实更强大更繁荣重要要求的迫切需要，必须大力弘扬教育家精神，广泛践行兵团精神和胡杨精神、老兵精神，锻造高素质专业化教师队伍，以教育新优势巩固拓展维稳戍边新优势。

强化为党育人、为国育才导向。"心有大我、至诚报国的理想信念"在教育家精神的首位，鲜明揭示了教育的政治属性。必须牢牢把握教育这一"国之大者"的政治属性，全面加强兵团教育系统党的建设，坚持社会主义办学方向，坚持和完善党委领导下的校长负责制，坚持党管人才，把教育领域建设成为坚持党的全面领导的坚强阵地。坚持不懈用习近平新时代中国特色社会主义思想铸魂育人，巩固拓展主题教育成果，继承和发扬兵团人热爱祖国、对党忠诚的政治品格和优良传统，着力引导广大教师和教育工作者更加深刻领悟"两个确立"的决定性意义，增强"四个意识"、坚定"四个自信"、做到"两个维护"，牢记为党育人、为国育才的初心使命，树立"躬耕教坛、强国有我"的志向和抱负，始终忠诚于党和人民的教育事业，不断增强教育报国的自觉和本领。

全面落实立德树人根本任务。培养什么人，是教育的首要问题。习近平总书记强调，人才培养一定是育人和育才相统一的过程，育人的根本在于立德。必须把立德树人作为检验学校一切工作的根本标准，以铸牢中华民族共同体意识为主线，广泛践行社会主义核心价值观，深入开展青少年"筑基"工程，切实将"兵"的意识融入大中小学思想政治教育一体化建设，融入德智体美劳教育，增强学生文明素养、社会责任意识、实践本领，引导青少年扣好人生第一粒扣子。广大教师和教育工作者要认清肩负的使命和责任，以教育家为榜样，坚定理想信念、陶冶道德情操、丰富育人智慧、培养躬耕态度、厚植仁爱之心、立志弘道追求，以言为士则、行为世范的自觉，坚持言传身教相统一，做学生为学、为事、为人的"大先生"。

健全完善兵团高质量教育体系。"勤学笃行、求是创新的躬耕态度"不仅生动体现了广大教师和教育工作者知行合一、实事求是、勇于探索的职业素养，也是新时代办学治校的重要遵循。必须坚持守正创新，深化教育领域综合改革，强化学校教育主阵地作用，不断优化育人方式、办学模式、管理体制、保障机制和评价体系。积极推进优质教育资源向南疆师团和基层倾斜，着力改善提升办学条件和办学水平，通过扩大普惠性学前教育资源供给、中小学集团化办学、"一师一优质高中"创建等方式，巩固发展更加优质均衡的基础教育。加快推动高等教育内涵式高质量发展，支持石河子大学新一轮"双一流"建设，支持塔里木大学加快建设兵团特点南疆特色一流大学。实施职业教育"双高""双优"建设工程，构建具有兵团特色的职业教育体系。

涵养更多扎根边疆、奉献边疆的新时代戍边人。必须以教育家精神为引领，深入实施新时代基础教育强师计划，加强师德师风建设，弘扬尊师重教社会风尚，制定完善激励政策，吸引更多优秀人才投身边疆教育，确保招得进、留得住、干得好。务实开展教师精准培训，巩固夯实专业素养，提升兵团教师适应教学改革、因材施教的能力水平，使广大教师既精通专业知识、做好"经师"，又涵养德行，成为"人师"。深化教师队伍改革，加大对团镇教师的倾斜支持，建立完善兵地之间、城乡之间、优质学校薄弱学校之间优秀教师、校长交流轮岗机制，着力构建更加完备的教师资源配置机制和制度保障体系。

提升兵团教育服务贡献能力。必须深刻把握兵团教育在高质量推进中国式现代化兵团实践中的重要地位和作用，聚焦国家战略需要，一体统筹推进科教兴兵团战略和人才强兵团战略，着力提高教育与经济社会发展"适配度"，形成推动高质量发展的倍增效应。突出加强关键学科建设，培育建设一批一流科技领军人才和创新团队，围绕生物育种、煤化工等兵团重点领域、重点产业，组织产学研协同攻关和科技成果转化，推进产学研用一体化。推进职普融通、产教融合、科教融汇，打造区域产教联合体和行业产教融合共同体，推动人才链、产业链、创新链深度融合，培养更多高素质技术技能人才。大力推进兵地教育深度融合，实施"教育惠民"共享工程，更好发挥兵团教育在全面推广国家通用语言文字教育、文化引领、民族团结进步等方面的示范作用。

高校篇

北京大学

践行教育家精神　建设高素质教师队伍

　　强国必先强教，强教必先强师。新时代以来，以习近平同志为核心的党中央把教师队伍建设摆在教育事业的突出位置。2014 年和 2018 年，习近平总书记两次考察北京大学时都强调教师队伍建设的重要性，要求将"建设高素质教师队伍"作为办好中国特色世界一流大学必须抓好的三项基础性工作之一。2023 年教师节前夕，习近平总书记致信全国优秀教师代表，首次提出中国特有的教育家精神，为高校教师队伍建设提供了根本遵循和行动指南。高等教育是建设教育强国的龙头。新时代新征程上，高校要牢记习近平总书记殷切嘱托，以新时代教育家精神引领高素质教师队伍建设，为推进中国式现代化贡献高等教育力量。

　　心怀"国之大者"，勇当强国建设的先锋力量。 习近平总书记在北京大学考察时，提出了"扎根中国大地办大学"的指导思想，强调"世界一流大学都是在服务自己国家发展中成长起来的"。这些重要论述是对中国特色世界一流大学建设规律的深刻洞察，也是对每一位高校教师服务国家战略的激励与鞭策。党的二十大报告擘画了全面建成社会主义现代化强国、以中国式现代化全面推进中华民族伟大复兴的宏伟蓝图，强调教育、科技、人才是全面建设社会主义现代化国家的基础性、战略性支撑。高校教师作为国家战略人才力量的重要组成部分，在以创新精神、创新思维、创新能力推动新质生产力发展、创造前沿科技成果、引领先进思想文化等方面必须勇挑重担，挺膺担当。新时代以来，北京大学教师发扬"爱国、进步、民主、科学"的光荣传统，奋战在创新前沿，产出了以国产自主中央处理器、未来基因诊断、血液病治疗"北京方案"等为代表的原始创新成果和颠覆性技术，扎实推进《马藏》《儒藏》等重大学术工程，形成《永乐大典》高清影像数据库等创新文化成果，为推动高水平科技自立自强、建设中华民族现代文明作出重要贡献。在强国建设新征程上，高校要引领广大教师秉持"心有大我，至诚报国"理想信念，心系"国之所需"，坚持"四个面向"，将学术志趣与国家战略紧密结合，强化自主创新，加强有组织科研，产出更多具有原创性、突破性、开创性的创新成果，有力推动教育强国、科技强国和人才强国建设。

坚守初心使命，培养担当民族复兴大任的时代新人。立德树人是教育的根本任务。为党育人、为国育才，源源不断输送有强国之志、具强国之能的栋梁之材，是高校教师的重大使命。高校教师要自觉做好对习近平新时代中国特色社会主义思想的学思践悟，当好青年的政治引路人，引导学生不断增强对马克思主义、共产主义的信仰，对中国特色社会主义的信念，对实现中华民族伟大复兴的信心，深刻领悟"两个确立"的决定性意义，增强"四个意识"、坚定"四个自信"、做到"两个维护"，把牢从教正确政治方向，在践行初心使命中回答好"培养什么人、怎样培养人、为谁培养人"这一教育的根本问题。社会主义建设者和接班人既要有高尚品德，也要有真才实学。高校要引导教师以"勤学笃行、求是创新"的躬耕态度，在教学内容上改革创新，在教学方法上精益求精，持续提升教学能力和教学水平，当好青年的成长成才启智者。近年来，北京大学通过开展"教学新思路"等项目提升教师能力，促进信息技术与教育技术的深度融合，数字课堂、人工智能助教、虚拟现实实景教学等教学方法改革进一步激活课堂。当前，以人工智能为代表的新技术正在引发教育领域的深刻变革。新时代高校教师队伍要不断适应新态势下的知识传递规律，用好数字化、智能化教育技术，让学生掌握最前沿知识和最先进研究方法，引导他们在自主探索中逐渐形成创造性发现和解决问题的能力，成长为国家急需的拔尖创新人才。

弘扬高尚师德，坚持以第一标准塑造"大先生"。师德师风是教师的立业之基、从教之要，是中国特有的教育家精神的精髓，也是评价教师队伍素质的第一标准。在学生眼里，教师的一言一行都给学生以极大影响；对教师而言，人格、品行和操守是安身立命之本。多年来，北京大学坚持弘扬崇高的师德风范，培育浓厚的师德师风建设氛围，全面落实新时代教师职业行为准则，把师德师风要求融入教师管理服务全过程、各环节，把师德警示教育纳入制度化的教师任职教育和培训体系之中，坚持打造理想信念坚定、思想政治素质过硬、道德情操高尚的教师队伍，涌现出王选、孟二冬以及全国"最美教师"王义遒、全国教书育人楷模姜伯驹、3 支全国高校黄大年式教师团队等为代表的教师楷模。新时代的教育家精神根植于中华优秀传统文化、革命文化、社会主义先进文化的基础之上。高校要坚持从中华悠久文脉中汲取精神滋养，深入挖掘和阐释中华优秀传统文化中蕴含的师道精髓，自觉做传承创新中华优秀传统文化的引领者；加强对广大教师的国情教育，引领教师在我国发生的历史性变革、取得的历史性成就中坚定"四个自信"，将中华民族的优秀品质内化为自身行为准则和品德标尺，以赤诚之心、奉献之心、仁爱之心投身党的教育事业，为建设教育强国持续打造以德立身、以德立学、以德施教的高素质教师队伍。

清华大学

大力弘扬教育家精神　让教师成为"大先生"

习近平总书记提出了中国特有的教育家精神，在清华大学考察时指出，教师要成为"大先生"，做学生为学、为事、为人的示范，促进学生成长为全面发展的人。高校作为科技第一生产力、人才第一资源、创新第一动力的天然结合点，要牢记立德树人初心使命，大力弘扬教育家精神，引导教师倾心教书育人、潜心学术研究，为强国建设和民族复兴伟业不懈奋斗。

始终心怀"国之大者"，引导教师坚定理想信念。要坚持不懈用党的创新理论凝心铸魂，不断增强广大教师投身教育强国、科技强国、人才强国建设的责任感和使命感，心有大我、至诚报国。清华大学紧扣新时代知识分子特点开展思想政治工作，倡导"共产党是先进科学家的光荣归宿"，加强对学术骨干的政治吸纳。创建和完善青年教师骨干领航工作站制度，自2018年成立以来，进站教师共有221人，其中海归人才139人；共有140名青年教师和学术骨干发展入党，其中高层次人才58人。弘扬"爱国奉献、追求卓越"精神，在全国高校中率先开展全校师生党员集中培训，持续提升教师理论学习的覆盖率和有效性，教育引导广大教师自觉做中国特色社会主义的坚定信仰者和忠实实践者。

加强师德师风建设，引导教师陶冶道德情操。要鼓励教师把知识学养与道德修养统一起来，以深厚的学术功底赢得学生，用高尚的人格风范感染学生，言为士则、行为世范。清华大学倡导教师做践行"自强不息、厚德载物"校训的表率，做严于律己的真君子。推进师德集中学习教育、师德师风建设专项行动等工作，让"师德师风第一标准"深入人心，全员全方位全过程强化教师师德养成。以"破五唯"和"立新标"为突破口，在广大教师中树立重师德师风、重真才实学、重质量贡献的学术评价导向。健全学术诚信和伦理监管制度，对学术不端行为"零容忍"。

深化教育教学改革，引导教师增进育人智慧。要让广大教师坚定"中国教育是能够培养出大师来的"自信，深刻把握育人规律与学生成长规律，启智润心、因材施教，全面提升人才自主培养的能力和质量。清华大学坚持"又红又专、全面发展"的培养特色，促进广大教师深入践行价值塑造、能力培养、知识传授"三位一体"教育理念，始终站在教学第一线，把教书育人作为第一学术责任，主动参与高层次拔尖人才培养模式创新。深化"让学术更学术、让专业更专业"的研究生分类培养、分类评价改革，支持教师指导研究生特别是博士生勇闯"无人区"、做"第一等题目"，积极投入工程硕博士培养改革专项试点工作。推进人工智能驱动的教育理念更新和教育模式变革，鼓励教师开设人工智能赋能教学试点课程，让教师适应和掌握智能助教、知识图谱等多元化教学场景模式，努力促进学生成为"AI+"时代的引领者。

服务科技自立自强，引导教师秉持躬耕态度。要让服务国家成为教师的自觉追求，支持教师研究真问题、追求真学问，勤学笃行、求是创新。清华大学弘扬行胜于言的校风，激励教师开展原创性、颠覆性研究工作，推进有组织原创性引领性攻关，为发展新质生产力提供有力支撑。深化交叉学科、新兴学科研究机构建设，新成立心理与认知科学系、力学与工程交叉研究院、人工智能学院、统计与数据科学系等。全面推进全国重点实验室改革，积极参与国家实验室建设，促进产学研深度融合，为教师施展才华搭建舞台。建立多元化持续投入机制，长期稳定支持一批青年人才心无旁骛开展基础研究。近年来，清华大学教师取得了一系列标志性成果，获国家科技三大奖数量名列全国高校前茅，吴良镛、王大中、薛其坤先后获得国家最高科学技术奖。

创新思想政治教育，引导教师涵养仁爱之心。要始终将立德树人放在最重要、最根本的位置，让教师成为精于"传道受业解惑"的"经师"和"人师"的统一者，自觉融入学生思想政治教育大格局，乐教爱生、甘于奉献。清华大学持续推进思想政治理论课改革创新，加强专兼结合的思政课教师力量配备，实施思政课"未来教师"计划，完善思政课教学评价和思政课教师聘任管理，激励教师成为讲好思政课的"大先生"。加强课程思政建设，推动各类课程与思政课同向同行。弘扬"大鱼前导，小鱼尾随"的"从游"教育传统，培育师生并进的导学文化，通过高频度、高质量的师生互动，厚植学生家国情怀、激发个人学术志趣、增强学术创新能力、指引未来发展方向。

拓展开放融合格局，引导教师永葆弘道追求。要充分发挥高校特别是教师推动学术交流、思想交汇、文化交融的重要作用，引导教师坚定文化自信，自觉传承中华文明、关切人类命运前途，胸怀天下、以文化人。清华大学牵头推进古文字与中华文明传承发展工程，组织教师开展中华民族伟大历史实践和当代实践的道理学理哲理阐释，加强文科优秀成果对外推广，扩大清华人文思想国际影响力。制定实施全球战略，促进师生广泛深入联结世界。不断完善全球教育资源布局，鼓励教师用好海外基地平台和高端学术论坛等开展高水平交流合作，讲好中国故事、传播好中国声音。

中国人民大学

凝聚起投身教育强国建设的教师合力

教育是国之大计，教师是教育发展的第一资源。无论是建设世界一流的中国特色社会主义大学，还是培养德智体美劳全面发展的社会主义建设者和接班人，都离不开一支师德高尚、业务精湛、结构合理、充满活力的高素质专业化教师队伍。习近平总书记在2023年第39个教师节前夕首次提出中国特有的教育家精神，以更高站位、更高标准为新时代教师队伍建设指路引航、举旗定向，为实施"强国必先强教、强教必先强师"的战略蓝图提供了根本遵循，为加快建设教育强国、凝聚教师强大合力提供了思想引领。中国人民大学深入学习贯彻习近平总书记重要指示精神，牢牢把握教师队伍建设这一基础性工作，激励广大教师树立"躬耕教坛、强国有我"的志向和抱负，在大力弘扬践行教育家精神上当先锋、作示范、走前列。

以深刻领悟为基础，牢牢把握中国特有的教育家精神的内涵要义。教育家精神的提出是对新时代我国教师队伍建设规律性认识的发展与深化，是习近平总书记关于教师队伍建设重要指示批示的最新原创性成果。要坚持好运用好"六个必须坚持"和"两个结合"的科学方法，深刻体悟其历史穿透力、道德感召力、价值引领力、实践驱动力。中国人民大学坚持抓好学习宣传，第一时间召开学校党委理论学习中心组专题学习会并整体部署学习贯彻工作，组织各学院党委理论学习中心组、教师党支部等开展全覆盖学习，力求把重要指示精神讲透、把学习贯彻要求讲准；抓牢研究阐释，学校党委书记、校长带头在主流媒体发表专题理论文章，习近平新时代中国特色社会主义思想研究院等机构开展专题研究，广大教师结合学科专业进行阐释，持续掀起学思践悟热潮；抓实同学共研，举办高等教育教师队伍弘扬践行教育家精神研讨会等，牵头发起成立全国教师发展联盟，凝聚起投身教育强国建设的教师合力。

以统筹推进为抓手，牢牢把握弘扬践行教育家精神的前进方向。 作为中国共产党创办的第一所新型正规大学，"党办的大学让党放心，人民的大学不负人民"是中国人民大学不变的精神品格，学校教师队伍既有以吴玉章、成仿吾老校长为代表的一批红色教育家，又有以"人民教育家"卫兴华、高铭暄教授为代表的一批"大先生"。中国人民大学牢记嘱托、珍惜荣光，将教师队伍建设作为基础性工作系统推进。坚持党的领导，成立党委教师工作委员会，优化党委教师工作部、人才工作领导小组办公室等单位职能设置，充分发挥党委和各级党组织在教师队伍建设中管方向、谋大局、抓关键的作用；加强系统谋划，召开新时代人才工作会议，深入实施《新时代人才工作高质量发展意见 20 条》；擦亮精神底色，编撰出版《吴玉章全集》，举办吴玉章教育思想研讨会、高铭暄教育思想研讨会，建设"吴玉章故居陈列馆""高铭暄学术馆"等教育基地，发挥国家一级教授、吴玉章高级讲席教授的示范引领作用，多措并举引导教师赓续红色血脉、屹立时代潮头。

以教育引导为关键，牢牢把握涵育"经师"和"人师"统一者的

光荣使命。教育家精神从教师所处的社会关系和肩负的使命职责出发，对教育家应具有的品格、素养、价值观念等进行了全面阐释，深刻回答了新时代需要什么样的教师队伍来立教兴教、育人育才。中国人民大学引导激励教师爱党爱国、厚德修身、严谨治学、甘当人梯，突出师德师风第一标准，制定进一步压实学院教师思想政治和师德师风直接责任的实施办法，面向青年教师开展"红色之路""读懂中国"等主题实践活动，自觉以德立身、以德立学，做学生为学、为事、为人的"大先生"；以立德树人为本，引导教师深刻认识自身的第一职责，以学生为本，乐于从教、精于从教，做学生锤炼品格、学习知识、创新思维、奉献祖国的引路人；以强国复兴为任，扎根中国大地，坚持理论与实践相结合，坚持继承弘扬中华优秀传统文化，坚持瞄准国家战略需求，站在知识创新、理论创新、方法创新最前沿，以回答中国之问、世界之问、人民之问、时代之问为学术己任。

以健全保障为支撑，牢牢把握打造重要人才中心的重大任务。弘扬践行教育家精神，需要构建完善的高校教师发展保障体系，持续增强人才政策配套供给。中国人民大学把弘扬教育家精神同构筑人才中心和创新高地的重大任务贯通融合，着力为各类人才打造大有可为、大有作为的发展环境。重塑人才体系，系统实施职称评审和岗位聘用等体制机制改革，制定校院两级人才发展规划，系统规划三大岗位体系，统筹实施战略人才梯队构建四大工程，整体搭建起覆盖多个层次的全链条人才成长通道；创新评价改革，坚持多维度评价人才贡献，构建涵盖多类型成果认定方式的人才综合评价指标体系，推动人才评价向重视原创性贡献转变，鼓励教师做好基础性教学工作，突出科研工作的社会服务属性；优化资源保障，搭建以"以才引才""以会引才""就地引才"等为支撑的立体化引才聚才网络，进一步完善荣誉表彰体系、科研绩效奖励体系、薪酬制度体系，为教师安心热心舒心从教提供坚强保障。

北京师范大学

加快构建中国特色教师教育体系

党的十八大以来，以习近平同志为核心的党中央高度重视教师队伍建设。2023 年 5 月 29 日，习近平总书记在中央政治局第五次集体学习时指出，"要把加强教师队伍建设作为建设教育强国最重要的基础工作来抓"。2023 年 9 月 9 日，习近平总书记致信全国优秀教师代表，提出了中国特有的教育家精神，深刻揭示了新时代高素质专业化教师队伍的本质属性和科学内涵，为加快建设中国特色教师教育体系提供了根本遵循。

深刻认识中国特有的教育家精神的重大意义。一是丰富了习近平总书记关于教育的重要论述。进入新时代以来，习近平总书记从强国必先强教、强教必先强师的战略高度出发，围绕为什么要加强教师队伍建设，建设什么样的教师队伍，以及如何加强教师队伍建设，作出了一系列重要论述，对新时代人民教师职业形象、职业素养和职业职责内涵作出了系统阐释，进一步丰富了习近平总书记关于教育的重要论述。中国特有的教育家精神的提出，是对建设一支什么样的教师队伍的最新回答。二是赓续了中国共产党人精神谱系。精神是一个民族赖以长久生存的灵魂，以伟大建党精神为源头的中国共产党人精神谱系为全面建设社会主义现代化国家、全面推进中华民族伟大复兴提供了强大精神动力。教师是一个国家、一个民族推进社会进步的重要力量。中国特有的教育家精神的提出，将有力激励广大教师传承和发扬中国共产党人精神谱系。三是坚定了中国特色社会主义教育发展的道路自信。教育家精神是中华优秀传统文化和教育传统的集中体现，源头上的继承性与民族性，概念上的原创性与时代性，内涵上的系统性与专业性，都打上了深深的"中国印记"，集中体现了中国共产党为人民谋幸福的初心使命和中华民族几千年来"尊师重道""以文载道"的文化传统。四是指明了新时代教师队伍建设的根本方向。党的十八大以来，党中央、国务院把教师队伍建设作为教育事业发展最重要的基础工作，在教师的社会地位、待遇保障、专业发展体系等方面形成了较为健全的体制机制。教育家精神的提出为广大教师提供了精神支撑，必将激励广大教师自觉肩负起立德树人的伟大使命，努力培养担当民族复兴大任的时代新人。

科学把握中国特有的教育家精神的深刻内涵。中国特有的教育家精神彰显了教育家和优秀教师内化于心的集体人格、职业精神和外化于行的价值追求与时代精神。一是揭示了人民教师的价值追求。好老师心中要有国家和民族，要明确意识到肩负的国家使命和社会责任。新时代的人民教师要拥有教育报国的理想信念，自觉致力于教育强国的伟大事业。二是揭示了人民教师的时代精神。改革开放的伟大时代孕育了爱国主义民族精神和改革创新时代精神，新时代的人民教师具有浓烈的家国情怀和强烈的创新精神。三是揭示了人民教师的集体人格。教师的使命是以知识唤醒心灵，以德性塑造品行，以爱心点亮智慧的工作，决定了优秀教师不仅要具有扎实丰厚的专业知识，更要有大爱、担当和奉献精神，构成了新时代人民教师的集体人格。四是揭示了人民教师的职业精神。教育家精神是教师职业精神的凝练与升华，体现在教师的教书育人实践中。中国特有的教育家精神为新时代广大教师躬耕教坛、教书育人提供了强大的精神滋养和真理的力量。

牢记习近平总书记嘱托和厚望，加快构建中国特色教师教育体系。2022 年 9 月，在北京师范大学建校 120 周年校庆前夕，习近平总书记给北京师范大学"优师计划"师范生回信，高度评价北京师范大学的办学成就，亲自为学校发展定向领航。作为百年红色师范，北京师范大学认真贯彻落实习近平总书记重要讲话、重要回信精神，奋力争当中国教师教育排头兵。一是勇于担当，首倡提出并实施"强师工程"。北京师范大学贯彻落实习近平总书记"扶贫必扶智"的重要思想，精准服务最后 52 个国家级贫困县，推出定向就业师范生的"志远计划""优师计划"。二是走在前列，倡议建立师范教育联盟。北京师范大学作为教师教育联盟的倡议者，积极参加教育部"师范教育协同提质计划"。特别是作为组团牵头高校，积极构建师范教育共同体。三是培根铸魂，打牢师范生理想信念之基。北京师范大学牢记习近平总书记给学校"优师计划"师范生重要回信精神，开展"躬耕教坛、强国有我"师范生培养成才系列活动，努力在打牢师范生理想信念上下功夫。四是深化改革，培育具有教育家精神的未来教师。北京师范大学深化师范生人才培养模式和学科改革，着力增强学生的工程素养和信息素养，提升未来教师的创新意识和创新能力。面向全校学生开设四门教师素养类通识课，为每个北京师范大学学子打下"四有"好老师的烙印。五是全程服务，建立教师全生命周期专业发展支持机制。北京师范大学秉持"扶上马，送一程，服务终身"的工作理念，全面构建从师范生招生、培养、输送，到教师职后支持、教育监测诊断改进的系统性改革举措，为每名赴基层从教的北京师范大学毕业生提供终身专业发展服务。

中国农业大学

以教育家精神全方位引领教师队伍建设

习近平总书记始终高度重视教育、心系教师，2023 年 9 月致信全国优秀教师代表，提出中国特有的教育家精神，对新时代教师为党育人、为国育才给予了殷切期待，为新时代教师队伍建设指明了前进方向，提供了根本遵循。农强方能国强。中国农业大学作为"国字号"农业院校，深刻认识强农强国使命责任，将习近平总书记对学校的殷殷嘱托作为启迪智慧的"金钥匙"、开拓奋进的"指南针"，以教育家精神全方位引领教师队伍建设，激励全校教师争做解民生的先锋、治学问的先锋、育英才的先锋，加快建设中国特色、农业特色世界一流大学。

大力弘扬教育家精神，矢志强农报国，做解民生的先锋。 "心有大我、至诚报国"是引领广大教师以实际行动服务国家民族大业的动力源泉，"胸怀天下、以文化人"体现了教师弘扬全人类共同价值的使命追求。2019 年 9 月，习近平总书记给全国涉农高校的书记校长和专家代表回信，勉励涉农高校师生以立德树人为根本，以强农兴农为己任，为推进农业农村现代化，为打赢脱贫攻坚战、推进乡村全面振兴不断作出新的更大贡献。中国农业大学传承弘扬建校 119 年来"强农报国"的红色基因和文化血脉，将服务乡村全面振兴作为新时代心有大我、至诚报国的实践路径，在全国 30 个省、自治区、直辖市，布局建设了 5 个地方产业研究院、6 个地方乡村振兴研究院、238 个科技小院、221 个教授工作站、23 个校外实验站，培育了 94 位国家现代农业产业技术体系专家，建立起"三院两站一体系"的新型社会服务体系，覆盖全国 1000 多个县及百余家企事业单位，引导教师胸怀"国之大者"，扎根一线服务地方经济社会发展，打造了曲周模式、河边村模式、青神模式，树立了服务乡村全面振兴的"中国农大样板"，连续 3 年获得"全国脱贫攻坚奖创新奖"。学校贯彻落实习近平总书记"天下一家"理念，引领教师服务构建人类命运共同体，搭建世界农业合作平台，发起并承办首届世界农业科技创新大会，积极推进中非农业合作与减贫示范村建设，为"一带一路"沿线及共建国家的减贫与发展贡献中国智慧和中国农业大学力量。

大力弘扬教育家精神，坚持开拓创新，做治学问的先锋。"勤学笃行、求是创新"是广大教师胜任教书育人职责和实现知行合一的必要途径。2012 年 9 月，习近平同志在视察中国农业大学时，要求学校要真正建成有中国特色、农业特色的世界一流大学。中国农业大学深入贯彻落实习近平总书记重要指示精神，紧紧锚定"中国特色、农业特色世界一流大学"建设目标，以教育家精神为引领，引导教师以精湛的学识、深厚的素养、创新的理念，做求学问道的榜样，为支撑高水平农业科技自立自强、加快建设世界重要人才中心和创新高地作出新的贡献。学校积极为教师开展科技创新创造良好条件，大力建设高水平科技创新平台，建好国家重点实验室、国家级野外观测站等重要平台，加快推进国家农业科技创新港建设进程；主动面向国家重大战略需求，持续强化有组织科研，全面实施种业科技创新十大行动、耕地保护与利用等专项行动，引导教师开展交叉研究攻关，提升涉农关键核心技术，激发原始创新动能，加快培育形成农业领域新质生产力。学校教师自主开发的两把"基因剪刀"突破了基因编辑核心工具领域"卡脖子"技术，培育的"沃德188""沃德158"等白羽肉鸡品种打破了国际垄断，农业科学学科稳居世界顶尖行列。

大力弘扬教育家精神，潜心修身育人，做育英才的先锋。"启智润心、因材施教"是广大教师培育时代新人的核心职责，"乐教爱生、甘于奉献"是教师躬耕教育事业的必然要求，"言为士则、行为世范"是教师落实立德树人根本任务的先决条件。2023年5月1日，习近平总书记给中国农业大学科技小院的学生回信，勉励同学们厚植爱农情怀，练就兴农本领，在乡村振兴的大舞台上建功立业，为加快推进农业农村现代化、全面建设社会主义现代化国家贡献青春力量。习近平总书记的重要回信为学校人才培养指明了前进方向，成为中国农业大学教师立德树人的行动指南。落实好立德树人根本任务，教师要把"润己"作为立身之基。学校始终坚持师德师风第一标准，将师德师风建设作为大力弘扬教育家精神、加强教师队伍建设的关键举措；召开新时代人才工作会，绘就人才队伍建设新蓝图，多措并举引导教师争做新时代立德树人"大先生"。落实好立德树人根本任务，教师要把"泽人"作为立业之本。学校大力引导教师为党育人、为国育才，切实担当起培育知农爱农新型人才责任使命，构建"五育"并举育人新格局，打造中国农业大学特色"大思政课"，推进"强基计划"五大机制改革，引领全国新农科建设，"大国三农"成为全国知农爱农价值观教育"金招牌"。学校教师身先示范走进乡土中国深处，带领青年学子扎根乡村振兴一线，创建科技小院，在"解民生、治学问"中育英才。

北京外国语大学

践行教育家精神　奋力推进外语院校高质量发展

2021 年 9 月 25 日，习近平总书记在北京外国语大学建校 80 周年之际给北外老教授的亲切回信中指出，"你们辛勤耕耘数十载，矢志为党和国家培养外语人才，年事已高仍心系于此，这就是人民教师的责任担当"，并强调"深化中外交流，增进各国人民友谊，推动构建人类命运共同体，讲好中国故事，需要大批外语人才，外语院校大有可为"。2023 年，在第 39 个教师节来临之际，习近平总书记致信全国优秀教师代表，从理想信念、道德情操、育人智慧、躬耕态度、仁爱之心、弘道追求六个方面深刻阐释了中国特有的教育家精神。强国先强教，强教先强师。教育家精神是教育强国建设的精神底蕴，是新时代教师队伍建设的精神引领，更是外语院校在教育强国建设中凝心聚力、攻坚克难、奋发有为的精神支柱。践行教育家精神不仅对推进外语院校高质量发展意义重大，也对建设世界重要教育中心和加快教育强国建设影响深远。

一是以践行教育家精神为引领，推进外语院校高素质教师队伍建设。教师是立教之本、兴教之源。教师队伍建设是建设教育强国最基础的工作，是固本开源、打造高质量教育体系的基础工程。教育家是教师队伍中师德师风的示范者、教育思想和实践的引领者。教育家精神是新时代教师队伍建设的核心要义。

立大德方可成大业。践行教育家精神就是要紧紧围绕立德树人这一教育强国建设最核心的课题，让广大教师以"言为士则、行为世范的道德情操""乐教爱生、甘于奉献的仁爱之心"，潜心从教，精心育人，用优良的师德师风厚植人才培养的沃土，用专深的学问构筑知识的高地，不断提升创新人才自主培养能力和自主知识体系构建能力。确保让优秀的人培养出更优秀的人，培养一代又一代德智体美劳全面发展，在社会主义现代化建设中可堪大用、能担重任的建设者和接班人。践行教育家精神就是要让广大教师以教育家为榜样，坚定"心有大我、至诚报国的理想信念"，牢记为党育人、为国育才的初心使命，树立"躬耕教坛、强国有我"的志向和抱负，自信自强、踔厉奋发。面对世界范围内各种思潮的交流交融交锋，守好教书育人的主阵地，当好"四个引路人"和打造中华民族伟大复兴梦之队的筑梦人。

二是以践行教育家精神为支撑，推进外语院校全面深化改革。教育家不仅是教育思想家、理论家，也是教育改革的实干家。被誉为"中国职业教育之父"的黄炎培、推动中国乡村教育运动的伟大的"人民教育家"陶行知等莫不如是。全面深化改革是推进中国式现代化的根本动力，也是推进高校高质量发展，将高等教育龙头高高挺起的原动力。

当前，随着我国日益走近世界舞台的中央，以及人工智能快速迭代升级和国家教育数字化战略深入实施，外语院校建设正经历重要战略转型期。践行教育家精神就是要让高校书记和校长成为讲政治的教育家，让广大教师在高校党委领导的教育教学改革中，用"勤学笃行、求是创新的躬耕态度"做转型改革的促进派和行动派。践行教育家精神就是要把教育家精神作为高校全面深化改革的基础支撑，在不同的专业领域内，在"双一流"建设的大平台上，用教育家所独有的眼光、胸怀、胆识、智慧，协同攻关，系统集成，突出问题导向，着力解决制约人才培养、学科发展、学校发展的卡点堵点问题和师生关切的焦点热点问题，推出一批战略性、创造性、引领性改革。通过在前沿交叉学科领域和创新人才自主培养关键环节上取得新突破，开辟外语院校发展新领域，布局新赛道，塑造新优势。

三是以践行教育家精神为动能，推动外语院校在全球教育治理体系变革中发挥更大作用。在世界百年未有之大变局加速演变下，中国与世界的关系正在发生历史性变化。在新时代中国教育发生格局性变化的同时，全球教育治理体系中的中国教育与世界教育的关系，也正朝格局性变化方向发展。语言是全球教育治理的基本工具和战略资源。多语制的国际组织是全球教育治理的重要平台。外交人才、国际组织人才，国别与区域研究人才是参与全球教育治理的关键人才，也是外语院校人才培养的特色和优势。加快建设教育强国、推动全球教育治理变革需要突破关键语言人才和全球治理人才供给不足对我国全球竞争力、国际传播力和教育影响力的瓶颈制约，外语院校在这方面作用独特，责无旁贷，使命光荣。

践行教育家精神，就是要让广大教师秉持"胸怀天下、以文化人的弘道追求"，在为民族谋复兴的同时，也要为世界谋大同，充分发挥语言优势，用家国情怀、全球视野、专业本领架好教育联通之桥、民心相通之桥，推动人类文明的交流互鉴、和谐共生，推进世界的可持续发展。践行教育家精神，就是要让广大教师以"启智润心、因材施教的育人智慧"在教育思想、理论和实践上融通中外，多出成果，出好成果，努力打造更多知识型全球教育公共产品，在讲好中国故事，传播好中国声音过程中，为人类命运共同体构建注入更多教育内涵。

北京语言大学

以教育家精神为引领　建设高素质教师队伍

2023 年教师节前夕，习近平总书记致信全国优秀教师代表，首次提出了中国特有的教育家精神。教育家精神立意高远、内涵丰富，是推进新时代高校教师队伍建设的科学指南和精神动力。北京语言大学以教育家精神为引领，立足学校历史发展和办学实际，坚持思想引领、发展驱动、榜样示范、底线约束，加强高素质教师队伍建设，形成弘扬教育家精神的生动局面。

坚持思想引领。大学红色基因体现着一所大学的办学宗旨、办学特色和办学理念，是弘扬教育家精神的宝贵财富。北京语言大学是一所拥有深厚红色基因和光荣传统的大学，在新中国对外交往的大局中应运而生，被誉为"民间外交生力军"，始终与国家共命运，与时代同呼吸，不负党和国家重托，为中国和世界培养了大量通晓中外语言文化的高素质专业人才。学校始终把教师思想政治和师德师风建设摆在首要位置，将教师思政和师德师风建设贯穿教师职业发展全过程，教育引导广大教师传承红色基因，牢记使命担当。坚持教师常态化理论学习制度，深入学习贯彻习近平新时代中国特色社会主义思想和党的二十大精神。完善教师荣誉体系，做好师德先进典型选树宣传，持续开展"师德师风建设月"活动，常态化推进师德教育。创编原创话剧《梧桐》，用艺术形式开展师德师风教育，传承弘扬学校优良师德师风，打造"舞台上的师德课堂"，着力培养"四有"好老师和新时代"大先生"。

坚持发展驱动。北京语言大学全面把握教师发展内涵，完善教师思政、师德师风建设、教师培训发展"三位一体"的工作模式，努力为教师发展引航、搭台、服务，促进教师政治素质、业务能力和育人水平全面提升。加强高层次人才引育工作，推进人才评价制度改革，优化专业技术人员职称评审分类管理、分类评价办法，全面实施"代表性成果"评价机制。健全教师发展体系，出台学校《关于加强教师发展工作的若干意见》，构建分层分类的培训体系，举办新教职工培训班、青年骨干教师培训班、青年拔尖人才研修班、青年管理干部能力提升培训班等主题班次。深入推进校院两级教师发展中心建设，搭建多层次交流平台，加大优质培训资源供给，做好"传帮带"，完善青年教师导师制，提供个性化指导服务，加强人文关怀和支持服务，激发教师成长内生动力。积极探索形成教学监测评估与教师培训发展的良性互动，促进"监测、评估、诊断、反馈、培训与支持"各环节的有效衔接。

坚持榜样示范。北京语言大学注重发挥先进典型的示范引领作用，讲好身边的师德故事，树立以德立身、以德立学、以德施教的精神标杆。学校有两支教师团队先后入选全国高校黄大年式教师团队。2018年"汉语国际教育专业教师团队"首批入选，2023年"区域国别研究协同创新教师团队"第三批入选。两支教师团队始终以服务国家发展战略、学科需求为己任，坚持立德树人，潜心教学科研，在咨政服务、学科建设、科研创新、人才培养和国际交流等领域取得一系列突破性成就，团队成员中涌现出多位先进典型。学校以"汉语国际教育专业教师团队"和"区域国别研究协同创新教师团队"为示范，发挥榜样引领作用，宣传推广团队建设的好经验、好做法，推进全校教师团队建设，注重新团队培育。深入挖掘优秀教师典型事迹，营造尊师重教的浓厚氛围，引导广大教师以身边的黄大年式教师团队为榜样，胸怀"国之大者"，把深厚的家国情怀融入具体的教育教学实践中，围绕国家重大战略和区域经济社会发展担当作为，以实际行动书写立德树人新篇章。

坚持底线约束。 北京语言大学坚持将政治素质放在首位，将师德师风作为衡量教师能力素质的第一标准，持续完善师德师风建设长效机制。积极培育、弘扬、践行教育家精神，一体推进党风政风、师德师风、校风学风建设，压实师德师风建设主体责任，健全师德考核机制，强化底线管控和责任传导。以《新时代高校教师职业行为十项准则》作为新入职教师培训和教师全员培训必修内容，开展准则宣讲和案例解读，帮助教师全面理解和准确把握准则内容，提升规则意识。开展警示教育，引导教师以案为鉴，增强师德师风红线意识。建立健全师德师风联席协同工作机制，通过党群部门季度例会、二级党组织书记每月例会等，加强多部门协作沟通、研判会商。定期开展师德师风突出问题排查，全面摸排苗头性、倾向性问题，规范师德师风问题处置流程，严惩师德失范行为。

新时代新征程，北京语言大学深入学习贯彻习近平总书记关于教育的重要论述，大力弘扬教育家精神，牢记为党育人、为国育才的使命，持续深化教师队伍建设改革，努力建设政治素质过硬、业务能力精湛、育人水平高超的高素质教师队伍。引导广大教师树立胸怀天下的远大抱负，践行以天下为己任的担当精神，在传承中华优秀传统文化、提升国际传播能力、促进文明交流互鉴方面发挥更大作用。引导广大教师秉承"德行言语、敦睦天下"的校训，弘扬"爱国担当、诚朴厚德、求真创新、开放包容"的大学精神，落实立德树人根本任务，努力培养德智体美劳全面发展的社会主义建设者和接班人，努力培养更多人类命运共同体的建设者、文明交流互鉴的推动者和具有全球竞争力的高素质国际化人才。

北京科技大学

大力弘扬教育家精神
涵养挺立钢铁脊梁的大国良师

兴国必先强教，强教必先强师。习近平总书记高度重视教师队伍建设，从"四有"好老师、"四个引路人""四个相统一""做学生为学、为事、为人的大先生"到"经师"和"人师"的统一者，体现出对广大教师的关心和重视。2023 年教师节前夕，习近平总书记致信全国优秀教师代表，首次提出中国特有的教育家精神，深刻阐述其丰富内涵，为新时代加强教师队伍建设提供了根本遵循。

大力弘扬教育家精神，具有重要的理论价值和时代意义。弘扬教育家精神是落实立德树人根本任务，培养担当民族复兴大任时代新人的必然之义。教育家精神根植于中华民族尊师重教的优秀传统，立足于新时代教师群体的生动实践，深刻阐明了教师对学生成长、教育发展和民族未来的重要影响。大力弘扬教育家精神，就是要引领、感召广大教师把立德树人根本任务落实到教书育人的全过程各方面，努力培养更多时代新人。

弘扬教育家精神是揭示为师从教职责使命，推进高质量教师队伍建设的应然之思。教师要担当起历史使命，必须具备坚强的精神支撑。教育家精神，是优秀教师职业精神的凝练和升华，是新时代大国良师的当有风貌和价值追求。大力弘扬教育家精神，就是要把精神融入血脉，让每一位教师自觉以教育家的标准修身修德、锻体锻能，不负党和人民的期望。

弘扬教育家精神是实现学校事业高质量发展，加快建设一流大学的实然之举。高校是教育科技人才的集中交汇点，教师队伍质量直接关系到学生成长成才，科技创新创造，学校事业发展。教育家精神，是锤炼队伍、激发干劲、营造氛围、凝聚力量的重要支撑。大力弘扬教育家精神，就是要形成尊师重教的良好氛围，以教师之强夯实学校发展之基。

大力弘扬教育家精神，建设高素质教师队伍的实践路径。2022年4月21日，习近平总书记给北京科技大学老教授回信，指出"希望你们继续发扬严谨治学、甘为人梯的精神"。学校以习近平总书记重要回信精神为指引，大力弘扬教育家精神，深入践行"思想引航、党建强基、制度固本、实践立行、典型示范"五大工程，打造一支"严谨治学，甘为人梯"的"钢铁队伍"。

实施"思想引航"工程，把好理想信念"总开关"。坚持教师政治理论学习制度，将每周四下午3：30—5：00作为理论学习时间，全体教师以党支部、学习小组为单位开展集体学习研讨，并纳入教师考核。每年分层次、常态化组织教师赴中央党校等开展研修学习。深入开展国情教育，设置研究课题，夯实教师理想信念根基，补足精神之钙。相关做法入选北京高校党建和思想政治工作先进经验案例。

实施"党建强基"工程，种好教师党建"责任田"。实施"一站四培"青年人才领航计划，"一站"即建设好"鼎新"青年人才领航工作站(党支部)，"四培"即各级党组织实施好"铸魂培基、师德培育、骨干培养、成长培护"四项工程,讲好教师成长"思政大课""品行主课""专业金课""奋进优课"。近年来,学校一批教师党支部入选教育部党建"双创"培育建设项目名单,获评北京高校先进基层党组织。

实施"制度固本"工程,划定职业道德"生命线"。加强师德师风制度建设,树立高线、画好红线。建立党委统一领导、党政齐抓共管、教师工作部门统筹协调、二级单位具体落实、教师自我约束的工作机制。严格执行受理、调查、认定、处理、复核、监督师德失范处理程序,严格追究相关单位和责任人责任。制定学校教师职业行为"十项准则"。印发《师德手册》《师德承诺书》《警示案例》,举办师德师风专题巡讲,通报师德失范行为。通过制度建设,形成干事创业、风清气正的良好氛围。

实施"实践力行"工程,拓展建功立业"新天地"。构建新时代"钢筋铁骨"特色育人模式,成立"钢筋铁骨"育人共同体,推进校际、校企人才交流互鉴成长。实施"双走"战略,鼓励教师通过驻课、挂职、访学等"国内走一走,国外走一走"。实施"一生双师百企千人"卓越工程人才培养,在生产一线锻造教师的育人本领。每年组织青年教师实地研学,开展"满井之光、红色之旅"暑期学校。

实施"典型示范"工程,选树教书育人"领头雁"。深入实施"馆、册、片、书、剧、景、节、展、网"九大工程,讲好"躬耕教坛、强国有我"北科故事。拍摄《北科力量》等专题作品,创作《燃烧》等六部大型原创话剧,编写《师韵》等记载"大先生"事迹的书籍,我国金属物理、冶金史学科奠基人柯俊先生"我来自东方,那里有成千上万的人民在饥饿线上挣扎,一吨钢在那里的作用,远远超过一吨钢在英美的作用"的"一吨钢"故事等引起热烈反响。加强教职工荣誉体系建设，举办师德讲堂，开展师德先进集体、教书育人榜样（先锋）等评选活动。近五年，涌现出全国教学名师、全国五一劳动奖章、北京市教学名师等优秀教师 40 余人。

北京化工大学

推进教育家精神铸魂强师
建设高素质专业化教师队伍

强国必先强教，强教必先强师。建设高素质专业化教师队伍体系是推进教育强国建设的重要实践路径，用教育家精神铸魂强师是建设高素质专业化教师队伍的重要举措。将教育家精神融入教师队伍建设全过程，重点要在教师思政、党建引领、教育培训、师德师风上深刻认识和把握其实践理路。

把教师思想政治工作摆在基础位置，以筑牢理想信念为"总开关"，持续强化党的创新理论武装。抓牢"思想基点"，深刻领悟习近平总书记关于教师队伍建设的重要论述精神。用教育家精神铸魂强师，就要以扎实理论学习强化科学理论武装，用党的创新理论武装坚定理想信念。党的十八大以来，习近平总书记深刻阐述"四有好老师""四个引路人""六要""大先生""中国特有教育家精神"等关于教师队伍建设的重要论述，深刻回答了新时代教师队伍建设的重大课题，为高校抓实教师思想政治工作提供思想指引、筑牢理想信念根基。

抓实"实践基点"，扎实推进教师理论学习与业务工作的"两融合双提升"。提升教师思想政治工作质量，要切实提高学习质效，使理论学习成果转化为教师为党育人、为国育才的动力源泉和实践遵循。学校在教师思想政治工作中，突出"理论学习"与"业务实践"两大体系融合，突出"思想政治素质"和"业务能力水平"两个方面提升，健全教师集中政治理论学习制度，构建校院系三级全覆盖理论学习体系，丰富多样化联动学习方式，提高"两融合"的针对性和实效性，增强"双提升"的制度化和规范化。

把教师党组织建设摆在关键位置，以思想引领为"方向舵"，持续增强教师党组织政治功能和组织功能。 基础是建强教师党支部，选优配强教师党支部书记，持续实施教师党支部书记"双带头人"质量提升计划。完善校领导联系党支部、党员领导干部"1+2"组织生活制度，加强对教师党支部工作的指导，使教师党支部成为涵养师德师风的重要平台，充分发挥教师党支部在教师成长和管理各环节"双把关"作用。

重点是加强发挥教师先锋模范作用。建好党员教师队伍，激发党支部书记的头雁效应和教师党员的先锋模范作用。健全把骨干教师培养成党员，把党员教师培养成教学、科研、管理骨干的"双培养"机制，使党员教师成为践行高尚师德的中坚力量。健全经常性谈心谈话机制、组织党员与非党员教师结对联系等，充分发挥党员教师示范引领作用。

关键是加强对青年教师的思想引领。深入实施青年学者"红色引擎"工程，"一对一"为青年教师聘请校内外高层次人才作为"学术导师"，举办教师青年马克思主义者培养工程培训班，面向新入职教职工开展暑期教师研修活动，不断加强对青年人才的思想引领和政治吸纳，着力培养又红又专青年学者队伍。

把提升教书育人本领摆在中心位置，以落实立德树人根本任务为

"路线图"，持续完善教师全员培训体系。聚焦机制保障，健全"点线面"相结合的全覆盖教师培养体系。坚持"师德为先、专业导向"，聚焦教书育人能力提升，贯穿课堂教学—科学研究—社会实践各环节。横向上，针对不同教师群体推进分众化全员覆盖的教育培养；纵向上针对不同发展阶段的教师群体，推进分阶段全程覆盖的教育培养。通过横向的"点"和纵向的"线"相交叉铺设出教师培养途径，构建起分众化、分阶段相结合的教育培养体系。

聚焦目标任务，打造"学"和"练"相结合教师教育教学培训框架。学校聚焦教师教书育人的价值目标，构建"传承学"和"综合练"相结合的教育教学素质能力培训框架。一是通过"名师公开课示范课"等，以传帮带形式强化教风学风代际传承。二是通过"教学研习营"，突出基于课程的"实战教学演练"、基于教学能力的"以赛带练"，提升教师在教学内容、方法、手段方面的素质能力。三是通过"教书育人专题研修"，建立院校两级教师专项培训体系，促进教师教学理念、模式和方法提升改进。

聚焦学校特点，构建具有创新特色的教师工程实训平台。坚持鲜明的实践导向和目标导向，立足学校学科与行业特色，突出产教融合，以体系化实践促教育教学能力提升。北京化工大学构建具有"大化工"特色的教师工程实践活动体系，通过校企合作，定制化开展工程实训，搭建教师实训平台，强化教师综合实践能力。

把师德师风建设摆在首要位置，以师德师风第一标准作为"基准线"，持续推进师德师风建设常态化长效化。师德师风第一标准，体现在政治要求的"强"。教师是培养德智体美劳全面发展的社会主义建设者和接班人的主体力量。学校紧紧围绕师德师风第一标准的政治属性，建立健全师德师风教育养成、监督考核、成果运用、激励惩处、规章制度、宣传带动的系统建设体系，将师德师风第一标准全面落实到招聘引进、职称评审、岗位聘用、评优奖励等各项工作全过程。

师德师风第一标准，体现在道德标准的"高"。师德师风建设在对教师的道德要求上，不仅仅是社会普遍性道德标准，更是具有教师职业特性的道德标准。学校应紧紧围绕师德师风第一标准的导向作用，突出"激励"和"示范"导向，坚持示范引领，强化典型宣传，近年来先后涌现出两支全国高校黄大年式教师团队，以及一批全国模范教师、全国优秀教师、全国优秀教育工作者等榜样人物。

师德师风第一标准，体现在监督失范的"严"。师德师风建设要"长牙齿"，要强化教师专题教育，突出规则立德，做到"十项准则"全员全覆盖；要加大监督考核，推动师德师风专项巡察，让巡察结果在"激励"和"惩处"两个维度上充分运用，发挥作用。师德师风建设要"有预警"，坚持问题导向，编制好师德失范的预警清单，查找苗头性问题、预警倾向性危险；坚持底线思维，运用好师德师风建设负面清单，真正做到覆盖全部环节，确保每位教师知准则、守底线。

北京交通大学

弘扬教育家精神　打造新时代"大先生"

　　强国必先强教，强教必先强师。2023 年教师节前夕，习近平总书记致信全国优秀教师代表，从理想信念、道德情操、育人智慧、躬耕态度、仁爱之心、弘道追求六个方面，提出并深刻阐释中国特有的教育家精神，勉励全国广大教师"以教育家为榜样，大力弘扬教育家精神，牢记为党育人、为国育才的初心使命"。习近平总书记的重要指示精神与党的二十大报告中所提出的"加强师德师风建设，培养高素质教师队伍"一脉相承，为高素质教师队伍建设提供了行动指南和根本遵循。北京交通大学坚持以习近平新时代中国特色社会主义思想为引领，把握新时代教师队伍建设的重点任务，把教育家精神融入教师思政和师德师风工作全链条，倾心注力涵育具有大德行、大使命、大视野的新时代"大先生"。

　　坚守初心，砥砺"大德行"。心有大我、至诚报国的理想信念，言为士则、行为世范的道德情操，赋予高素质教师队伍建设以价值规范。高校应高度重视师德师风建设工作，坚持高位引领和筑牢底线相结合，严管与厚爱并重，激励广大教师既精通专业知识、做好"经师"，又涵养德行、成为"人师"，努力做精于传道授业解惑的"经师"和"人师"的统一者。近年来，北京交通大学党委高度重视师德师风建设，充分发挥党委教师工作部作用，把师德师风要求贯穿到教师招聘引进、考核评价、评优评先等教师管理各环节和全过程。将教师思想政治和师德师风建设情况纳入党组织书记抓基层党建述职评议考核的重要内容，并作为评价单位年度工作的重要参考。健全教师党支部开展教师思想政治和师德考评工作机制，在教师成长和管理各环节发挥重要把关作用。实行学术不端"零容忍"，严把思想政治关、师德师风关。推动教师思想政治工作、师德师风建设与职业发展相融合，组织"教师成长工作坊"，将师德师风的要求浸润到教师的成长心路，引导教师把教书育人和自我修养结合起来，做到以德立身、以德立学、以德施教。

厚植情怀，担当"大使命"。启智润心、因材施教的育人智慧，勤学笃行、求是创新的躬耕态度，赋予高素质教师队伍建设以目标方向。教师要真情呵护和长期熏陶，培育学生健全的人格、强大的内心以及高尚的灵魂。要善于发现和有针对性地培养具备特殊才能的学生，做到一把钥匙开一把锁。在新形势下，教师还应当努力钻研业务、精益求精、实事求是、勇于探索，适应教育改革以及教育数字化的时代要求。作为行业特色鲜明的"双一流"高校，北京交通大学始终坚持把服务国家战略需求作为最高追求，主动对接交通运输行业需求，大力实施科教融合，积极开展有组织科研，引导广大教师牢记"国之大者"，聚焦"国之所需"，锻造"国之所用"，在国家需求中找准自身的价值坐标，真正解决行业"卡脖子"问题，将论文写在祖国大地上。张宏科、钟章队等一大批教师作为科技创新主力军，勇闯"无人区"，在服务国家与行业重大战略中瞄准前沿、担当作为，开展了大量原创性、引领性科技攻关，把创新成果应用在高速铁路、城市交通、重载铁路、智慧交通、人工智能等各个领域，在服务中国高铁

"走出去"和"一带一路"建设中勇当开路先锋，为擦亮轨道交通金字招牌和中国高铁名片作出了贡献。"十四五"期间，学校科研经费3年翻番，2023年突破20亿元。

以文化人，拓宽"大视野"。 乐教爱生、甘于奉献的仁爱之心，胸怀天下、以文化人的弘道追求，赋予高素质教师队伍建设以情怀和视野。"天下"观念浓缩了中华优秀传统文化的精华，塑造了中华民族以天下为己任的民族精神和文化基因。这要求广大教师群体在日常教学实践活动中注重价值引领，以文化人，成为推动构建人类命运共同体的倡导者和行动者。2021年以来，北京交通大学党委持续深化师德师风建设，推出系列品牌工程，成为一堂堂别开生面的"思政大课"。针对海归教师开展国情教育研修，组织教师前往红色教育基地、行业单位和生产一线，深入领会交通强国、教育强国中蕴含的思政元素。开展教师中华优秀传统文化读书班，引导教师从优秀传统文化中汲取智慧，涵养高尚师德，提升自身修养和思想品格，争做"四有"好老师，努力成为"大先生"，读书班已举办6期，近400名教师积极参与并从中受益。充分发挥榜样示范引领作用，构建校内教师荣誉体系，持续开展"感动交大"和"毕业生最敬爱的老师"等典型选树活动，引导广大教师见贤思齐。通过举办教师节庆祝大会、教职工入职仪式、荣休仪式等，营造尊师重教的校园氛围。充分挖掘校史资源中蕴藏的导向、示范和激励功能，创作演出《茅以升》《应尚才》等优秀原创话剧作品，使老一辈北京交通大学学人的精神血脉成为熔铸新时代"大先生"的重要底色。

人无精神不立，国无精神不强。 不是每名教师都能成为教育家，但每名教师都应该具备教育家精神，都要争当新时代"大先生"。大力弘扬教育家精神是推动高校高质量教师队伍建设、深化教育事业高质量发展、实现教育强国的重要支撑。高校各级党委要关心关爱教师，完善待遇保障机制，创造让教师们乐教善教、潜心育人的良好氛围，自觉以教育家为榜样，把教育家精神转化为育人和科研工作的理想和追求，为加快建设教育强国贡献新的更大力量。

北京邮电大学

以教育家精神为引领　勇担教育强国建设使命

　　2023 年 9 月 9 日，习近平总书记致信全国优秀教师代表，首次提出并深刻阐释了中国特有的教育家精神，号召全国广大教师以教育家为榜样，大力弘扬教育家精神，为强国建设、民族复兴伟业作出新的更大贡献。教育家精神是推动教育高质量发展的价值引领，是加快建设教育强国的精神动力。北京邮电大学聚焦"强国建设、北邮何为"的时代命题，深刻把握"为党育人、为国育才"的初心使命，将培育践行教育家精神融入教师队伍建设、人才培养、科技创新全过程，筑牢教育强国建设根基，全面提升人才培养质量，不断激发高质量发展动能。

　　深刻领会教育家精神，把牢教育强国建设方向。坚持办学正确政治方向。教育家精神植根于中华师道传统，立足于新时代教师群体的生动实践，具有鲜明的中国特色和时代特征。北京邮电大学始终坚持党对学校工作的全面领导，把党的领导融入办学治校、立德树人全过程，传承红色基因，扎根中国大地，厚植教育家精神沃土，出台"党建十条""思政十条"工作方案，构建"六学联动"学习机制，以高质量党建引领学校高质量发展，走好建设信息科技特色世界一流大学的道路。

拓宽高等教育视野格局。"心有大我、至诚报国的理想信念"居于教育家精神首位，为广大教师担当强国建设使命指明了方向。建设教育强国，龙头是高等教育。北京邮电大学始终坚持将服务国家战略作为最高追求，将科研命题作为育人选题，协同各方力量，重组优势资源，建立教学科研要素资源融合机制，围绕发展新质生产力，推进高水平科技自立自强，支撑教育强国、科技强国、人才强国一体化统筹推进。

把握强国建设时代大势。面对科技革命和产业变革带来的新变化新趋势，北京邮电大学大力弘扬教育家精神中所蕴含的"弘道追求"，准确把握发展大势，勇担面向数字经济时代的 ICT 领域拔尖创新人才培养重任，深化改革创新，着力培养具有家国情怀、全球视野、创新能力、勇闯"无人区"的未来人才，加快培养服务支撑信息科技核心技术突破和产业转型升级的高层次紧缺人才、领军人才。

学习弘扬教育家精神，筑牢教育强国建设根基。落实师德师风第一标准。把师德师风建设放在教师队伍建设的首要位置，把弘扬教育家精神融入教师思想政治和师德师风教育全过程。北京邮电大学组织开展师德集中学习教育十大行动计划，加强"杏坛邮语"师德宣讲团建设，实施教师思想政治"一院一品"，打造特色案例"师德名片"，营造弘扬教育家精神的良好氛围。坚持高线引领与底线约束相结合，在教师招聘引进、职称评审、岗位聘用、导师遴选、评优奖励、聘期考核、项目申报等环节中落实师德师风第一标准。

汇聚教育发展第一资源。教师是教育发展的第一资源，是国家富强、民族振兴、人民幸福的重要基石。大力弘扬教育家精神是深入实施人才强校战略的应有之义。北京邮电大学加强战略性布局、全局性谋划，召开人事人才工作会议，配套出台"人才十条""导师十条"，以非常之力强机制，以非常之举促落实，高质量举办"传邮论坛"等活动，加速构建高水平一流师资队伍，努力打造高层次创新人才汇聚高地。

深化评价改革第一动力。教育评价事关教育发展方向，事关教育强国建设。北京邮电大学以弘扬教育家精神为引领，深入推进人事人才制度改革，不断深化教育评价改革，全方位构建教师发展保障体系。充分发挥教育评价指挥棒作用，坚决破除"五唯"，突出分类卓越、服务一流，突出管理提质、服务创优，加强督查指导、完善跟踪管理、细化分类考核，开创人尽其才、人才辈出的新局面。

培育践行教育家精神，提升教育强国建设效能。构建拔尖创新人才培养新路径。深入实施"时代新人铸魂工程"，聚焦有组织拔尖创新人才培养，坚持以启智润心、因材施教的育人智慧引领人，以乐教爱生、甘于奉献的仁爱之心塑造人，全面赋能学生成长成才。立足行业特色型高校实际，发挥学科专业优势，破学段专业壁垒，破校际校企边界，深化人才交叉培养，推进产学研深度融合，构建精准对接行业产业各环节、服务电子信息领域多层次、覆盖人才培养全过程的拔尖人才培养新格局。

开创高水平科技自立自强新局面。充分发挥拔尖创新人才培养主阵地、基础研究主力军和重大科技突破策源地的重要作用，坚持"四个面向"，弘扬勤学笃行、求是创新的躬耕态度，引导师生以服务国家重大战略需求为光荣使命，严谨治学、敢为人先。聚焦战略性新兴产业和未来产业发展重点领域，加强有组织科研规划与布局，推进关键核心技术协同攻关，提高原始创新和颠覆性创新能力，着力打造信息通信领域国家战略科技力量。

彰显高素质专业化教师队伍新作为。教育家精神的提出为广大教师树立了精神坐标、提供了行动指南。加强教师队伍建设，锻造强国之师，离不开教育家精神的引领。北京邮电大学建立以"传邮大讲堂"为引领的校院两级教师培训体系和"传邮·大先生"奖为引领的教师荣誉体系，多措并举贯通引育用留"全链条"，拓展教师发展成长渠道，激励广大教师潜心育人、培根铸魂，将事业发展的"小我"融入强国建设的"大我"中，在强国建设、民族复兴新征程上展现更大作为。

中国地质大学（北京）

弘扬教育家精神　涵育地学"大先生"

2023 年教师节前夕，习近平总书记致信全国优秀教师代表，勉励全国广大教师以教育家为榜样，大力弘扬教育家精神，并深刻阐释了中国特有的教育家精神的科学内涵和实践要求。自近代以来，我国地学领域凭借其厚重的历史积淀和宏阔的研究视野，造就了一批又一批名家大师，中国地质大学（北京）上承近代地学之渊源，下启当今地学之潮流，内秉地质报国精神血脉，外接地质事业优良传统，以"艰苦朴素、求真务实"的校训为底色，逐步形成了涵育地球科学领域"大先生"的良好生态，从校园中走出了包括 71 位两院院士在内的大批优秀教师，努力为建设地球科学领域世界一流大学，服务中国式现代化提供一流人才支撑。

科学救国，地学当先。近代以来，在科学救国、实业救国的思潮中，一批开眼看世界的有识之士深刻认识到，发展地学是发展实业的必要前提和重要基础。在章鸿钊、丁文江、翁文灏、李四光等我国最早一批地学先驱的共同努力下，地学走在了近代中国科学发展的最前列，堪称我国科学之嚆矢。李四光先生求学时期先学造船，后学采矿，最终改学地质。专业变更的深层逻辑充分体现了他对当时国情的深刻洞察。李四光一生践行"努力向学，蔚为国用"的坚定信念，终成中国科学界的一面旗帜，也通过筹建之机缘为学校树立起了一座高山仰止的精神丰碑。在学校独享"太老师"美称的袁复礼先生，因其发现仰韶文化遗址和西北科学考察的杰出贡献，成为了同时享誉考古学界和地质学界的一代宗师。当他与西南联大一众师生再次聚首于学校校园之际，也将"刚毅坚卓"的精神风骨写入了我们的办学基因。

留学归国，使命召唤。学校建校之初，名师荟萃云集。他们中的许多人都曾有海外留学经历。毕业于美国哥伦比亚大学的袁复礼和冯景兰、美国耶鲁大学的杨遵仪、英国剑桥大学的王鸿祯、英国爱丁堡大学的马杏垣、美国布仑茂学院的池际尚、美国明尼苏达大学的涂光炽、美国哈佛大学的张炳熹等都是名扬海外、学成归来的学界巨擘。其中最具代表性的事件当属池际尚、涂光炽、张炳熹三人于 1950 年 8 月乘坐"威尔逊总统号"与一百多位科学家同船归国。他们在中华人民共和国成立之初强烈感受到使命召唤，毅然放弃海外的优渥条件，义无反顾投身到国家建设的艰苦创业中。这些留学归国的名师与广大师生一道，合力奠定了学校的办学根基，取得了诸多开创性成就，培养了一批社会主义建设的开路先锋，为破解"地质工作搞不好，一马挡路，万马不能前行"的工业发展制约作出了不可磨灭的贡献。他们的拳拳爱国之心至今令人动容。

科教兴国，愈挫弥坚。在学校辗转搬迁和恢复办学的历史阶段，一批老教师百折不屈、挺身负重，在极其艰难的情况下，坚决响应国家号召，有力保障了国家登山队成功登顶珠峰，坚持教学科研工作不断线，青藏高原科学考察成果受到国内外同行赞誉。在 1978 年 3 月召开的全国科学大会上收获了多项重磅奖励，袁见齐、杨遵仪、王鸿祯、池际尚、郝诒纯五位名师于 1980 年 11 月同登院士榜被传为一时佳话，成为这一时期学校名师中的翘楚。乘着改革开放和社会主义现代化建设的东风，在入选国家"211工程""985工程优势学科创新平台"的助力下，学校办学实力厚积薄发，一批优秀教师在发现浙江长兴煤山二叠系与三叠系全球地层界线标志的"金钉子"和国家科技进步奖特等奖"青藏高原地质理论创新与找矿重大突破"等一系列标志性成果中作出浓墨重彩的贡献，并从中淬炼出愈挫弥坚、刚健勇毅的精神品格。

教育强国，杏坛垂范。党的十八大以来，学校以同处于地学领域的黄大年为学习榜样，自觉把爱国之情、报国之志融入国家改革发展的伟大事业之中，以服务国家战略需求为牵引，把江山大地作为课堂，在上天、入地、下海、攀峰、登极的奋进征程上，大力弘扬教育家精神，着力涵育地学"大先生"。松辽盆地白垩系地层科学钻探工程吹响"向地球深部进军"的号角，平朔矿区生态修复成为"绿水青山就是金山银山"的生动写照，金属同位素示踪深部碳循环揭示了"碳达峰碳中和"的地质线索，成矿预测与找矿创新理论筑牢"保障国家能源资源安全"的坚实基础，深时数字地球作为中国第一个国际大科学计划，深度参与"全球科技治理"，主动引领大数据时代地球科学范式变革。在产出这些重要创新成果的过程中，学校也相应涌现出一批大国良师，连续有3支团队入选全国高校黄大年式教师团队，在广大教师群体中形成了良好的示范引领效应。

面向未来，学校将继续把讲好历代地学名师的成长故事与弘扬教育家精神结合起来，强化言传与身教并重的育人理念，抓住提高教师综合素养这个"牛鼻子"，在做好第一课堂育人环节的基础上，更加注重教师在第一课堂之外对学生带来的潜移默化影响，打造"红旗在山谷中飘扬"实践育人品牌，创新师生共育方式，支持青年教师在重大科研任务中挑大梁、担重任，赋予教师更大的科研自主权，完善教师差异化评价和长周期支持机制，持续造就地学基础研究先锋力量，厚植涵育地学"大先生"的良好生态。

中国矿业大学（北京）

大力弘扬教育家精神　建设高素质教师队伍

百年大计，教育为本；教育大计，教师为本。习近平总书记历来高度重视教育工作和教师队伍建设，勉励全国广大教师以教育家为榜样，大力弘扬教育家精神，并从理想信念、道德情操、育人智慧、躬耕态度、仁爱之心、弘道追求六个方面深刻阐释了教育家精神的丰富内涵和实践要求，为加强教师队伍建设提供了根本遵循、指明了前进方向。中国矿业大学（北京）以教育家精神为引领，聚焦建设教育强国这一主线，强化两个实力，以三项举措为抓手，着力打造师德高尚、业务精湛、结构合理、充满活力的高素质教师队伍。

聚焦"一条主线"，深刻领悟教育家精神的重大意义。教育兴则国家兴，教育强则国家强。建设教育强国，是实现高水平科技自立自强的重要支撑，是以中国式现代化全面推进中华民族伟大复兴的基础工程。习近平总书记提出中国特有的教育家精神，对推进教育事业高质量发展、加快建设教育强国具有重大而深远的意义。学校聚焦建设教育强国这一主线，深刻把握教育工作的政治属性，把握培养什么人、怎样培养人、为谁培养人这一教育的根本问题和建设教育强国的核心课题，不断增强加快建设世界一流能源科技大学的使命感、责任感、紧迫感。

牢固树立"强教必先强师"理念，坚持把建设政治素质过硬、业务能力精湛、育人水平高超的高素质教师队伍作为基础性工作，持续加强党对教师队伍建设的领导，时刻把学习宣传贯彻习近平新时代中国特色社会主义思想作为首要政治任务。切实加强教师思想政治和师德师风考核把关，确保将全校教师的思想和行动统一到党中央决策部署上来。积极推进教师荣誉体系建设，选树师德榜样，充分发挥优秀教师的引领示范和辐射带动作用，推动广大教师树牢"躬耕教坛、强国有我"的志向和抱负。

强化"两个实力"，准确把握教育家精神的丰富内涵。教育家精神六个方面的内容相辅相成，形成严密的内在逻辑，从不同角度对新时代教师队伍建设提出更高要求。办学 116 年来，经过一代代矿大人的努力奋斗，学校打造了能源和安全领域的学科优势，形成了"明德至善、好学力行"的校训精神，铸就了中国能源工业高等教育的一流品牌和独特品格，为学校深刻理解把握教育家精神提供了强大的"硬实力"和"软实力"。

发挥学科优势，提升能源报国硬实力。能源是工业的粮食、国民经济的命脉。据国家统计局 2023 年统计公报显示，煤炭消费量占全年能源消费总量的比重为 55.3%。学校全力发挥在能源与安全领域的学科优势，激发矿业工程、安全科学与工程 2 个"双一流"建设学科的示范带动作用，持续强化教师铸魂育人职责。2 个"双一流"建设学科均产生全国高校黄大年式教师团队，并塑造了国家卓越工程师团队、国家自然科学基金创新研究群体等一批理念先进、热爱教学、具有国际视野的高水平科学家和优秀教师，为培育和发展新质生产力、建设教育强国和能源强国提供了坚实的人才和智力支持。

传承校训精神，彰显以文化人软实力。91 年前，学校名誉校董蔡元培先生为师生题词"好学力行"，成为了穿越时空、激励矿大师生接续奋斗的宝贵精神财富，演变为校训精神的重要组成。学校注重大力弘扬校训精神，引导广大教师以教育家为榜样，以优秀教师和杰出校友代表为标杆，牢记为党育人、为国育才的初心使命，将个人理想融入党和国家事业发展。在日常教学实践中不断提升自身教育能力，在建设教育强国的伟大征程中实现自我价值。

突出"三个抓手"，全面落实教育家精神的实践要求。 以发挥党建引领作用为抓手，牢记教书育人初心使命。学校坚持以党建引领高素质教师队伍建设，大力弘扬教育家精神，强化教师党支部政治功能，深入实施教师队伍党建提升计划和教师党支部书记"双带头人"培育工程，"双带头人"教师党支部书记实现100%配备。通过发挥"双带头人"教师党支部书记在党建、学术方面的优势，增强思想政治工作亲和力和针对性，着力做好教师党建和思想政治工作，团结带动教师队伍主动融入学校事业发展，打造了以"全国党建工作样板支部""全国高校'双带头人'教师党支部书记工作室"为代表的一批优秀教师党支部。

以深化教育评价改革为抓手，赓续求真务实精神特质。学校全面推进新时代教育评价改革，坚决克服"五唯"倾向，引导教师上好每一节课、关爱每一个学生。坚持将认真履行教育教学职责作为评价教师的基本要求，包括院士在内的全体教师均承担为本科生授课任务。深化教师职称制度改革，改进教师科研评价，进一步树牢重贡献、重水平、重实效的导向。弘扬学校老一辈科学家的光辉事迹，依托学校"科学家精神教育基地"等载体，激励全校教师潜心育人、做"大先生"、研究真问题。近年来，2人获全国创新争先奖章，100余人获得省部级及以上表彰，推动教师队伍素质显著提升。

以培养拔尖创新人才为抓手，落实立德树人根本任务。学校深刻认识到全面提高人才自主培养质量是服务支撑国家战略的关键，是支撑中国式现代化事业稳步推进的源泉。积极推行创新型研究生教育和研究型本科教育，带领广大教师努力打造能源工业高质量教育教学体系。成立中国矿业大学（北京）福中书院，坚持书院学院"双院协同"，本科生导师、研究生导师、辅导员、班主任、专业课教师"五支队伍齐发力"，德智体美劳"五育并举"，构建了拔尖创新人才培养新模式，助力培养更多让党放心、爱国奉献、担当民族复兴重任的时代新人。

中国石油大学（北京）

弘扬教育家精神　激发能源报国内生力量

　　强国必先强教，强教必先强师。教师是立教之本、兴教之源，习近平总书记高度重视教师队伍建设，强调要把加强教师队伍建设作为建设教育强国最重要的基础工作来抓，总结提出中国特有的教育家精神，阐明了新时代教师的崇高使命，为我们培养造就新时代大国良师指明了方向。中国石油大学（北京）坚持把教育家精神融入教师队伍建设，不断激发教师能源报国内生力量。

　　深刻认识教育家精神的时代语境。教育家精神是教师群体将小我融入大我的价值指引。伟大时代呼唤伟大精神，站在"两个一百年"奋斗目标的历史交汇点上，新一轮科技革命和产业变革加速演进，教育发展理念、人才培养模式和科技创新环境深刻重塑，一体推进教育、科技、人才工作，以教育强国有力支撑中华民族伟大复兴，广大教师生逢其时、重任在肩，教育家精神指引教师不断增强服务强国建设的思想自觉、政治自觉、行动自觉。要在实现"中国梦"、追逐"大学梦"的同时，实现"教师梦"。

　　弘扬教育家精神要与高等教育实际、学校特色有机融合。要引领教师立足行业发展和学校办学实际躬耕教坛。高水平行业特色高校因行业需要而生、与行业发展同向同行，以中国石油大学（北京）为例，学校在长期办学实践中围绕国家能源重大需求布局学科，一代代教师以服务国家能源安全和推进能源战略转型为己任，为行业高质量发展提供智力支持和人才支撑，坚决扛起赋能行业发展的使命担当。

弘扬教育家精神内在要求教师个体兼具硬实力与软实力。在教育强国建设中充分发挥高等教育龙头作用，离不开高质量的教师队伍。既要具备充分发挥高等教育支撑作用的硬核素质，不断提升自身教育教学和科学研究水平，又要有以爱育人、以德化人、引领学生成长成才的师德水准和人格魅力。

以教育家精神引领行业特色高校教师队伍建设。传承红色基因，强化价值认同，坚守为党育人、为国育才的初心使命。教育是国之大事、党之大事。作为新中国第一所石油高等院校，一代代中石大教师带领学子参与了各个时期的"石油会战"，见证并参与了石油精神的诞生。在此过程中涌现出一批以朱亚杰院士、时铭显院士等为代表的科学家、教育家，他们胸怀报国丹心，致力于传播真知，是师生心中当之无愧的"大先生"。近年来，学校不断赋予爱国奉献新的时代内涵，积极引导广大教师到祖国最需要的地方建功立业，始终扎根中国大地，坚守初心使命。

注重实践教育，强化专业认同，锻造能源强国、能源报国的坚强队伍。服务能源行业高质量发展是学校事业发展的应有之义。学校聚焦保障能源安全和服务能源战略转型，引导广大教师牢记"国之所需，校之所重"。不断创新实践教育模式，一方面，大力实施科教融合、产教融汇，推动产学研良性互动，提升教师专业认同度，找准自身专业价值定位，真正解决行业领域"卡脖子"难题；另一方面，充分挖掘新时代伟大实践中的教育富矿，把社会调研、志愿服务等作为重要内容嵌入教师培养全链条，在社会实践中淬炼能源强国、能源报国的坚强队伍。

注重师道传承，强化职业认同，树立"躬耕教坛、强国有我"的志向抱负。教育是铸魂育人工程，更需要为铸魂者铸魂。学校高度重视师德师风建设，形成了独具特质、具有强韧生命力的教坛文化，一批批教师赴边疆、涉荒滩、履极地、探深海，用实际行动诠释了"躬耕教坛、强国有我"的深刻内涵。近年来，学校进一步强化体制机制、提升工作合力传递师德力量。推出教师"青马班""本熹班"等教师思政品牌，统筹开展"尊师爱生月"系列活动，提升教师对教育事业和教师职业的情感认同。

准确把握弘扬教育家精神的实践要义。坚持师德师风第一标准，推动教师评价改革。师德师风建设是一个关涉教师队伍评价、考核、激励、保障等多方面、多体系的系统工程，要充分发挥评价指挥棒作用，以深化多元多主体评价全面推进新时代教师评价改革。将师德表现与教师聘任与晋升、教学与科研管理、教师奖惩管理等相关制度机制改革互联互通、同向同行。推进教师思政和业务工作同部署、同检查、同考核，营造良好教书育人生态。

遵循人才发展规律，畅通教师全生命周期发展通道。精准培育人才，针对性做好起步期、成长期、成熟期等不同发展时期人才的政策支持，最大限度释放人才活力。围绕国家能源需求和学校学科发展方向，持续拓宽产学研合作路径，构建以学科带头人为领军、以优秀青年人才为支撑，衔接有序、结构合理的教师团队，做好青年教师成长"传帮带"，"传"出智慧、"帮"出成长、"带"出文化。提升教师数字化素养，引导教师投身教育教学改革浪潮，在实践锻炼中成长成才。

强化资源服务保障，厚植教育家成长土壤。要尊重教师在办学中的主体地位、职业发展需求，立足管理服务育德育师，让教师在各类管理和服务工作中汲取养分、丰富思想、收获成长。要倾听教师诉求心声，畅通教师意见表达渠道，落实机关"首问负责制"等制度，用好"e诉通"限时办结线上平台，持续提升服务效能，让教师能够安居乐业、安心从事教学科研。要传承弘扬优良教风学风，建立多元立体宣讲机制，发挥大师示范引领作用，促进教育家精神薪火相传。

北京林业大学

以教育家精神为引领
培育服务生态文明建设的新时代"大先生"

　　国运兴衰系于教育，教育强国根本在教师。2023 年 9 月，习近平总书记致信全国优秀教师代表，充分肯定了长期以来广大教师为国家发展、民族振兴作出的重要贡献，深刻阐释了教育家精神的丰富内涵和实践要求，赋予新时代人民教师崇高使命，饱含了人民领袖对人民教师的殷殷嘱托和深情厚望，为全面深化新时代教师队伍建设改革指明了总体方向，提出了明确要求，提供了根本遵循。北京林业大学深入学习贯彻习近平总书记关于加强教师队伍建设的重要指示批示精神，大力弘扬践行教育家精神，奋力打造新时代高素质教师队伍。

　　筑牢思想根基，锻造铸魂育人的品行之师。教育者要先受教育。作为中华民族"梦之队"的筑梦人，广大教师要坚定理想信念，做忠实的马克思主义者，牢固树立中国特色社会主义共同理想和共产主义远大理想，带头践行社会主义核心价值观，用言传身教为青年学生插上追逐梦想的翅膀。北京林业大学深刻认识教师队伍建设是关乎"谁来培养人"的重大问题，思想政治素养的提升是教师队伍建设的核心任务。通过"理论引航、实践领路、宣讲聚心"强化教师思政建设。

建立并实施教师每周三集中政治理论学习制度，组织教师及时跟进学习党的创新理论；连续 5 年共选派 106 名青年教师赴定点帮扶地区内蒙古科右前旗支教 1 年，让青年教师在服务脱贫攻坚和乡村振兴中厚植家国情怀、涵养精神家园；广泛组织全校老中青教师共同讲述"我的育人故事"，生动诠释北林教师七十载接续奋斗、持之以恒"为党育人，为国育才"的使命担当和爱教情怀。下一步，北京林业大学将久久为功，强化教师思想引领，推进实施习近平新时代中国特色社会主义思想铸魂筑基工程，组织开展"弘扬教育家精神，担当教书育人使命"学习实践活动，不断提升教师思想政治素质，涵养高尚师德，引导广大教师将思想和行动统一到服务生态文明建设和教育强国建设使命责任上来，将教育家精神践行到教育教学各环节，树立"躬耕教坛、强国有我"的志向和抱负，自觉做学生为学、为事、为人的"大先生"。

精进育人本领，锻造精业树人的博学之师。强国必先强教，强教必先强师。北京林业大学建校以来，实现了数次历史性跨越，一代代北林教师薪火相传、接续奋斗，传承坚韧不拔、兴学强国的教育情怀，接续开放融合、协同创新的办学胸怀，既育人于三尺讲台，更育人于崇山峻岭的茫茫林海、千沟万壑的黄土高原、飞沙走石的荒漠戈壁，以实际行动落实立德树人根本任务，为国家的林草事业和生态文明建设培养了一大批可靠人才。进入新时代，北京林业大学深刻认识到教师是教育高质量发展的第一资源，是科技自立自强的关键支撑，是人才队伍建设的重要保障。坚定不移将教师队伍建设融入加快构建新发展格局、推动各项事业高质量发展大局中去，实施"精业树人"教师育人能力提升工程，扎实推进人才队伍建设"5·5 工程"，搭建教师思想提升和能力成长平台，打造教师人才队伍培养全方位支持体系。下一步，北京林业大学将进一步深入学习贯彻习近平总书记关于教师队伍建设的重要论述，着力培养一大批既善于学习新知识、新技术、新理论，以高超的学术造诣开启学生智慧，又满怀赤诚之心、仁爱之心，以高尚的道德修养润泽学生心灵，用模范行为影响和带动学生的"经师"和"人师"统一者。让学生"亲其师，信其道"，培育学生筑牢"请党放心、强国有我"的底气、遇到危难挺身而出的勇气、敢于探索未知攻坚克难的锐气，真正成长为堪当民族复兴重任的时代新人。

心怀"国之大者"，锻造生态文明建设和绿色创新的强国之师。精彩论文要写在祖国大地上。在北林 70 余年的办学历史上，不乏心有大我、至诚报国的"大先生"，"泥腿子"院士关君蔚先生用一生践行"知山知水，树木树人"的育人理念，带领学生扎根生态治理一线，为我国水土保持事业作出突出贡献；"三毛杨之父"朱之悌先生 20 多年如一日潜心研究三倍体毛白杨，将育人和育树作为自己终生的追求，薪火相传，继往开来。作为中国"最高绿色学府"，北京林业大学因林而生、因林而兴、因林草而强、因生态文明建设而盛。站在新的历史起点，服务人与自然和谐共生的中国式现代化建设，培养造就一支勤于学习、善于创新、勇于攻坚，服务生态文明和美丽中国建设的"先锋队"，是新时代新征程赋予北京林业大学的使命责任。下一步，北京林业大学将坚持把生态文明建设作为立校之本、发展之基，教育引导广大教师深刻认识教师不仅要教书育人，也要牢记"四个面向"，主动对接国家战略需求，把个人发展方向从"小我自转"转变为"大我公转"，聚焦生态文明主战场，开展有组织科研，充分发挥国家林草种质资源库和全国重点实验室的国家级平台资源优势，深入探究生态文明五大体系内涵，对标国家发展战略，开展重大科技问题攻关，研究真问题，不断擦亮高质量发展的绿色底色，徐徐绘就"山河锦绣、国土丹青"的美丽中国画卷。

大力弘扬教育家精神，是打造高素质专业化教师队伍的应有之义，更是推动教育强国、科技强国、人才强国建设的迫切需要。高校位于教育、科技、人才"三位一体"协同融合发展的重要交汇点上，必须将教育家精神深度融入教师队伍建设之中，充分发挥教师作为教育强国第一资源、科技强国有力支撑、人才强国重要保障的关键作用。北京林业大学将深入贯彻落实习近平总书记关于教育的重要论述，大力弘扬教育家精神，全链条打造高素质专业化教师队伍，引领广大教师勇担生态文明建设"排头兵"、绿色发展"先锋队"、农林高等教育创新发展"引领者"的光荣使命，在服务教育强国和美丽中国建设中积极发挥作用，为强国建设和民族复兴伟业培养更多德才兼备的栋梁。

中国传媒大学

以教育家精神引领建强高素质教师队伍

2023 年教师节前夕，习近平总书记致信全国优秀教师代表，首次提出并深刻阐述了中国特有的教育家精神，赋予新时代人民教师崇高使命，进一步深化了教师队伍建设的规律性认识，为培养更优秀的教师、办更好的教育提供了遵循。中国传媒大学认真学习贯彻习近平总书记重要指示精神，切实以教育家精神引领推进高素质教师队伍建设，推动贯彻落实见行见效。

把准三重逻辑，深刻领会教育家精神的内涵要义。教育家精神涵盖理想信念、道德情操、育人智慧、躬耕态度、仁爱之心和弘道追求六个方面，具有丰富的时代价值、科学内涵和实践要求。深入理解和把握教育家精神实质，需要厘清其生成的历史逻辑、理论逻辑和实践逻辑。

历史逻辑：教育家精神是中华优秀传统教育思想和师道精神的时代传承。教育家精神不仅蕴含着"因材施教""知行合一""不愤不启，不悱不发""仁者爱人，有教无类""德高为师，身正为范"等传统教育智慧，也融入了至诚报国、胸怀天下等新的时代特质，其内涵具有突出的连续性和鲜明的民族性。结合中华优秀传统师道文化领悟教育家精神，将有助于更好理解其历史源流和文化根脉。

理论逻辑：教育家精神是习近平总书记关于教师队伍建设重要论述的创新发展。习近平总书记高度重视教师队伍建设，先后提出"四有"好老师、"四个引路人"要求，继而强调努力做精于"传道授业解惑"的"经师"和"人师"的统一者，再到总结提出教育家精神，显现了一脉相承的期望和一以贯之的嘱托。六个方面结构严谨、内在统一，从政治、品德、职责、思维、情怀、格局等多角度对教师群体提出新的更高要求，形成了一个完整的教师素养体系，构建起中国特有的教育家精神的理论框架。

实践逻辑：教育家精神是新时代中国特色社会主义教育实践的价值追求。立足第二个百年奋斗目标，教育的基础性、先导性、全局性作用将更加凸显，培养德智体美劳全面发展的社会主义建设者和接班人，教师重任在肩。新时代教育的重要性、复杂性以及教师工作的独特性决定了亟需教育家精神引领的迫切性。教育家精神的提出，对破解教师伦理困境、树立教师队伍的共同价值追求，完善中国特色教育学知识体系等具有重要意义。

涵养高尚师德，大力培育和弘扬教育家精神。教育家精神为教师群体划定师德高标，提供师德参照，无疑是对新时代高质量教师队伍建设现实需要的观照回应。中国传媒大学坚持把教育家精神融入师德师风建设，激励引导广大教师争做教育家精神的弘扬者、践行者。

强化理论学习，掀起教育家精神学习热潮。通过校党委常委会"第一议题"专题学习，校党委理论学习中心组扩大会集体学习，举办教师骨干群体读书班，由校党委书记、校长领学，邀请专家进行专题辅导报告，编发教育家精神学习材料，加强教育家精神学习宣传。

强化荣誉激励，推进教育家精神涵育养成。举办教师节庆祝活动、教职工荣休仪式暨师德传承典礼，突出教育家精神宣传教育和典型示范。组织"为党育人、为国育才——讲述育人故事活动"，强化教育家精神思想认同与情感共鸣。完善教师荣誉体系，设立、评选、表彰"三牛奖"，激励广大教师树牢"躬耕教坛、强国有我"的志向和抱负。

强化人才培育，让教育家精神成为教师自觉追求。创新提出人才评价"十字方针"并应用于教师发展全过程，引导教师产出高水平成果、作出高质量贡献。启动学术、教学、创作三类青年拔尖人才培育项目，完善从博士后到青年拔尖人才、"金核桃"人才，再到致力成为"大先生"的人才培育链条，支持教师潜心教书育人，成为教育家型好老师。

坚定强国志向，着力践行教育家精神。践行教育家精神，不仅是教师队伍发展的迫切需要，更是推进强国建设的时代呼唤。中国传媒大学始终心怀"国之大者"，牢记为党育人、为国育才的初心使命，坚持把教育家精神融入落实立德树人根本任务，融入服务国家战略需求，答好"强国建设、中传何为"的时代问卷。

把教育家精神融入落实立德树人根本任务，推进"大思政课"建设。创新提出思政课建设"三项举措"，着力提升关键课程铸魂育人成效。构建课程思政、作品思政、实践思政、项目思政、活动思政"五位一体"的大思政育人格局，着力培养更多"弘道崇德、经世致用"的传媒英才。

把教育家精神融入服务国家战略需求，建强"国际传播"国家队。发挥学科特色优势，建强媒体融合与传播国家重点实验室、国家舆情实验室、教育部国际传播联合研究院，建好区域国别传播研究院、人类命运共同体研究院，开设国际传播白杨班，构筑国际传播人才中心和创新高地，服务国家国际传播能力提升。

把教育家精神融入办学治校全过程，引领传媒高等教育高质量发展。以 70 周年校庆为契机，梳理教育家精神的中传实践，汇聚中国特色世界一流传媒大学建设力量。全面启动"应对人工智能行动计划"，提升教师人工智能思维素养，引领重构智能传媒教育体系。持续优化教师管理和资源配置，源源不断培养造就更多可堪大用、能担重任的卓越教师。

中央财经大学

大力弘扬教育家精神　勇担财经报国使命

　　教师是教育高质量发展的第一资源。2023 年 9 月 9 日，习近平总书记致信全国优秀教师代表，首次提出了中国特有的教育家精神。教育家精神是"两个结合"在教育领域的创新运用和生动体现，为新时代培养人民教师、办学治校注入了磅礴动力。大力弘扬教育家精神，建设高素质专业化教师队伍，对于高校落实立德树人根本任务、助推教育强国建设具有重大意义。

　　教育家精神的历史传承。教育家精神是马克思主义教育思想与中国特色社会主义教育实践相结合的产物。马克思主义教育思想以"现实的人"为逻辑起点，把教育视为劳动实践的产物，从历史唯物主义和辩证唯物主义出发来观照教育、阐析教育，深刻揭示了阶级社会教育的本质属性，提出了"人的全面而自由发展"的教育目的，阐明了教育工作者的根本价值取向，为教育家精神的提出奠定了理论基石。

　　教育家精神是植根中华优秀传统文化基础上的时代创新。中华优秀传统文化中蕴含着丰富的教育智慧，从"家国一体"到"修身成仁"，从"不愤不启"到"启智润心"，从"自觉自新"到"有教无类"，从"天下为公"到"尊师重教"，教育思想从古至今的延续与发展，为教育家精神的提出厚积了文化土壤。

进入新时代以来，习近平总书记站在党和国家事业发展全局的高度，把教育事业摆在更加突出的优先发展战略地位，就教育发表一系列重要论述，将"培养高素质教师队伍"作为建设教育强国的重要方面，赋予了教师"四有"好老师、"四个引路人"、"大先生"、"经师"与"人师"的统一者等崇高使命，为教育家精神的提出筑牢了坚实根基。

教育家精神的时代内涵。教育家精神蕴含着丰富的时代内涵。心有大我、至诚报国的理想信念，揭示了教育家精神的"政治"本质，要求广大教师忠诚于党和人民的教育事业，切实回答好"为谁培养人，培养什么人，如何培养人"这一教育的根本问题。言为士则、行为世范的道德情操，揭示了教育家精神的"立德"基础，要求广大教师成为以德立身、以德立学、以德施教的楷模，引导学生健康成长。启智润心、因材施教的育人智慧，揭示了教育家精神的"育人"核心，要求广大教师因材施教，让每个学生都能拥有公平而有质量的教育。勤学笃行、求是创新的躬耕态度，揭示了教育家精神的"治学"要义，要求广大教师必须始终立足学科前沿、把握教育规律，不断提高创新人才自主培养能力。乐教爱生、甘于奉献的仁爱之心，揭示了教育家精神的"爱心"品质，要求广大教师要用心用情有温度，用爱帮助学生成长，启迪其心智、润泽其心灵。胸怀天下、以文化人的弘道追求，揭示了教育家精神的"天下"境界，阐明教育家精神的崇高境界在于"弘道"，要求广大教师做中华优秀传统文化和中国知识分子特有精神血脉的重要传承者，培养学生全球意识和全球责任。

强师报国的中财大实践。中央财经大学大力弘扬教育家精神，树牢"强教必先强师"理念，着力培养造就一支师德高尚、业务精湛、结构合理、充满活力的高素质专业化教师队伍，勇担财经报国时代使命。

在政治引领中传承教育家精神。教育家精神彰显了理想信念的力量，中央财经大学作为一所新型高等财经院校，始终坚守"立德树人 财经报国"初心，聚焦人才引领，不断完善党管人才的体制机制，形成了学校党委统一领导、组织人事部门牵头抓总、各级党组织各司其职的人才工作新格局。自觉用习近平新时代中国特色社会主义思想武装教师头脑，抓牢"双带头人"教师党支部书记培育工程，发挥党支部书记"头雁效应"，将组织优势转化为人才工作优势。构建"一二三"教师思政工作体系，实施"红色赋能"三大品牌工程，一体化推动教师思想政治、师德师风、育人本领的整体性跃升。

在素养提升中历练教育家精神。教育家精神彰显了改革攻坚的力量，中央财经大学努力把握时代脉搏，对标发展新质生产力对人才培养的要求，一体化设计人才发展战略和师资队伍建设顶层方案，理顺"育才、引才、留才、用才"机制，实施"621"人才工程，建设全周期多层次立体化的人才培育体系。积极推动以实践教学为主题的"大思政课"综合改革，深入开展"启航、引航、领航"三大教师综合能力提升培训项目，提升教师教书育人的综合素养。着力拓展师资队伍国际视野，打造世界一流的学科专业研究基地，举办"全球财经论坛"，发起成立中外财经教育联盟，加快推进中国特色经济学学科体系、学术体系、话语体系建设。深化教师评价体系改革，尊重教育规律和人才成长规律，坚持"破"与"立"结合，努力实现内涵式发展。

在宣传教育中涵养教育家精神。教育家精神彰显了精神价值的力量，中央财经大学系统梳理建校以来的"教育者"力量，开展"口述校史"学人访谈，构建感动中财、学人中财、先锋中财、榜样中财、凡星中财的"五型中财"榜样育人体系，大力营造识才爱才敬才用才、尊师重教的良好环境，以老一辈中财大学人、"启智润心"大先生、全国高校黄大年式教师团队、躬耕教坛数十载的全国教学名师、初心如磐的援疆援藏干部等学人群像，涵养具有高度引领力、凝聚力、辐射力，从内到外、由此及彼、从潜移默化到行动自觉的立德树人新生态。

中国政法大学

弘扬践行教育家精神
锻造自律自强的高素质法学教师队伍

　　教育大计，教师为本。习近平总书记站在新时代强国建设、民族复兴的战略高度，创造性地提出了中国特有的教育家精神，赋予了教师更加崇高的使命和责任，为广大教师躬耕教坛、立德树人注入了强大的精神动力，为新时代教师队伍建设提供了行动指南和根本遵循。中国政法大学坚持以"忠诚担当、艰苦奋斗、求真务实、奉法图强"为办学使命，在中国高等教育尤其是法学教育领域深耕不辍，锐意前行，引导广大教师以教育家精神为共同价值追求，奋力锻造一支自律自强的高素质专业化法学教师队伍，为教育强国建设和法治中国建设贡献法大力量！

　　一是坚定理想信念，立"大志向"。"三尺讲台系国运，一生秉烛铸民魂"，在学校73年的办学传统中，"忠诚担当"始终是最鲜明的标签，从建校之日，数代法大人饱含对国家的忠诚，对人民的热爱，艰苦奋斗，求真务实，以终身求索的学术品格推动着法大与国家同呼吸、共命运的发展历程，谱写了奉法图强的辉煌历史。立足新时代新征程，法大教师心怀"国之大者"，想国家之所想、急国家之所急、应国家之所需，争当构建中国特色社会主义法治体系的"先行者"，立足中国国情，扎根中国文化，解决中国问题；当好宣传习近平法治思想的"排头兵"，深刻领会习近平法治思想所蕴含的强大真理力量、独特思想魅力和巨大实践伟力，扎实推进习近平法治思想"三进"。他们孜孜以求，不断探索，投身于中国法学教育和法治人才培养事业，努力谱写"教育强国""法治中国"崭新篇章。

二是坚持德法兼修，树"大品行"。"言为士则、行为世范"，教育家精神对广大教师提出了道德操守上的更高要求。学校严格落实师德师风第一标准，持之以恒抓好教师思想政治和师德师风建设，将法学学科特色和优势与教师思政、师德涵养和育人能力相结合，将法治意识和规则意识融入教师思政教育、理论学习、实践培训、考核奖惩等教师发展全过程，形成了一整套常态化、规范化、法治化的教师思想政治和师德师风建设工作体系。完善师德建设制度体系，筑牢师德底线高线，开展教师教育相关法律法规和职业准则的学习阐释，推动师德优秀典型选树，深入挖掘和宣传法学家、教育家的动人事迹和示范引领作用，强化奖惩的规范化、科学化流程，通过多种举措激发教师内生动力，自觉遵守法律法规，恪守职业道德，树立良好师德形象，依法执教、规范从教，做有"大品行"的好老师，赢得学生的信任与尊重。

三是涵养扎实学识，求"大学问"。法大教师不仅把涵养"扎实学识"作为教书育人之根基，更把做好"大学问"作为做新时代"教育家"之根本。立足我国法学教育最高学府的三尺讲台，法大教师始终将服务国家战略作为重要任务，把学问做到全面依法治国的伟大实践之中。面对社会急需的新兴学科，他们积极推动法学学科同其他学科交叉融合，先后建立了数据法治、国家安全、纪检监察等学科，推动完善涵盖传统学科和前沿学科、冷门学科和新兴学科、理论法学与应用法学、国内法学与国际法学的法学学科体系。积极参与宪法修正案、民法典、刑事诉讼法等多部法律的制定、修改工作，助推法治国家、法治政府、法治社会一体建设。主动创新涉外法治人才培养体系，培养具有国际视野、通晓国际法律规则、善于处理涉外法律事务的高素质人才，维护我国主权安全和发展利益。站在知识发展前沿，扎根中国大地做学问，刻苦钻研、严谨笃学，为推动新时代法学教育和法学理论研究高质量发展而不懈努力，为全面建设社会主义现代化国家贡献教育力量。

四是勤修仁爱之心，有"大情怀"。爱人者，人恒爱之；敬人者，人恒敬之。这种"大情怀"不仅体现在对学生的关爱和尊重上，更体现在对法治精神的深刻理解和坚定信仰上，体现在热爱教育事业，自觉树牢"为党育人、为国育才"的使命担当上。在思想上，做学生热爱祖国、奉献祖国的"引路人"，教育引导学生们坚定理想信念、坚守法治信仰，在学生心中厚植家国情怀，培根铸魂、启智增慧，帮助学生系好人生"第一粒扣子"。在课堂上，做学生学习的"引路人"，通过案例分析、课堂讨论、模拟法庭等多种形式，让学生们身临其境，深刻领悟法治精神的核心要义，增强法治意识，提升法治素养。在生活中，做学生成长的"引路人"，关爱学生，成为学生的好朋友、贴心人，为学生提供个性化的指导和帮助，因材施教、助力成长。在实践中，做学生服务社会的"引路人"，带领学生利用网络平台开展宪法、民法典等重要法律的普法活动，在"大学生法律援助工作站"为困难群众提供公益法律服务，在冬奥"大思政课"中讲好中国法治故事，让学生深刻感受法治的力量和温度。

建设教育强国、法治中国的时代号角已经吹响，声声催人奋进，法学教师责任重大，使命在肩。中国政法大学将以教育家精神为引领，引导广大教师弘扬践行教育家精神，忠于党的教育事业，将建设教育强国、法治中国作为义不容辞的使命与责任，抓住机遇、迎接挑战，自律自强、踔厉奋发，努力奏响新征程上法学教育的最强音。

中央音乐学院

大力弘扬教育家精神
培养建设文化强国的一流音乐人才

　　强国必先强教，强教必先强师。教师是立教之本、兴教之源，是教育发展的第一资源。党的十八大以来，习近平总书记发表了一系列关于教育的重要论述，并从理想信念、道德情操、育人智慧、躬耕态度、仁爱之心、弘道追求六个方面深刻阐述了中国特有的教育家精神。2024 年全国教育大会上，习近平总书记强调，要实施教育家精神铸魂强师行动。中央音乐学院对标对表教育家精神的实质内涵和核心要义，着力推进高素质教师队伍建设。

　　坚持思想引领，为弘扬教育家精神培根固元。中央音乐学院是中国共产党创办的第一所高等音乐学府，作为延安鲁迅艺术学院的重要传承单位，与鲁艺血脉相连，红色基因始终指引着学校的办学方向。央音人始终把"心有大我、至诚报国"看作自己的天职，一代代央音人前赴后继，培养造就了一大批艺术精湛、情怀深厚、爱党爱国的音乐艺术人才。新时代，中央音乐学院进一步加强党对学校育人工作的全面领导，强化思想引领，通过多种途径，教育引导教师理解教育家精神的核心要义。学校将"课比天大"的牌匾高悬在教学楼醒目位置，提醒教师时刻牢记自身职责使命。每年秋季开学前举办全校教职工培训大会，建立立德树人常态化培训机制，党委书记、校长和特邀专家做专题报告，引导教师自觉领会、践行教育家精神。每年组织新入职教职工培训，帮助他们尽快了解、融入学校，树牢师德师风意识，认清自身职业发展规划。着力提升思政教育的亲和力和针对性，结合学校特色，凝聚"音乐＋思政"新合力，创设多种类型音乐党课，通过中华优秀传统音乐、红色经典音乐促进学生的心性养成，涵养学生的家国情怀。

学校强化以人民为中心的理念，接继选送中青年干部教师到青海化隆对口支援。创新开展"新时代文艺宣讲师"工作，每年选留优秀应届毕业生长期派驻青海化隆县、西藏日喀则、河南兰考等地开展文艺志愿帮扶活动。

传承大师风范，为涵养教育家精神树立标杆。"大学之大，在于大师。"这是卓越大学的鲜明注脚。北京解放前夕，有人帮声乐教育家沈湘先生争取到美国某著名音乐学院全额奖学金，他以"共产党解放中国，祖国大有希望，自己有做不完的事"为由婉言谢绝，表现了至诚报国的理想信念；钢琴教育家周广仁教授，不论学生资质怎样，她总是说："只要用功，我都喜欢"，这种乐教爱生的仁爱之心，感召、激励了一代代央音人；钢琴教育家杨峻教授采用特殊的教学方法培养被认为没有发展前途的学生成才，开创了盲人专业钢琴教育的先河，表现了"启智润心、因材施教"的育人智慧。央音精神就是依靠这些大师塑造、引领、播撒、传扬的。每学期开学第一课，学校党委书记、校长大力宣讲前辈先贤的事迹，教师节典礼特设"致敬老教授"环节，学校官微开设"口述央音"专栏，各院系举办名家大师工作坊，就是为了充分发挥老教授们的精神感召作用，鼓励在职教师躬耕教坛、潜心从教。

强化师德师风，为培育教育家精神提供制度保障。近年来，制定并严格落实《中央音乐学院师德考核办法》《中央音乐学院专业教师落实主体责任制考核办法》《中央音乐学院师德"一票否决制"实施细则》等，实施严格的德能勤绩考核，对教师职业操守和师德师风提出更高要求，将教师履行立德树人主体责任、师德情况纳入教职工年度考核，并将考核结果运用于教师管理和职业发展全过程，将师德表现作为教职工岗位聘任、职称晋升、评奖评优、人才推荐、项目申报等首要标准，全面落实师德问题"一票否决"联动机制。

针对音乐院校专业主课"师徒式"授课特点，完善"立德树人、教书育人主体责任制"，凸显主课教师思想领航和道德垂范作用，坚决克服"重教书轻育人"等现象，强调主科教师不仅要传授专业技能，更要承担起学生思想塑造、人格养成的责任，做到以德立身、以德立学、以德施教，形成专业教师承担主体责任，辅导员、班主任承担引导管理责任的"一体两翼"联动、齐抓共管的立体育人体系。

创新激励机制，为践行教育家精神厚植成长沃土。中央音乐学院国家重点教育改革项目"拔尖创新人才培养计划"充分发挥导师的引领作用，为入选者量身定做有针对性的个性化教学方案，有效提升人才培养的效率和质量。近年来，一大批优秀人才脱颖而出，多名入选者在世界重大音乐比赛中获得金奖。对于取得突出教学成就的教师，学校颁发金校徽奖，激励教师潜心育人。教师队伍的育人素质和能力显著提升，"音乐人工智能与脑科学"教师团队入围第三批全国高校黄大年式教师团队，一批优秀教师获得国家级、省部级荣誉表彰。

中央音乐学院鼓励教师"勤学笃行、求是创新"。学校教师紧跟时代、扎根人民，创作了冬奥会开幕式主题曲《雪花》、大型政论电视片《领航》主题音乐、《礼赞新时代》优秀交响乐作品等。学校鼓励教师要有放眼全球、海纳百川的宽阔胸襟，努力在国际舞台上用音乐讲好中国故事、传播好中国声音。学校还组织作曲系教师多次赴欧美举办专场音乐会，在世界音乐舞台上发起集体冲锋，奏响新时代的中国之声。

中央音乐学院坚持以习近平新时代中国特色社会主义思想为指导，落实《中共中央国务院关于弘扬教育家精神加强新时代高素质专业化教师队伍建设的意见》和全国教育大会精神，进一步加强教师队伍建设，努力打造一批德艺双馨的"经师""人师"统一者，培养更多让党放心、爱国奉献、担当民族复兴重任的时代新人。

中央戏剧学院

大力弘扬教育家精神　打造新时代高素质教师队伍

2023 年教师节前夕，习近平总书记向全国优秀教师代表致信，充分肯定广大教师为国家发展、民族振兴作出的重要贡献，深刻阐释中国特有的教育家精神的丰富内涵和实践要求，赋予新时代人民教师崇高使命。

高校之根本在育人，育人之根本在于立德。教师承担着为学生"传道授业解惑"的重要责任，是立德树人的主力军，是育人成效的关键。推动高等教育发展，培养党和国家需要的栋梁之材，需要教师队伍弘扬教育家精神，牢记教书育人、培根铸魂的责任，做学生健康成长的指导者和引路人。

中央戏剧学院起源于延安鲁迅艺术学院，是党和国家创办的第一所戏剧影视类高等学府。党的十八大以来，学院坚持以习近平新时代中国特色社会主义思想为指导，立足学科特色，培养了一支具有坚定理想信念、优良道德品质、过硬专业素质、优秀教学能力的教师队伍，为培养党和国家需要的戏剧影视艺术人才奠定了坚实基础。

一是坚持党管人才，引领教师坚定心有大我、至诚报国的理想信念。学院牢牢把握办学方向，引导教师牢记"为党育人，为国育才"的初心和使命，将习近平新时代中国特色社会主义思想的深刻内涵融入思想、融入课堂，以党的创新理论强化思想武装，将专业教学与思想教育紧密结合，确保教书育人的过程成为引领学生践行社会主义核心价值观、树立为人民创作的艺术观、接受爱国主义精神教育的成长过程。

二是坚持以德为先，培养教师言为士则、行为世范的道德情操。学院坚持师德第一标准，要求教师自觉按照"四有"好老师、"四个引路人"、"四个相统一"的要求，守好"总开关"，塑造优秀的道德品质和职业素养。作为艺术院校，秉持"以德为先、德艺双馨"的教师成长理念，树立典型榜样、开展学习培训；健全制度体系，严肃进行警示教育。通过严管与厚爱相结合，激励教师以"大先生"为成长目标，自觉担当学生成长路上的守护者责任。

三是坚持育人为本，增强教师启智润心、因材施教的育人智慧。人才培养是高校生存和发展的根本，是学校的一切工作的中心。学院不断完善全员、全过程、全方位育人机制，将加强教师队伍建设作为关键。要求专业教师把握艺术教育规律，运用专业特色，通过实验剧团等平台，开展师生同台创作和演出，用教师的专业引领学生成长进步、让学生的成长促进教师专业提升，真正做到教学相长、相得益彰。引领艺术与科技结合的发展趋势，提高教师数字素养，促进教师与学生思想契合，适应信息化时代的教学和育人需要。

四是坚持艺术教育特色，坚定教师勤学笃行、求是创新的躬耕态度。戏剧影视艺术作为文化、技术等多种要素的综合体，守正创新是其发展的生命线。学院作为艺术教育的"国家队"，始终将"勤学笃行"作为教师立足教学岗位的必然要求，全面提高教师综合能力，促进全面发展。要求教师增强研究专业理论和教学体系的能力，能上"报告台"；将教学能力作为"看家本领"，能上"讲台"；不断进行专业学习和实践，能上"舞台"。经过长期的实践，使得学院教师普遍具备科研、教学创作的综合能力，为学生成长做出"榜样"。

五是坚持以学生为中心，激发教师乐教爱生、甘于奉献的仁爱之心。大学教育是青年学生走向社会前的最后一个台阶。教师作为学生的引路人，一个小的行为，对学生成才道路乃至人生道路都可能产生大的影响。学院将"仁爱之心"作为教师重要的素养要求，不断完善工作机制，提出"大爱"的教育理念，引领教师热爱教育、热爱学生，营造团结友爱、积极向上的校园文化。

六是坚持尊师重道，树立教师胸怀天下、以文化人的弘道追求。学院将引导教师"胸怀天下、放眼世界"作为适应新时代育人要求的重要举措，通过打造高层次平台，与国际高水平艺术院校和组织交流合作等方式为教师创造"走出去"的机会和渠道。发挥教师传播中华优秀传统文化和中国艺术教育理念的重要作用，为培养具有中国底蕴、世界眼光的拔尖人才打下良好基础。

新时代新征程，中央戏剧学院将深入学习贯彻习近平总书记关于教育的重要论述和习近平文化思想，大力弘扬教育家精神，建设高素质教师队伍，以中国式现代化为引领，不断完善中国特色戏剧影视艺术教育道路，培养党和国家需要的戏剧影视艺术精英人才，为教育强国、文化强国建设作出新的更大贡献。

中央美术学院

造就优秀文艺名师　培养高端艺术人才

2023 年 9 月，全国优秀教师代表座谈会在京召开，习近平总书记致信与会教师代表，明确提出并深刻阐释了中国特有的教育家精神。在 2024 年召开的全国教育大会上，习近平总书记指出，要实施教育家精神铸魂强师行动，加强师德师风建设，提高教师培养培训质量，培养造就新时代高水平教师队伍。回顾中央美术学院百余年的办学历史和发展历程，最大的优势是拥有一流的艺术教育名师和艺术家，最根本的任务是培养出"爱国为民、崇德尚艺"的高端艺术人才。近年来，学校党委认真学习贯彻落实习近平总书记关于教育的系列重要论述，以习近平总书记给中央美术学院老教授回信精神为指引，继承造就优秀文艺名师、培养高端艺术人才的优良传统，深入思考、全面统筹、顶层设计、长远规划，有组织、分步骤地系统开展和推进各方面工作，确保学校持续地肩负起引领中国美术事业和美术教育事业发展的历史使命，持续地传承好为民族造型、为人民立像、为时代存照的学院精神，在文艺创作中弘扬中华优秀传统文化的价值观念、审美理想、匠作精神，持续地完成好建设中华民族现代文明、以中国式现代化全面推进中华民族伟大复兴的时代重任。

弘扬教育家精神，培树坚守艺术初心理想、追求德艺双馨的大国

良师。作为中国历史上第一所国立高等美术教育学府、教育部直属的唯一一所高等美术院校和"双一流"建设高校，学校坚持党建引领和思想引领，为培树坚守艺术初心理想、追求德艺双馨的大国良师强基固本。综合实施落实"强师重教""精研助创"系列工作，形成教育教学、科研创作、服务社会成果清单，明确教师不仅要有全面的专业素养、高尚的人格修为，还要有"铁肩担道义"的社会责任感，要心怀对艺术教育的初心使命，要立志为人民文艺事业下真功夫、练真本事、求真名声。始终高度重视师德师风建设和人才评价机制落地，通过持续开展教职员工荣典制度，选树师德高尚、技艺精湛、公心敬业、诚信友善的优秀典型。持续加强高层次人才队伍建设，稳步推进"人才矩阵"和"人才梯队"搭建工作，深化职称评审制度改革，坚持师德为先，突出教育教学能力与业绩，培树和打造新时代文艺名家大师、艺术教育名师、艺术工作管理者，全方位激励其服务现代化建设。

弘扬教育家精神，培创展示中华精神风貌、无愧伟大时代的精品力作。2014 年，习近平总书记在文艺工作座谈会上强调："文艺是时代前进的号角，最能代表一个时代的风貌，最能引领一个时代的风气"。在人类发展的每一个重大历史关头，文艺都能发时代之先声、开社会之先风、启智慧之先河，成为时代变迁和社会变革的先导。优秀文艺作品反映着一个国家、一个民族的文化创造能力和水平。党的二十大报告中提出，要"坚持以人民为中心的创作导向，推出更多增强人民精神力量的优秀作品"。美术教育工作者要坚持与时代同步伐、与人民共命运，把个人的艺术追求融入国家的发展之中，以创作出无愧于时代、无愧于人民的精品力作为己任。近年来，学校不断涌现出诸多知名良师和优秀作品，他们在优秀传统文化的创造性转化、创新性发展上下功夫，将中国艺术带向世界。他们将对学生"术"的传授升华为"道"的引领，他们在构建以弘扬中华美育精神为核心的新艺科，他们在各自领域取得突破性和创新性重大成果，推动新时代文艺繁荣、建设文化强国。

弘扬教育家精神，培养建设文化强国、勇担历史使命的高端艺术人才。习近平总书记在 2014 年文艺工作座谈会上的讲话中指出："繁荣文艺创作、推动文艺创新，必须有大批德艺双馨的文艺名家。要把文艺队伍建设摆在更加突出的重要位置，努力造就一批有影响的各领域文艺领军人物，建设一支宏大的文艺人才队伍。"高等学校承担着人才培养、科学研究、服务地方、文化传承的重要责任与使命。作为培养合格社会主义建设者和接班人的艺术院校，更要勇立潮头，坚决贯彻落实立德树人根本任务。

作为有着百年历史传承和深厚学术底蕴的艺术院校，学校党委带领全校师生深入理解、践行和弘扬教育家精神，继承和发扬"爱国为民，崇德尚艺"的学院传统，致力于培养具备专业前瞻性、学术敏感性、职业全面性、行动引领性的优秀艺术家、设计师、理论家、教育家和管理者，为新时代文艺繁荣工作不断输送高端专业人才，为文化强国建设事业提供人才战略重要支撑。学校始终坚守"守根脉、承学脉、夯基础、传德艺"的教育理念，落实习近平总书记"以大爱之心育莘莘学子，以大美之艺绘传世之作"的殷殷嘱托，努力把学校办成培养合格社会主义建设者和接班人的摇篮。在践行"五育并举"教育理念、全面提高学生艺术修养和道德素质的基础上，不断加强对中华美育思想的历史生成、独特观念和丰富形态的深度研究，推动中华美育精神的传承与发展。坚持正确育人导向，注重培养学生艺术核心素养，通过立德树人、以文化人、以美育人相统一的方式，引导学生确立坚定的理想信念，树立正确的审美观念和高尚的道德情操。通过开设丰富多彩的课程，为学生提供广阔的学习空间和选择，培养他们的创新精神和实践能力。通过组织采风、社会实践、艺术创作等活动，让学生深入生活、了解社会，从而创作出具有时代气息和民族特色的艺术作品。积极鼓励学生参与国家重大文化项目和艺术创研活动，为服务国家文化建设贡献力量。密切加强与国际艺术界的交流与合作，推动中国艺术走向世界。

北京中医药大学

聚焦"四个强化"
持续推进"教育家精神"落地生根

党的十八大以来，习近平总书记高度重视教育发展和教师工作，多次围绕教师队伍建设发表重要讲话、作出重要指示。北京中医药大学深入学习贯彻习近平总书记的重要指示精神，落实立德树人根本任务，大力弘扬教育家精神，坚持党的统领、强化制度体系、促进协同联动、夯实育人阵地，多维度持续发力，推进教师思政与师德师风工作走深走实。

强化党的统领，锚定"高点"发力。 学校党委高度重视，依托党委教师工作委员会、师德建设委员会，部署教育家精神的学习贯彻落实。首先，站在全局和整体发展的高度上，制定《中共北京中医药大学委员会关于加强和改进新时代教师思想政治和师德师风建设工作的实施方案》，出台《师德先进典型选树宣传方案》和《师德失范行为联合处理工作流程》等文件，进一步优化体制机制，把教育家精神作为引领教师队伍建设的指南针。其次，举办"党委中心组理论学习扩大会议暨全校教师同上一堂师德课"专题报告，以教育家精神赋能学校师德建设，持续提升学校教师工作水平，开通"北中医微课堂"线上直播，实现教师学习全覆盖、京内京外一体化。

强化制度体系，实施"网格"布局。学校党委持续加强工作统筹，不断压实二级党组织的责任，构建纵横结合的教师思政网格体系，实施浸润式培养，形成制度化保障。一方面，做到教育家精神传播横向有空间、纵向有时间。以《北京中医药大学教师思想政治与师德师风专题学习手册》为载体，将教育家精神融入其中，按网格逐一下发，并号召全员贯彻落实；落实教师工作与师德建设分委员半年报和季度报要求，动态了解宣贯学习情况。另一方面，将教育家精神和"大医精诚"精神有机结合，常态化开展青年教师的"传""帮""带"教育；打造教学名师工作坊 63 个，面向全校举办教学名师"育人故事公开课"，实现名师引领全覆盖，指导青年教师成长与发展；聚焦 45 岁以下青年教师成长，连续 9 年举办青年教师中国特色社会主义理论教育培训班（远志计划），每期近百人规模，学校党委书记、校长参加指导。

强化协同联动，打通"堵点"顽疾。学校党委主动作为、协同发力，促进学校高质量发展。第一，学校党委书记、校长率先垂范，以教育家精神赋能黄大年式教师团队、全国模范教师、优秀教师等，通过开展专题报告、经验介绍、政策解读，有效扩大工作半径、打通堵点断点，提升教师工作的温度。第二，学校各单位协同联动，通过"师德师风建设月""党风廉政教育月"等相关活动的开展，将教育家精神学习融贯其中。目前，学校已开展"师德巡讲"近百场，极大地促进了学校教师师德和思政工作的"经络通畅"和"穴位敏化"，不断优化养成大教师队伍健康和谐的思政教育生态。

强化育人阵地，落实"热点"赋能。学校高度重视、深入推进课程思政建设，以教育家精神为引领，坚持培育一大批以名医、名师、名家为引领的事业有热情、教书有激情、育人有感情的好老师和大先生。一方面，打造课程思政"使君子"工程，院士、国医大师、名师走入课堂，践行使命、立德树人；中医、中药、针灸课程育人各有千秋，百花齐放、各展其长；分类举办课程思政"精诚"讲坛、开通"北京中医药大学在线学习中心"等，对新教师、骨干教师、教研室主任、临床教师专题培训。另一方面，采取"长短结合"策略，多措并举，狠抓教师教学基本功；通过新教师"苁蓉计划""教学名师工作坊建设"等，形成了教师教育教学技能工作链条，有效保障了学校教师的教学基本功。

新时代新征程，北京中医药大学将坚决统一思想提高认识，坚定不移地推动师德师风建设走深走实，牢牢抓住弘扬教育家精神这条主线，落实师德师风第一标准，不断创新思路，以"全方位、全过程、全员"为核心思路，不断优化体制机制，促进教师队伍整体素质、职业能力的提升，教师综合改革的深度推进，从而打造一支境界高尚、技能过硬的高层次教师队伍。

对外经济贸易大学

大力弘扬教育家精神　坚定走好特色新路

习近平总书记提出大力弘扬教育家精神，从六个方面深刻阐释了教育家精神的丰富内涵和实践要求，具有重大历史内涵、时代意义、强大的引领作用和感召力量，是中国特色教育的宝贵财富和精神内核。当前，我国正处在从教育大国向教育强国跃升的关键阶段，高校教师队伍在理念思想、能力素质、结构层次等方面与教育强国建设的要求还有差距。高校要深刻学习领会习近平总书记关于教育的重要论述和关于教师队伍建设的重要指示批示精神，把加强教师队伍建设作为建设教育强国最重要的基础工作来抓。

弘扬教育家精神是教育强国建设的重要内容。 建成教育强国，培养大批在社会主义现代化建设中可堪大任的时代新人，必须要有一支比肩世界教育强国的高素质专业化高校教师队伍。对外经济贸易大学在教师队伍建设中突出思想铸魂，用习近平新时代中国特色社会主义思想武装教师头脑，制定《教师集中学习制度》，定期发布师生政治理论学习材料，督促基层单位每周开展一次教师集中学习、每月开展一次党的创新理论学习，确保教师集中学习开展系统化、常态化，引导广大教师筑牢信仰之基、补足精神之钙、把稳思想之舵。组织开展习近平总书记教师节重要指示精神的专题学习研讨，引导广大教师深入理解教育家精神的深刻内涵，为全面推进教师队伍建设注入源源不断的强大精神动力。

弘扬教育家精神是中国特色世界一流大学建设的重要体现。无人才无一流、无精神不一流。对外经济贸易大学努力在建设特色鲜明世界一流大学的进程中积极践行教育家精神，引导教师树立"言为士则、行为世范的道德情操"。始终坚持师德师风第一标准，将教育家精神融入学校师德师风教育，切实增强广大教师立德树人的责任感、使命感和紧迫感。将师德教育融入岗前培训，帮助新入职教师系好职业生涯"第一粒扣子"；举办"师说"系列教师沙龙，开展"师生情"雕塑立像，强化师德正向引领。深入开展师德专题教育、师德主题月等系列教育实践活动，设立学院教师思政和师德建设工作精品项目，有效激发基层党组织开展教师思想政治和师德师风建设工作的创新活力。严肃师德失范惩处，坚持师德违规"零容忍"。

弘扬教育家精神是大学文化建设的重要内涵。"外"字是对外经济贸易大学的鲜明特色和突出优势，一直肩负着培养外向型人才的使命。学校不断加大国外一流人才的引进力度，通过海外特聘教授、海外院长等方式，推动一流学者参与到学校人才培养、学科建设中来。目前已经拥有一批精通外语、熟悉国际事务的教师，50%以上的教师有海外教育经历。为进一步激励教师牢记为党育人、为国育才的初心使命，学校持续开展"知行中国"青年教师国情教育。六年来，169名青年教师深入革命老区井冈山、参观新疆生产建设兵团棉花基地、调研农垦集团国家热带农业园，在克拉玛依、石河子、勐腊等实践地用笔力脚力丈量祖国大地、书写拳拳报国之情。

弘扬教育家精神是提升大学内部治理能力的重要力量。大学办好人民满意的教育，首先要让师生满意，高校内部治理过程中要始终贯彻以师生为中心的发展思想，要培养教师具有"乐教爱生、甘于奉献的仁爱之心"。对外经济贸易大学为培养教师队伍的仁爱之心，充分发挥以沈达明、姚曾荫、于瑾老师等为代表的一代又一代贸大优秀教师的精神传承，组织举办"全国优秀教师"于瑾先进事迹报告会、"我的育人故事"讲述等，讲好贸大教书育人故事，让教育家精神点亮校园。学校精心设计教师荣誉表彰体系，举办教师节表彰大会、教师荣休仪式、新入职教师宣誓等活动，进一步强化对广大教师的引领示范，让贸大精神不断续写和创造学校发展新篇章。

教育是崇高的事业，需要无限的责任，教师是伟大的职业，需要无限的深情。对外经济贸易大学立足加快建设教育强国这一战略目标，把握加强教师队伍建设这一核心要求，把握时代发展大好机遇，凝心聚力，自信自强，追求卓越，在教育家精神引领下，加快打造高素质专业化教师队伍，为坚定走好特色新路而不懈奋斗，为强国建设、民族复兴伟业作出新的更大贡献。

华北电力大学

以教育家精神铸魂强师
锻造新时代高素质教师队伍

　　教师是立教之本、兴教之源，强国必先强教，强教必先强师。2024 年，习近平总书记在全国教育大会上指出，要实施教育家精神铸魂强师行动，加强师德师风建设，提高教师培养培训质量，培养造就新时代高水平教师队伍。华北电力大学认真学习领会教育家精神的丰富内涵和实践要求，积极推动弘扬和践行教育家精神，着力锻造高素质专业化教师队伍，为加快建设教育强国、服务支撑中国式现代化贡献力量。

　　坚持教育者先受教育，在加强思想政治建设中弘扬教育家精神。教育家精神的内在要求是有信念、有抱负、有情怀、有情操，以共同的价值追求铸牢教育者之"魂"。教育引导广大教师坚定理想信念、厚植家国情怀、涵养师德师风是弘扬教育家精神、提升新时代教师素质的首要任务，也是铸魂工程。华北电力大学坚持以习近平新时代中国特色社会主义思想为指导，将教师思想政治工作摆在突出位置，作为教师队伍建设的重中之重。实施党建引领工程，一体完善教师党建和思想政治工作体系，依托重大项目组、学科组、课题组、创新团队、科研平台等创新设置党支部，打造以"全国党建工作样板支部""全国高校'双带头人'教师党支部书记工作室"为代表的优秀教师党支部，建立健全教职工集中学习制度，确保将全校教师的思想和行动统一到党中央决策部署上来。实施师德涵养工程，以教育家精神引领师德师风建设，制定新进教师初培、高层次人才优培和师德主题专培计划，举办教师"青马班""为师之道"培训班，不断砥砺教育报国初心；坚持把师德师风作为教师招聘引进、职称评聘、聘期考核、项目申报、评优奖励等的首要要求。实施先锋示范工程，常态化开展"我身边的好老师"评选、教职工荣退仪式等品牌活动，积极构建教师荣誉体系，营造大力弘扬教育家精神浓厚氛围，学校涌现出以全国高校黄大年式教师团队、全国优秀教师为代表的一批先进典型。

坚持为党育人、为国育才，在落实立德树人根本任务中弘扬教育家精神。教师的核心使命是教书育人，落实立德树人根本任务是大力弘扬教育家精神的本质要求和具体体现。华北电力大学围绕健全立德树人体制机制，引导教师把教书育人作为为师之本、执教之本，努力做"经师"和"人师"的统一者。聚焦教书育人基本职责，引导教师全身心投入教育教学，明确教授、副教授应承担的总课时数和本科理论授课学时数，严格落实青年教师晋升高一级职称至少须有一年担任辅导员、班主任等学生工作经历。聚焦提升教书育人能力，引导教师更新育人理念、改进育人方式、涵养育人智慧，积极探索和把握教育教学规律、学生成长规律和知识更迭规律，用数字化赋能教师发展，为能源电力行业高质量发展源源不断培养高素质人才。聚焦言传身教并举，开展"讲述我的育人故事"榜样宣讲，引导教师全员参与"大思政课"建设，共同奏响育人主旋律，多名教师投身援疆支教、对口支援、乡村振兴等社会服务一线，以实际行动当好学生的"引路人"。

　　坚持聚力科技自立自强，在服务国家重大战略需求中弘扬教育家精神。高校教师是科技创新的主力军，要把服务国家作为最高追求，把教育家精神蕴含的"求是创新"意识、"至诚报国"追求转化为科技报国的实际行动。华北电力大学面向国家"双碳"目标和能源电力行业绿色转型发展，把服务国家战略需要作为科研的主攻方向，支持鼓励教师在重大科技任务中挑大梁、当主角。强化国家战略科技力量，依托新能源电力系统全国重点实验室、国家储能技术产教融合创新平台等重大科研平台，推动教师组建大团队、承担大项目，围绕国家需求集中力量联合攻关，着力提升科研支撑力和贡献度。新能源电力系统全国重点实验室主任刘吉臻院士为中央政治局就"新能源技术与我国的能源安全"进行讲解，提出工作建议。强化重大原始创新突破，研究制定科技创新"五个10"重点任务，组织教师开展基础学科、交叉学科研究和关键核心技术攻关，毕天姝教授团队完成的"乌兰察布新一代电网友好绿色电站示范项目"，研制出国内外首个百万千瓦级风光储场站群的智慧集控运维系统，入选我国能源领域首台（套）重大技术装备名单；清洁能源科技创新团队在设备散热机理研究方面取得突破，刷新国内外目前已知的相关公开纪录，将有助于更好解决能源电力、航空航天、电子信息等领域仪器设备高效散热问题。学校在服务国家重大需求中锻造一批科技领军人才和创新团队，自主培养中国工程院院士以及引育国家杰青、优青获得者等国家级人才不断取得突破，高层次人才数量实现倍增。

　　坚持深化体制机制改革，在一体推进教育科技人才发展中弘扬教育家精神。高校是集教育、科技、人才于一身的共同体，教师作为其中最核心要素和联结因子，是建设教育强国的第一资源、科技强国的第一保障、人才强国的第一支撑。华北电力大学坚持以系统思维加强教师队伍建设，在统筹推进教育科技人才一体改革中弘扬教育家精神。推进人才体制机制创新，探索与行业企业共引、共育、共用"高精尖缺"人才和各类高端人才，以构建高水平校企导师队伍加快推进卓越工程师学院建设，打造能源电力特色鲜明的人才高地和创新高地。推进师资培养机制创新，实施教师队伍"工程化"项目，让教师在能源电力企业一线实践中有效提升育人水平和实践创新能力，同时在解决行业实际难题中把论文写在祖国大地上。推进教师评价机制创新，将教育家精神融入教师发展全过程，贯穿课堂教学、科学研究、社会实践各环节，以涵养教育家精神为导向，推进教师招聘引进、职称评聘、业绩考核、导师遴选、薪酬制度、教学等评价体系改革，不断激发教师一体推进教育发展、科技创新、人才培养的动力和活力。

南开大学

在弘扬践行教育家精神中彰显使命担当

习近平总书记高度重视教师队伍建设，多次发表重要论述。在第39个教师节到来之际，习近平总书记致信全国优秀教师代表，号召全国广大教师以教育家为榜样，大力弘扬教育家精神。

习近平总书记2019年在南开大学考察时强调，专家型教师队伍是大学的核心竞争力。学校将以实际行动弘扬践行教育家精神，以爱国主义铸魂育人，始终将建设高素质专家型教师队伍作为基础性工作，涵养南开大学"大先生"、"四有"好老师，谱写"素质提升、德业双馨"新篇章。

将爱国主义作为教育家精神在南开大学的核心表达。 习近平总书记将"心有大我、至诚报国的理想信念"放在了教育家精神内涵的首位，赋予了人民教师崇高使命。南开大学把爱国主义是南开的魂作为教育家精神在南开大学的核心表达。

百年南开校史，就是一部南开大学教师爱国奋斗的历史。从严修、张伯苓创校先贤"知中国，服务中国"的教育初心，到西南联大时期南开"先生"教育救国的生动实践，再到中华人民共和国成立以来，杨石先、陈省身、叶嘉莹、周其林等学术大师以学报国的奋斗历程，南开大学教师始终与国家和民族命运紧密相连，以实现中华民族伟大复兴为己任。

当前，学校更是把爱国、报国、救国、兴国、强国作为南开大学教师代代相传的"传家宝"，把重温"爱国三问"作为每名南开大学教师的"必修课"，不断面向广大教师，通过理论学习、国情研修、基层实践等多种方式，厚植教师家国情怀，为推进中国式现代化凝聚力量。

通过涵养"大先生"推动教育家精神在南开大学落地生根。 习近平总书记强调，"要把加强教师队伍建设作为建设教育强国最重要的基础工作来抓"。南开大学深刻领会专家型教师队伍是大学的核心竞争力，一直把建设政治素质过硬、业务能力精湛、育人水平高超的高素质教师队伍作为大学建设的基础性工作，始终抓紧抓好。

南开大学"允公允能、日新月异"的校训传统与教育家精神高度契合。"为什么要做教师？如何成为一名优秀教师？在南开如何做一名优秀教师？"这是每名南开大学新入职教师的"必答题"。南开大学把学习践行教育家精神作为重要政治任务，融入学校工作要点、融入教师党建思政日常、融入校园精神文明建设，坚持教育者先受教育，多措并举不断强化教师党建和师德涵育。校党委常委会、党委中心组带头学习领悟教育家精神，制定实施教师党建和思想政治质量提升60条措施，完善教师荣誉体系，大力选树优秀教师典型，以一批南开大学"大先生"为学、为事、为人的风范引导广大教师敬业修身。同时，严格落实师德师风第一标准，构建党委统一领导、党政齐抓共管、学院（单位）具体落实、教职工自我约束的师德师风建设工作机制，引导广大教师自觉规范职业行为，严守底线红线，坚决惩处师德师风失范行为。

近年来，学校教师队伍质量持续优化提升，涌现出全国教书育人楷模、全国模范教师、全国三八红旗手等一批优秀教师代表，他们教书育人的先进事迹，生动诠释了教育家精神的价值追求和崇高品格。

把育人成效作为南开大学践行教育家精神的"试金石"。 教师是高校工作者的第一身份，不论教学科研还是管理服务，都要立足于育人、服务于育人，把培养好德智体美劳全面发展的社会主义建设者和接班人作为师者最重要的职责使命，把育人成效作为重要的评价标准。

为此，南开大学牢牢抓住"培养什么人、怎样培养人、为谁培养人"这个教育的根本问题，始终坚守为党育人、为国育才的初心使命，特别注重发挥教师的示范引领作用，当好学生成长成才的引路人，把思政教育与学科前沿融入教材、融入课堂、融入学生实践，让学生既学知识也学思想，不断涵养青年学子爱国报国的"公心"与服务经济社会发展的"能力"。

近年来，南开大学通过教育教学改革等系列措施，全面提高人才自主培养质量，出台"南开卓越公能人才培养体系3.0"，制定实施本科教改"南开40条"，研究生培养质量提升"南开30条"，开设"名师引领"系列通识课，院士名家走上讲台与本科生面对面。同时，南开大学认真贯彻落实习近平总书记对学校思政课建设作出的重要指示要求，不断擦亮南开大学特色"大思政课"品牌，举全校之力加强马克思主义理论学科建设，以"金课"标准建设"习近平新时代中国特色社会主义思想概论"课，推动思政课程与课程思政同向同行。近年来，学校完善课堂教学、校园文化、社会实践"三位一体"育人模式，做优同学、同研、同讲、同行"师生四同"育人品牌，推动在全国各地乡村基层布局建设中国式现代化乡村工作站，引导广大师生投身乡村振兴伟业，把科研论文写在祖国大地上。

南开大学将时刻牢记习近平总书记的殷切嘱托，不断提升教师工作科学化水平，引导教师牢固树立"躬耕教坛、强国有我"的志向抱负，彰显爱国奋斗、求是创新、铸魂育人的南开大学师者担当，奋力答好"教育强国、南开何为"的时代命题，在弘扬践行教育家精神中持续发力，久久为功，彰显南开大学的使命担当。

天津大学

以教育家精神引领高素质教师队伍建设
服务教育强国建设

教师是立教之本、兴教之源，强国必先强教，强教必先强师。习近平总书记在 2024 年全国教育大会上强调，要实施教育家精神铸魂强师行动，加强师德师风建设，提高教师培养培训质量，培养造就新时代高水平教师队伍。教师队伍素质直接决定着大学办学能力和水平。坚持教育家精神铸魂强师，为加强新时代高校教师队伍建设提供了根本遵循。天津大学坚持以教育家精神为引领，着力建设一支师德高尚、结构优化、能力卓越的高素质教师队伍，为教育强国建设提供坚实保障。

第一，坚持培根铸魂，涵育立德树人"大先生"。学校要立德树人，教师首先要当好"大先生"，做学生为学、为事、为人的示范。天津大学大力弘扬教育家精神，建立全方位培养体系，提升教师育人能力，引导教师以教育家精神为价值指引和强大动力，努力用高尚的人格感染学生，用奋斗的精神激励学生，身体力行践行社会主义核心价值观，做塑造学生品格、品行、品位的"大先生"。

一是坚定理想信念，铸牢信仰之魂。教师是人类灵魂的工程师，肩负着为党育人、为国育才的重要使命。要培育教育家，需要加强教师的理想信念教育，让广大教师始终同党和人民站在一起，自觉做中国特色社会主义的坚定信仰者和忠实实践者。不断加强教师的理论武装，引导教师心怀"国之大者"，自觉将自己的教育追求融入党和人民的伟大实践，争做"四有"好老师，当好"四个引路人"。引导教师提升道德修养，发布《天津大学师德公约》，开展师德大讲堂，组建师德宣讲团，组织师德主题征文活动，让教师以德施教、以德立身，成为"经师"和"人师"相统一的"大先生"。

二是锤炼育人智慧，提升育人本领。好老师不是天生的，而是一个不断积累、长期实践的过程。把教育家精神纳入各级各类培训，健全教育教学研究活动机制，加强教学型教师队伍及教学团队建设，不断提升教师遵循教书育人规律，因材施教的育人智慧和育人能力。组织教学竞赛，实施进阶式教学能力提升计划，引导教师持续创新"教"与"学"的方法，推动育人从单纯的"知识传授"向"知识传授""价值塑造"和"能力培养"三位一体转变，培养更多德智体美劳全面发展的时代新人，以更大作为服务新时代教育强国建设。

第二，服务人才发展，营造尊师重教"好生态"。 良好的从教环境是实现"优秀人才争相从教、教师人人尽展其才、好老师不断涌现"的有力支撑。高校要大力营造识才爱才敬才用才的氛围，创造支持教师安心从教、持续发展的良好生态，以好的环境滋养教师心灵，激发广大教师通过教书育人传道尚美、成风化人的内在动力，引导教师自觉践行胸怀天下、以文化人的弘道追求。

一是拓宽人才引进渠道，打造"人才高地"。人才引进是高质量教师队伍建设的"源头活水"。不断创新人才引进方式方法，依托学校事业发展报告会、北洋青年科学家论坛、学科高水平学术会议等搭建引才聚才大平台。聚焦学校优势学科、国家战略急需相关学科，建立"人才特区"，为优秀人才提供有竞争力和吸引力的环境条件。依托大型地震工程模拟研究设施等大科研平台，围绕"四个面向"建设大团队，引导人才主动服务国家重大战略。

二是做好人才服务支持，建设"温暖家园"。提升教师队伍质量不仅要让优秀人才进得来，更要留得住、用得好。高校要留住人才，需要用情用心用力做好人才服务工作，加强对教师的关心支持，着力构建教师发展成长的优良生态环境。注重跟进服务，通过青年教师午餐会、校领导与青年教师面对面座谈会等平台，及时了解教师急难愁盼问题，着力解决教师后顾之忧，让教师能够安心教书、专心育人、潜心科研。

第三，深化制度改革，增强教师发展"驱动力"。 教师是教育工作的中坚力量，制度引领是驱动教师创新创造的重要动力。高校要聚焦管理顽疾，实施破解之策，以制度改革激发教师队伍创新活力，培育教师加强自律、追求卓越的内生力量。深入实施新时代人才强校战略，把握好人事制度改革这一教师队伍建设的突破口和"先手棋"，不断完善现代高校教师管理制度，推进教师队伍建设治理体系和治理能力现代化。

一是深化评价机制改革，突出育人导向。人才评价"指挥棒"指向哪里，教师发展就朝向哪里。以评价机制改革为牵引，牢牢抓住全面提高人才培养质量这个核心点，多维度考察教师在思政建设、教学投入、人才培养成效等方面的实绩，引导教师把教书育人作为第一职责，把上好课作为第一要务，将更多的时间、精力投入到教书育人工作中。

二是推动发展机制改革，赋能教师成长。新时代，教师发展呈现多元化趋势，尤其是青年教师的发展差异性不断增大。高校要聚焦不同类别不同阶段教师在发展中遇到的"中梗阻"，做到靶向分析、精准施策。深入推进分类管理模式，建立全方位分类教师培养体系，按照教师成长周期的不同阶段实施精准变革，努力实现"人尽其才，才尽其用"。要统筹推进各类人才可持续发展，打破教师队伍高质量发展的"重重壁垒"。从学术发展、教学能力、学科队伍建设等方面为青年教师定制培养方案，支持青年教师挑大梁、当主角，努力培养造就更多新时代教育家。

大连理工大学

弘扬教育家精神　加快建设一流大学

　　强国必先强教，强教必先强师。在党的二十大统筹教育强国、科技强国、人才强国战略部署后的第一个教师节前夕，习近平总书记强调"以教育家为榜样，大力弘扬教育家精神"，对教育家精神的丰富内涵和实践要求作出深入阐述，赋予新时代人民教师以崇高使命，为新时代建设高质量教师队伍、造就大国良师指明了方向。

　　赓续优良办学传统，在立德树人中践行教育家精神。中国特有的教育家精神，蕴含着兴教强国、立德树人的深厚情怀和价值追求，是大学和教育者紧紧抓住教育根本问题和办学根本任务，履行为党育人、为国育才初心使命，建设中国特色世界一流大学的强大精神动力和宝贵精神财富。

　　以教育家精神汇聚精神动力。作为党面向新中国工业体系建设亲手创办的第一所新型正规大学，大连理工大学建校初期，李一氓、段子俊、吕振羽、屈伯川等一批红色教育家，怀揣革命理想和教育情怀，响应党的号召、投身学校创办，留下了宝贵的精神财富和育人资源。

　　以立德树人实践弘扬教育家精神。建校 75 年来，大连理工大学继承屈伯川老校长关于"学校的工作是一切为着学生学好"的理念，坚持在立德树人实践中弘扬教育家精神，在弘扬教育家精神中推动立德树人实践。近年来，学校发挥工程教育、创新教育、数智教育优势，坚持"深情怀、厚基础、宽视野、重交叉、强实践"，重构拔尖创新人才培养体系，创新学域培养书院育人模式，着力培养学术大师、工程帅才、行业精英和治国栋梁，在拔尖创新人才自主培养上不断取得新的成效。

融汇教育科技人才，在矢志创新中践行教育家精神。中国特有的教育家精神，应成为建设中国特色世界一流大学的精神文化自觉。特别是作为高水平研究型大学，立于教育科技人才"三个第一"交汇点，要坚持以教育家精神立教立校，融入融汇科学家精神，投身科教兴国战略、创新驱动发展战略和人才强国战略，锻造国家战略科技力量、服务高水平科技自立自强。

坚持把论文写在祖国大地上。学校始终教育引导广大教师坚守科研一线，瞄准学科前沿，勇攀科技高峰，做有情怀、有格局、有能力、有贡献的"大先生"。建校以来，师生先后参与完成了众多新中国重大装备设计、研制、建设工作，创造了中国科技史上多项"第一"，在新中国建设发展史上书写了浓墨重彩的一笔。进入新时代，师生坚持面向世界科技前沿、面向经济主战场、面向国家重大需求、面向人民生命健康，不断向科学技术广度和深度进军，在长征五号、C919 大飞机、港珠澳大桥、国产核主泵等"国之重器"研发和"大国工程"建设中贡献突出，谱写"四个服务"新篇章。

持续锻造国家战略科技力量。学校坚持以服务国家战略为最高追求，基础研究与关键核心技术攻关"双轮驱动"，推进有组织科研、全链条创新，构建"顶尖工科、优质理科、精品文科、新兴医科"一流学科格局，建成 4 个全国（国家）重点实验室、22 个国家级科研基地，荣获国家科技成果奖励 63 项、省部级科技奖励一等奖 179 项，其中，国家技术发明奖一等奖 2 项、国家科技进步奖（创新团队）一等奖 1 项，3 支教师团队获评全国高校黄大年式教师团队。

人才引领驱动，在锻造队伍中弘扬教育家精神。中国特有的教育家精神，应成为建设中国特色世界一流大学、汇聚高水平教师队伍的"航标灯"。教育家精神与"四有"好老师、"四个引路人"、"大先生"等要求一脉相承，蕴含着习近平总书记对广大教师为学、为事、为人的殷切期望，赋予新时代人民教师崇高使命。作为"双一流"高校，要坚持人才引领驱动，着力以教育家精神导航教师队伍建设，为加快建设世界重要人才中心和创新高地提供战略支点和战略支撑。

加强政治引领。学校始终坚持党管人才原则，引领广大教师深入学习贯彻习近平新时代中国特色社会主义思想，强化教师政治理论学习，重点做好留学回国人员国情教育和青年教师思想政治教育，夯实党支部政治功能，加强政治引领吸纳，着力打造一支政治素质过硬、业务能力精湛、育人水平高超的高素质专业化创新型教师队伍。

强化师德涵育。坚持师德师风第一标准，完善体制机制，健全党委统一领导、党政齐抓共管、党委教师工作部统筹协调、各部门协同配合的教师工作格局，坚持"学校党委—基层党委—教师党支部"三级联动，形成教育、宣传、考核、监督、激励、惩处"六位一体"师德建设长效机制。健全教师荣誉体系，加大典型选树，强化榜样引领，营造良好育人氛围。严格人才引进、职称评审、岗位聘用、评优奖励、项目申报等方面师德考核把关，筑牢师德高地。

完善教师发展。构建分类卓越的教师发展机制。将教育家精神融入教师职业全周期，加强教师始业教育和职业生涯规划，建立名师工作室、教师发展师、青年教师导师等，着力做好"传帮带"。坚持卓越目标牵引，创新人才引育体制机制，完善人才高质量发展评价机制，通过"组合拳""政策包"，引能人、育高端、储后备、抓关键，让学校成为教师大有可为、大有作为的热土，成为弘扬践行教育家精神的沃土。

东北大学

以习近平总书记重要回信精神为引领
大力弘扬教育家精神

2023 年 9 月 15 日，在东北大学百年校庆之际，习近平总书记给学校全体师生回信，殷切希望学校"着眼国家战略需求培养高素质人才，做强优势学科，不断推出高水平科研成果，为推动东北全面振兴、推进中国式现代化作出新的更大贡献"。习近平总书记的重要回信，是学校启航新百年、奋进新征程的最强动力来源和最大精神支持，也为学校落实"以教育家为榜样，大力弘扬教育家精神"具体要求、努力培养具有爱国传统底色和学校发展特色的新时代教育家提供了精神引领、确立了价值标杆。

筑牢百年精神文化根基，弘扬爱国主义光荣传统。1923 年建校以来，东北大学用百年奋斗历程生动诠释了"自强不息、知行合一"的校训精神，凝练形成了"实干、报国、创新、卓越"为内核的文化品格。为充分发挥百年校史文化的铸魂育人作用，学校深入挖掘以祖国利益为重、面向国之所需、服务产业兴国、科技报国的精神传承，将百年校史中蕴含的丰富红色资源和形成的精神谱系与学校党建、教师思想政治和师德师风建设一体贯通。编撰出版《讲述·东大人科技报国的故事》系列教育丛书，创作《同行》校史剧，积极打造以文化人、以文育人立体场域，引领广大教师传承优良文化。为增强工作实效，学校坚持以党建引领为核心、以思想引领为先导、以文化引领为促进，实施党建质量夯实工程，健全"一体化实施、两中心并重、十体系联动"思政工作体系，全面构建以爱国为底色的校园文化生态。学校先后入选首批 10 所"全国党建工作示范高校"、国家级科学家精神教育基地、第二批教育融媒体建设试点单位。

坚持立德树人根本任务，牢记育人兴邦重要使命。 学校坚持将立德树人成效作为检验学校一切工作的根本标准，将启智润心作为大力弘扬教育家精神的核心内容，引导广大教师更好践行"为党育人、为国育才"的初心使命。学校充分发挥教师考核评价的指挥棒作用，在严把师德师风第一标准的基础上，把课堂教学质量作为重要标准，把承担本科教学工作、担任班导师或辅导员工作经历作为教师专业职务晋升的必备条件，鼓励广大教师潜心育人、悉心从教；充分发挥绩效分配的激励导向作用，向长期工作在教学一线、业绩突出的教师倾斜，突出人才培养的主体地位；全面实施"时代新人铸魂工程"，着力构建德智体美劳全面发展"五育并举"人才培养体系，完善"大思政课"工作体系，系统提升育人效果。学校先后入选全国首批 10 所"三全育人"综合改革试点高校、首批 10 所"一站式"学生社区综合管理模式建设试点高校、首批教育部课程思政教学研究示范中心、首批国家级创新创业学院；涌现出教育部全国高校黄大年式教师团队、全国先进工作者、全国模范教师、全国最美辅导员等一大批先进集体与育人典型；连续 6 年位列全国高校学生竞赛排行榜前10 位。

树立科技报国崇高理想，砥砺实干创新价值追求。 东北大学建校百年来，始终坚持与国家发展和民族复兴同向同行，以国家需要作为最高追求。为充分发挥高校服务社会的重要职能，学校以深化教育评价改革为动力、以优化聘用考核体系为牵引、以探索薪酬制度改革为保障，积极引导各类人才立足"两个大局"、坚持"四个面向"、服务"国之大者"。学校以打造国家战略科技力量、助力高水平科技自立自强为目标，实施创新团队建设工程，遴选培育了 30 支特色鲜明的高水平创新团队，聚焦深地深海、人工智能、高端装备、新材料等前沿领域开展实践探索，相关研究成果为港珠澳大桥、C919 大飞机和白鹤滩水电站等国家重大工程和重大装备提供了重要技术支撑。选矿团队开发的铁矿资源绿色高效利用技术，不仅在国内多家大型矿山企业得到应用，还成功推广至赞比亚、阿尔及利亚等共建"一带一路"国家；有色金属冶金团队开发的氧化铝清洁生产与铝电解质综合利用技术，分别以专利成果作价入股和实施许可方式实现转化，单笔交易额均达 1 亿元，有效支撑有色行业产业绿色高质量发展。学校先后入选全国首批高等学校科技成果转化和技术转移基地、全国科普教育基地，新增中国工程院院士 2 人、国家级人才 137 人。

服务东北振兴国家战略，助力区域产业经济发展。东北大学诞生于白山黑水、根植于辽沈大地，服务东北、报效桑梓是学校义不容辞的责任。近年来，学校将服务东北振兴作为弘扬教育家精神的重要平台，以助力赋能辽宁全面振兴新突破为核心，深度融入东北全面振兴，围绕"三篇大文章"，助力区域产业转型升级，与多家区域头部企业深度合作，支撑辽宁建设具有国际竞争力的先进制造业新高地；围绕"智造强省"，建设"沈阳—东北大学创新港"，积极打造高端人才团队汇聚地、交叉融合创新制高地、新兴交叉学科产生地、重大成果产出策源地；围绕"数字辽宁"，创新数字产业化和产业数字化技术，研发人工智能数字技术、引育人工智能创新人才、实现关键数字技术转化，持续提升成果转化能力。在聚焦区域产业经济发展的同时，学校依托国家首批未来技术学院，深化拔尖创新人才培养模式改革，培养具有前瞻性、能够引领未来工业智能的科技创新领军人才，为助力东北全面振兴提供人才与智慧支撑。

站在新的历史起点上，学校将坚持以习近平新时代中国特色社会主义思想为指导，将东北大学百年红色资源与精神文化内化为东大人的价值基因和精神动力，大力弘扬教育家精神，引导广大教师牢记为党育人、为国育才的初心使命，树立"躬耕教坛、强国有我"的志向和抱负，自信自强、踔厉奋发，为推动东北全面振兴、推进中国式现代化作出新的更大贡献。

吉林大学

弘扬教育家精神　打造高素质教师队伍

第39个教师节到来之际，习近平总书记致信全国优秀教师代表，首次提出、深刻阐释了中国特有的教育家精神的时代内涵，高屋建瓴、博大精深，充分彰显了习近平总书记深厚的教育情怀、深邃的教育智慧。从"四有"好老师、"四个引路人"到"四个相统一"，再到寄语广大教师大力弘扬教育家精神，这是习近平总书记对新时代加强教师队伍建设提出的新要求，为打造高素质教师队伍、推进教育高质量发展、建设教育强国，指明了前进方向、提供了根本遵循。

聚焦精神领航，着力坚定广大教师"心有大我、至诚报国的理想信念"。 坚定的理想信念是教师安身立命之基、教育报国之本，是教师首要的政治标准。吉林大学坚决践行习近平总书记对黄大年先进事迹、给全国高校黄大年式教师团队代表回信重要指示精神，矢志讲好黄大年故事、弘扬黄大年精神、传承黄大年事业。学校组建黄大年同志先进事迹报告团，建设黄大年纪念馆，成立黄大年试验班，共建黄大年育人基地，设立黄大年教育基金，建成黄大年纪念碑，塑立黄大年雕像，建设黄大年科研楼，创作黄大年系列文艺作品，开展纪念黄大年主题活动，举办"我的中国心"吉大人科研报国故事分享会，全方位学习、宣传黄大年同志先进事迹，于润物无声中坚定广大教师爱国报国的理想信念，激发广大教师融入民族复兴、助力强国建设的满腔热忱。

聚焦师德涵养，着力塑造广大教师"言为士则、行为世范的道德情操"。学高为师，身正为范，老师是学生的镜子，学生是老师的影子。吉林大学始终将师德师风建设作为重要工作，成立党委教师工作委员会，制定师德考核实施办法，落实教师思想政治素质和师德师风首要要求和第一标准，立好风向标、用好指挥棒。学校领导班子成员带头参加思政课教师集体备课，定期为新入职党员教师讲授专题党课，与青年教师开展座谈交流。开展"师德标兵"先进个人等评选活动，以师德先进榜样引领教师成长。组织开展新聘教师入职宣誓，在教师节组织教师诵读《吉林大学教师赋》，坚定初心、明确使命。

聚焦敬业素养，着力培育广大教师"勤学笃行、求是创新的躬耕态度"。教师只有具备扎实的学识积累和丰厚的知识储备，才能在教学中做到信手拈来、游刃有余。吉林大学坚持将上好课、教好书、育好人作为评价教师的基本要求，以打造黄大年式教师团队为重要抓手，引导教师回归初心、聚焦主业、潜心教学、矢志育人。召开高水平黄大年式教师团队建设推进会、签订团队建设任务书，校领导包保对接、全程参与、强化指导。出台黄大年式教师团队五年建设工作方案，明确责任机制和管理机制，加强对国家级、省级和校级团队的政策支持，确保团队建设高质量推进。目前，学校 4 支教师团队入选全国高校黄大年式教师团队，数量居全国高校首位；8 支团队入选省级团队，并自主建设 13 支校级团队，着力构建分类支持、衔接有序、科学合理的培育机制。

聚焦教育实效，着力提升广大教师"启智润心、因材施教的育人智慧"。一名好老师，不仅要教书，更要育人，不仅要启智，更要润心。吉林大学不断提升教师的育人本领和教学方式，构建以教师"立德为师"、管理人员"明德任责"、专业技术人员"厚德强技"为重点的各系列覆盖、分层化实施的培训体系。采取教学午餐会、工作坊、专题报告会和研讨会等形式，帮助教师更新教学理念、提高教学水平。坚持以赛促教、以赛促学、赛训结合，构建了三级教师教学竞赛体系，推动教师在比赛中夯实教学基本功。涌现出全国"杰出教学奖"获得者、全国教书育人楷模孙正聿等一大批教学名师。

聚焦价值追求，着力厚植广大教师"乐教爱生、甘于奉献的仁爱之心"。吉林大学始终教育引导广大教师把真情、真心、真爱贯穿教书育人全过程。出品纪录片《吉大教师》，创设精品栏目《青年师说》，出版《道不远人》《浪花的足迹》《精神的回响》系列文集和书籍，打造国家艺术基金项目——原创话剧《先生向北》等一批文艺作品，以学校"北上"先驱听党指挥、为国担当，扎根东北、兴教育才的家国情怀，以战略科学家黄大年、中国量子化学之父唐敖庆等以身许国、投身教育的使命担当，教育引导广大教师悉心从教、精心育人、用心治学。

聚焦格局视野，着力树立广大教师"胸怀天下、以文化人的弘道追求"。广大教师只有胸怀世界，放眼未来，弘扬全人类共同价值，才能培养出具有宽广国际视野和深厚家国情怀的人才。吉林大学不断提升广大教师的全球视野和博大胸襟，打造了"一主五辅"的人才引育体系，以"培英工程计划"为重要抓手，重点支持优秀青年人才到国外顶尖大学学习交流合作。以"海（境）外人才恳谈会"和"鼎新青年学者论坛"作为海外引才重要渠道，广泛延揽海内外高水平人才。与42个国家和地区的308所高校和科研机构建立了合作关系，引导教师放眼世界、胸怀天下、志存高远，站在构建人类命运共同体的高度，秉持兼容并蓄的理念，学习和吸收各类先进文化知识，反哺培育时代新人。

东北师范大学

以教育家精神引领新时代高素质教师队伍建设

百年大计，教育为本；教育大计，教师为本。在第 39 个教师节前夕，习近平总书记致信全国优秀教师代表，深刻阐述了中国特有的教育家精神的丰富内涵和实践要求，为新时代教师队伍建设指明了前进方向，提供了根本遵循。作为培养教师的摇篮，大力弘扬教育家精神是师范大学义不容辞的光荣使命和神圣职责。东北师范大学是中国共产党在东北地区创建的第一所综合性大学，建校近 80 年来，学校始终践行"强师报国，求实创造"的东师精神，始终将党和国家的需要作为办学的第一选择。新时代新征程，学校以培养具有教育家精神的高素质教师为己任，在教育强国建设中彰显师范大学的担当作为。

以教育家精神为引领，着力打造一流的教师教育体系。教师教育是培养教育者的教育，是弘扬培育践行教育家精神的沃土和平台。学校确立了建设"世界一流师范大学"的奋斗目标，一流的教师教育是世界一流师范大学的根本所在，也是优势和特色所在。学校以教育家精神为引领，培育教师教育学科高峰，重点加强以教育学、心理学为主干，以语数外、理化生、政史地、音体美等为支撑的教师教育学科专业体系建设，教育学成为国家"双一流"建设学科，一批教师教育支撑学科进入全国顶尖或优势学科专业行列。加强师范类专业建设，

20个师范专业4个通过专业三级认证、16个通过二级认证，通过数量居全国高校之首。落实"强师计划"和"优师计划""国优计划"，大力实施指向创造力培养的卓越教师培养模式，深入推进本研贯通、职前职后一体的未来教育家长周期培养。服务基础教育改革发展，依托教育部幼儿园园长培训中心、教育部东北高师师资培训中心等高水平师资培训平台，持续推进教育部"国培计划"和国家级示范性园长培训项目，创造性实施教育部"双名计划"工程，在教师教育体系中融入教育家精神的价值表达、实践逻辑、精神气象。未来，学校将进一步践行教育家精神，深化教师教育体系创新与改革，完善师范生长周期培养工程，强化师范教育协同提质，构建"幼小初高大"一体化的教育家型教师成长共同体，为新时代我国教师教育高质量发展做出新探索新努力。

以教育家精神为引领，着力建设高素质教师队伍。学校将培育教育家精神作为教师队伍建设的"铸魂工程"，坚持师德师风第一标准，坚守教育教学第一使命，激励广大教师践行教育家精神。学校将思想政治素质和师德师风作为教师招聘引进、职称评审、岗位聘用、导师遴选、评优奖励、聘期考核、项目申报的首要要求和第一标准，贯穿教师职业发展全过程。同时，作为师范大学，学校坚持在师德高线引领上走在前、作表率。学校持续推进"先贤记忆"整理工程，深入挖掘宣传以成仿吾、陈元晖等为代表的名师大家的先进事迹，引导广大教师见贤思齐，继承发扬老一辈教育工作者精神。2018年以来，学校充分发挥全国优秀教师、全国优秀共产党员、红色理论家郑德荣的典型引领示范作用，通过多种途径和载体持续深入宣传学习郑德荣精神，不断引领感召广大教师充分汲取榜样力量，形成了"一个典型，一组群像，以文化人"的拓展式师德典型培树模式。学校将人才培养业绩作为教师评价重心，构建了集"诊断问题—提供策略—开展教研—规划生涯"等一体化功能的发展性教学评价机制，激发教师精心教学、潜心育人的内生动力。确立"思政性、师范性、创新性、学术性、增值性"五重评价维度指向，引领教师开展基于育人导向的教育教学实践，将思政元素纳入教师教学评价全过程，强化课程育人功能，深入推动专业教育和思政教育融合发展。未来，学校将秉持"教育者先受教育"理念，持续培树优秀教师典型，加大力度引育高层次人才，为教师提供广阔的发展空间和优质的学术环境，努力建设一支具备高尚师德、深厚专业素养和创新精神的高质量教师队伍，以一流的教师队伍书写教育事业新篇章。

以教育家精神为引领，着力做好师范生教育培养。师范生是未来的教师。为了熔铸师范生教师职业的鲜亮底色，为中国式现代化培养造就更多教育家、"大先生"，学校将教育家精神贯穿师范生培养全过程，确保准教师们在教育事业之始，便能理解并践行教育家精神。一是筑牢从教信念之基，坚实精神底色。学校把坚定学生理想信念和提升学生师德素养摆在首要位置，将师德养成置于人才培养方案、毕业要求和培养目标之首，从"知、信、行"三个维度健全师德养成评价机制。聚焦"优师计划"，成立了以优秀校友冯志远名字命名的"志远书院"，打造"扎根基层，教育报国"书院文化。针对农村教育发展特点与实际需求，确立了以"三素养四能力"为核心特质的培养规格。"三素养"是指教育报国理想、乡村教育情怀、吃苦耐劳品格；"四能力"是指学生理解力、文化适应力、教育创造力、教育领导力。"三素养四能力"旨在培养"优师计划"师范生发现、分析与破解教育问题，探索教育教学创新，参与学校决策，创造性引领农村教育振兴发展的能力。二是夯实从教素养之本，培养育人能力。学校重构了教育课程的结构与内容，从大一引航助力，到大二大三培根筑基，再到大三大四集成深化，不断促进师范生对学科本原性和结构化理解。深化本科教学模式改革，倡导注重过程的教育，把教学过程转变为学生主动探究的过程，6年打造608个"创造的教育"示范课堂，着重培养师范生将所学到的创新教学思想方法，在职业环境中演练与提升的能力。三是扎下从教立身之根，厚植教育情怀。学校以"教育实践＋社会实践"为牛鼻子，科学规划第二课堂育人体系，持续打造"基础＋实用＋研究"的全程贯通进阶性实践体系，不断让师范生在真实教育情境中，深化对教育家精神的理解，发展实践教学与研究能力。新时代以来，学校首创的"大学—地方政府—中小学校"（U—G—S）协同育人模式持续升级，"师德践行＋行政管理＋教学实践＋班级管理＋教育调查"的多元内容体系不断完善，截至目前，"U—G—S"实验区已经覆盖全国18个省51个县市。未来，学校将以教育家精神为核心，确立本研衔接师范生培养规格，坚持践行东北师范大学"尊重·创造"教育理念，全面提升师范生职业认同感，深入推进教师教育课程优质化，将具有教育家精神和创造力特质确定为师范生的培养目标，构建学科理解力、学科转化力、实践迁移力、反思研究力"四力合一"的高素质创新型教师人才培养体系，不断提高卓越教师培养能力，为教育强国建设贡献东师力量。

东北林业大学

弘扬教育家精神　培养生态文明建设者

强国必先强教，强教必先强师。习近平总书记站在党和国家事业发展薪火相传、后继有人的战略高度，从理想信念、道德情操、育人智慧、躬耕态度、仁爱之心、弘道追求六个方面高度凝练了中国特有的教育家精神，为加强新时代教师队伍建设指明了奋斗方向、提供了根本遵循。作为一所以林科为优势的高等学校，东北林业大学深入学习、大力弘扬、自觉践行教育家精神，以高素质教师队伍建设支撑高质量教育体系建设，为培养生态文明建设者贡献东北林业大学的力量。

深入学习教育家精神，准确把握新时代教师要求

教育家精神六个方面的内容结构严谨、联系紧密、相辅相成，既体现了中华民族源远流长的师道精神，又体现了新时代"为党育人、为国育才"的使命要求。教育家精神是优秀教师群体长期躬耕教坛的生动写照，是新时代优秀教师群体职业精神的凝练和升华，具有强大的道德感染力、价值引领力和实践驱动力。打造高素质教师队伍，必须深入学习、全面领悟教育家精神。

东北林业大学坚持教育者先受教育。学校以集中学习会、研讨

会、"三会一课"等形式，组织全校教师原原本本学习习近平总书记致全国优秀教师代表的信，准确把握教育家精神的核心要义；以海报、展板、媒体宣传等形式广泛宣传教育家精神，营造浓厚学习宣传氛围；组织召开弘扬教育家精神座谈会、开展教育家精神大家谈活动，引导教师深刻领悟教育家精神的深刻内涵。

大力弘扬教育家精神，造就修身治学的教师队伍

教育家精神深刻诠释了新时代教育家应有的大视野、大格局、大情怀、大智慧，是广大教师努力践行"四有"好老师、"四个引路人"的目标追求。学校把弘扬教育家精神融入教师队伍建设全过程，进一步营造尊师重教的浓厚氛围，为广大教师确立新的精神坐标和奋斗目标。

坚定理想信念，涵养道德情操。学校坚持党对学校工作的全面领导，加强师德师风建设，深入实施"大先生"培育提升行动，打造东北林业大学"修身书院"，引导教师心有大我、至诚报国，胸怀天下、以文化人，成为言为士则、行为世范的"大先生"。

优化评价体系，提升专业素养。学校构建以"激发教师专业发展内驱力"为核心的评价导向机制，破除"五唯"痼疾，以质量为导向、以贡献为核心，引导教师勤学笃行、求是创新，主动服务国家重大战略需求；创设以"教学能力提升计划"和"名师培育计划"为重点的梯队培养机制，不断提升教师的专业素养和教学能力，提升教师启智润心、因材施教的育人智慧。

健全表彰体系，营造尊师氛围。学校把尊师重教融入学生日常教育，形成教师关爱学生、学生尊重教师的良好局面；健全教师荣誉表彰体系，加大优秀典型选树力度，将乐教爱生、甘于奉献的仁爱之师

树立为师德师风先进个人，将是否具有教育家精神作为各类荣誉表彰的衡量标尺，运用授予荣誉、事迹报告、经验交流、媒体宣传、创作文艺作品等手段，充分发挥典型引领示范和辐射带动作用，形成榜样在身边、人人可学可做的生动局面；结合重要节日等时间节点开展教师走访慰问，帮助教师解决实际困难，形成尊师重教的浓厚氛围。

东北林业大学教师坚守祖国北疆，坚持生态报国，甘于奉献、执着坚定、默默无闻、脚踏实地，为社会树立了良好的教师形象。教师的行动感染了学生，众多学子传承塞罕坝精神，响应祖国号召，到林区去、到基层去、到祖国和人民需要的地方去建功立业。近三年，有246名优秀推免生通过学校的"支林"计划到大小兴安岭等林区进行锻炼。

自觉践行教育家精神，坚守树木树人的教育初心

教育报国不是空谈，教育强国更要实干。教育家精神不仅需要理念上的共识，更需要广大教师在教育强国建设中彰显担当和作为，以实际行动践行教育家精神。

作为林业高等学校，东北林业大学始终锚定"教育强国"目标任务，开展教育思想与高质量发展大讨论，深化对"强国建设、教育何为"的认识和把握，把践行教育家精神融入服务生态文明建设和经济社会高质量发展中，彰显"双一流"高校在服务国家战略中的重要作用。

服务生态文明。学校发挥林学、林业工程世界一流学科的优势，整合野生动物与自然保护区管理、生态学等特色专业，开展生态领域战略性、全局性、前瞻性问题攻关，凝练"绿色科研"方向。

培养急需人才。学校动态调整优化学科设置，针对国家需求，新

增碳汇生物学、碳汇经济学、冻土区碳生态调研与工程减排等二级学科方向，大力培养"绿色人才"。

赋能新质生产力发展。东北林业大学深化大数据、信息遥感、人工智能等研发应用，牵头建设"林业智能装备创新高地"，促进林业装备制造业数字化转型，建设"生态系统大数据中心"，实现天空地一体化监测，打造生态系统碳汇计量、监测、评价、转化智慧平台，在林火监测防控、野生动物监测、无人机智能捕获等领域实现创新突破。

助力地方经济建设。学校聚焦黑龙江省巨大的林业和林下资源优势，在筑牢北方生态安全屏障、助力"双碳"目标、践行"大食物观"等方面精准发力，不断提高多元化森林食品、药品供给能力，打造创新力强、附加值高的现代林业资源产业链、供应链。

作为扎根中国大地的林业高等学校，东北林业大学将牢记"为党育人、为国育才"的初心使命，用教育家精神打造高素质教师队伍，树立"躬耕教坛、强国有我"的志向和抱负，为生态文明建设和教育强国建设作出新的更大贡献。

复旦大学

以教育家精神为引领实施"大先生"培育行动

2023年教师节前夕，习近平总书记致信全国优秀教师代表时，提出了中国特有的教育家精神，对广大教师提出殷切期望，为新时代教师队伍建设指明了前进方向、提供了根本遵循。复旦大学深入学习贯彻习近平总书记教师节重要指示精神特别是关于大力弘扬教育家精神的重要指示，以教育家精神为引领，全面实施"大先生"培育行动，在思想政治引领、师德师风建设、能力素质提升、体制机制改革等方面持续发力，着力打造一支师德高尚、业务精湛、结构合理、充满活力的高素质专业化教师队伍，为加快推进"第一个复旦"建设提供坚实保障。

一是强化思想引领，坚定强国使命。强化思想政治引领，坚持不懈用习近平新时代中国特色社会主义思想武装教师头脑，引导广大教师自觉践行教育家精神，坚定强国使命。学校将习近平总书记教师节重要指示精神作为中心组学习、教职工政治理论学习、党支部"三会一课"、主题党日和教师、导师、党员教育培训的重要内容，组织教师围绕"坚守立德树人使命，争做'四有'好老师""如何做新时代的大先生""如何弘扬教育家精神"等主题开展大研讨，推动教育家精神入脑入心。大力开展教师社会实践活动，组织教师到"西老革"

地区进行社会调查、学习考察、实践服务，通过"听一场专题报告，开展一次座谈交流，形成一份实践报告"，引导教师更好地了解国情、社情、民情，提升教育强国的使命感和责任感。选送中青年干部教师到定点帮扶、对口支援、部省合建、东西协作等岗位挂职锻炼，激励广大教师树立"躬耕教坛、强国有我"的志向和抱负。夯实教师党建工作，推广着重考察政治立场、理论武装、立德树人、科研攻坚的教师入党"四看"工作法，强化教师党支部政治功能，教师党支部书记"双带头人"比例达到100%。

二是厚植文化根基，弘扬师德师风。将弘扬教育家精神与弘扬复旦精神有机结合起来，将师德师风建设有机融入校园文化建设，广泛深入宣传复旦大学历史上和身边的"教育家""大先生"，厚植尊师重道文化沃土，浸润涵养高尚师德师风。学校举办致敬大师先贤系列活动，结合"逢五、逢十"纪念，通过举办座谈会、出版纪念文集、制作音频节目、举办生平展和手稿展等形式，全方位展现大师为人为学为师风采。排演反映马相伯、李登辉、陈望道、颜福庆、谢希德等老校长事迹的系列大师剧，将先辈大师的爱国情怀、师德风范和人格魅力转化为校园师道文化的宝贵资源。大力选树师德典型，完善教师荣誉表彰体系，持续开展"钟扬式"好老师、好团队和本科毕业生"我心目中的好老师""研究生心目中的好导师"等评选活动，举办从教三十年、教师荣休、"最后一课"等仪式活动，树立师生信服的身边榜样，激励全校教师从"被感动"到"见行动"，不断提升岗位荣誉感、职业使命感和事业成就感。

三是提升素质能力，铺就发展之路。将教育家精神深度融入教职工教育培训和人才发展体系，引领广大教师将个人发展融入强国建设，以一流业务能力作出一流贡献。学校分板块、多形式构建全员、全程、全方位的教师发展支持体系，健全校院两级教师发展中心，促进教师与行业企业人才队伍交流融合，支持教师参与国际交流合作，畅通多元化的教师发展路径。全面加强战略人才培育工作，构建"卓学—卓识—卓越—卓著"阶梯式培育体系，"一人一策"提供个性化精准支持。高水平建设相辉研究院，聚焦前瞻性、挑战性、高风险、高价值科学难题，为有潜力的青年人才提供长期稳定支持。构建人才安居保障新模式，努力创造良好生活条件，为教师心无旁骛追逐梦想提供保障。

四是深化机制改革，激发创新活力。完善教师管理服务体系，深化教师评价机制改革，推动教师队伍创新活力不断提升。学校完善校内岗位聘任体系，分类实施合同管理考核，健全岗位能上能下机制。实施准聘期教师聘期考核，实现从"非升即走"向"绩优则留"转变。坚决破除"五唯"，探索完善以代表性成果评价为核心的职称评审制度改革，推出以一流目标、业绩贡献、改革创新为导向的激励制度，有力引导教师立足岗位承担关键任务、产生重要成果、作出重大贡献。突出育人优先的评价导向，强化教学业绩和教书育人实效在考核考评、绩效分配、职务职称评聘、岗位晋级考核中的比重，加大教师参与指导学生社团、科创活动、社会实践等育人活动的支持力度。紧跟时代前沿，组织教师积极投入"强国之路"思政大课和"AI 大课"等全校性重大教学改革项目，推动改革教育理念，转变教育方式，提升育人本领，提高拔尖创新人才自主培养质量。

上海交通大学

践行教育家精神　服务教育强国建设

百年大计，教育为本；教育大计，教师为本。2023年教师节前夕，习近平总书记提出并深刻阐释中国特有的教育家精神，勉励全国广大教师"以教育家为榜样，大力弘扬教育家精神，牢记为党育人、为国育才的初心使命"。教育家精神既是我国教育事业长期快速发展积累下的宝贵精神财富，也是新时代推动教育事业高质量发展、加快建设教育强国的行动指引。立足建设中国特色世界一流大学的时代使命，上海交通大学深刻领会教育家精神的丰富内涵和实践要求，将其作为加强高素质教师队伍建设的根本遵循，为加快推进"双一流"建设、服务支撑中国式现代化贡献力量。

深刻领会教育家精神，谋篇布局高素质专业化教师队伍建设。党的十八大以来，以习近平同志为核心的党中央把教师队伍建设作为重要的基础性工程，提出了"四有"好老师、"四个引路人""四个相统一""大先生"等重要论述。上海交通大学把学习贯彻习近平总书记关于大力弘扬教育家精神的重要指示精神作为重要政治任务，深入推进人才强校主战略，谋篇布局高素质专业化教师队伍建设，将教育家精神的学习培育、弘扬践行落实到教师队伍建设的全过程和各领域。把人才队伍建设作为事业根基，坚持"吐哺握发聚人才""不远万里求人才"，构建党委统一领导、职能部门密切配合、二级单位主动作为、全校上下合力参与的新时代人才工作格局，打造"走出去"和"引进来"的"人才引育双循环"，健全识才爱才用才的制度体系，聚天下英才而用之。把师德师风作为第一标准，将高位引领和底线要求相结合，弘扬先进典型事迹，强化师德警示教育，严抓师德师风考核评价，教育引导广大教师坚定理想信念、厚植家国情怀、涵养师德师风，牢固树立"躬耕教坛、强国有我"的志向和抱负。把优化服务管理作为关键环节，建立优秀人才引进的快速响应机制，健全以创新价值、能力、贡献为导向的人才评价体系，在安居、医疗、子女教育等方面解除教师的后顾之忧，形成"引得来、用得上、留得住、发展得好"的良好生态。

培育弘扬教育家精神，融入贯穿教师成长发展全过程。大力弘扬教育家精神的关键，在于引领广大教师深刻领会教育家精神的精髓要义与价值内核，内化于心、外化于行，激发教师躬耕教育事业、支撑强国建设的持久动力。上海交通大学把培育弘扬教育家精神贯穿于教师成长发展各阶段、各方面，推动教师将桃李满天下当作最大荣耀，将青出于蓝而胜于蓝当作最大幸福。以教育家精神为目标牵引，持续提高教师教育培养的质量和成效。将教育家精神深度融入教职工教育培训，建立多层次教师思想教育和培养培训体系，开展覆盖全体专任教师的"育德意识和育德能力提升计划"专题培训，学校主要领导为新进教职工讲授"大力弘扬教育家精神"入职第一课，教育引导广大教职工勇担使命、守正创新，为建设教育强国贡献智慧力量。以教育家精神为思想感召，持续筑牢教师队伍的信仰之基。举办黄大年同志先进事迹报告会，排演原创校园话剧《海菜花开》等，讲述新时代"大先生"的动人故事；连续7年开展"教书育人奖""科研成果奖""管理服务奖"评选，选树和挖掘一批体现教育家精神的优秀教师典型，发挥榜样的感召力和引领力，推动在全校营造教书育人、创新攻关、爱岗敬业、奋发向上的良好氛围。

自觉践行教育家精神，奋力谱写教育强国建设新篇章。上海交通大学深刻领会习近平总书记的殷切期望，坚持立德树人根本任务，服务高水平科技自立自强，营造风清气正校园环境，努力在践行教育家精神、建设教育强国中有所作为。坚持把育人为本作为自身战略选择，提高拔尖创新人才自主培养质量。全力营造"学在交大、育人神圣"的育人氛围，让"爱学生如儿女"成为教师们的自觉遵循；支持教师参与教学竞赛、推动教学改革，激发教师投身教学实践、提升教学能力的热情；健全引导教师潜心育人的评价制度，鼓励教师担任班主任和学生社团、科创活动、社会实践指导教师，贴身陪伴和呵护学生成长，从学生的实际情况出发，让每一位学生都能够得到最适合的教育。坚持服务国家重大需求，践行实现高水平科技自立自强的使命担当。引导教师聚焦"四个面向"、心怀"国之大者"，全面提升原始创新能力、共性技术研发能力和服务国家决策能力，创立独具特色的集中区、自由区和融合区的"三区模式"，推动教育链、人才链、创新链、产业链深度融合，为解决关键领域"卡脖子"问题、服务区域经济社会高质量发展注入磅礴动力。坚持加强作风建设，为广大教师营造健康生态和良好环境。把优良作风作为学校宝贵的精神财富，持之以恒净化办学环境。践行以人为本、服务师生的"一线规则"，开通电话热线、书记校长信箱等，建立师生诉求处理快速响应机制，协调解决广大教职工实际困难。积极探索契合教师成长规律的考核评价体系，畅通各类人才发展渠道，推动形成"人人皆可成才、人人皆尽其才"的人才多维发展机制和文化环境，厚植"近悦远来"的人才沃土。

同济大学

着力打造新时代高质量"大国良师"队伍

2023年9月9日，习近平总书记致信全国优秀教师代表，首次提出并深刻阐释中国特有的教育家精神的内涵要义与价值内核，为建设高素质教师队伍、涵养和造就大国良师、服务教育强国建设指明了方向、提供了根本遵循。同济大学认真贯彻落实习近平总书记关于教育的重要论述特别是关于教师队伍建设的重要指示批示精神，努力营造弘扬教育家精神的良好氛围，在教师思想引领、师德师风建设、能力素质提升、管理机制改革等方面持续发力，培育更多引领、启迪学生成长的引路人和"大先生"，着力打造新时代高素质"大国良师"队伍，为走出中国特色世界一流大学建设新路提供坚强人力资源支撑。

一是加强思想政治引领，打造信仰坚定之师。 以"心有大我、至诚报国"涵养大国良师的理想信念，引导教师筑牢信仰根基，牢记为党育人、为国育才的初心使命，落实立德树人根本任务，树立服务国家战略、服务人民需求的人生追求。学校党委研究制定《同济大学关于学习贯彻习近平总书记教师节重要指示精神的实施方案》，组织全校教师全面领会教育家精神内涵实质。同时，学校把社会实践作为教师思想塑造的重要抓手，深挖上海在红色教育、数智赋能、城市更新等领域的思政资源，拓展 20 条"知行共济"市内实践研学路线；定期组织高层次人才、海归教师、青年教师、思政课教师、党外知识分子等赴革命老区接受党史国情教育；设立暑期"师生同行"项目，鼓励教师带领学生开展社会调查、科技推广等社会实践活动，践行学校"与祖国同行、以科教济世"的传统，实现教学相长、师生共育。近年来，学校通过选拔骨干教师前往边远地区、革命老区挂职锻炼，组织教师团队参与长三角一体化、雄安新区、港珠澳大桥、大兴机场等国家重大战略和重大工程攻坚，引导教师将个人理想追求与党和国家事业需要紧密结合，把职业发展的"小我"融入教育强国的"大我"中，在实现中华民族伟大复兴的宏伟事业中实现个人价值。

二是推动师德师风建设，打造师德高尚之师。以"言为士则、行为世范""乐教爱生、甘于奉献"涵养大国良师的道德情操，引导教师以德立身，以德立学，以德施教，努力做"经师"和"人师"相统一的"大先生"。学校党委准确把握师德师风第一标准的深刻内涵，持续健全落实师德建设长效机制，组织制定出台《同济大学教师思想政治和师德师风建设校院两级责任制落实办法》，压实基层学院师德师风建设直接责任。持续开展同济大学"师德师风优秀教师""追求卓越教师奖"等评选，开展校院两级"榜样在身边"学习教育活动，编制《身边的大先生——同济大学师德故事》，举办"教书育人、师泽流辉""躬耕教坛、强国有我"等先进教师事迹展，讲好"教育家"故事，激励广大教师见贤思齐、潜心育人。近年来，学校优秀教师典型持续涌现，一批教师先后获评全国高校黄大年式教师团队、全国"最美教师"、全国道德模范、全国"最美高校辅导员"等荣誉称号。

三是促进能力素质提升，打造本领精湛之师。以"启智润心、因材施教"涵养大国良师的育人智慧，以"胸怀天下、以文化人"涵养大国良师的弘道追求，推动教师升级教育理念，转变育人方式，提升育人本领。学校持续完善"教学科研能力提升""政治文化素养提高""学科交叉专业交流""人文关怀心理辅导""国际合作视野拓展"五维并举的教师发展支持体系，实施新入职教师"1+1+N"分层分类岗前培训提升新任教师教学能力、打造"教师综合素质能力提升工作坊"系列教师培训品牌活动服务教师成长发展等，建立健全从青年科技人才到科技领军人才再到战略科学家的全方位培养路径。2024年以来，学校围绕服务新质生产力发展，发布《人工智能赋能学科创新发展行动计划（2024—2027）》，组织3场学科前沿论坛，引导教师队伍深入思考人工智能赋能学科创新发展新路径，推动用数智化、绿色化、融合化赋予传统学科发展新动能，促进学科转型高质量发展，积极打造人工智能国家战略科技力量。

四是深化管理机制改革，打造创新活力之师。以"勤学笃行、求是创新"涵养大国良师的躬耕态度，引导教师坚定勤学善思、追求真理、锐意创新的职业追求，为教师提供"比学赶超"的良好外部环境，激发教师内生动力。学校坚决破"五唯"，推动深化长聘制改革，遵循不同类型人才发展规律，完善代表性成果评价制度，试点设立交叉学科评审通道，为教师提供多元化评价和发展通道，为特殊人才、拔尖人才和具有突出贡献人才开辟评聘和破格晋升绿色通道。试点设立人才特区实行长周期评估，形成程序规范、合理有序、能上能下、能进能出的教师发展与流动制度。稳步推进职员制改革，全面开展管理岗位"三定"工作，实现部门职责清晰、内设机构合理、人员编制明确，激发管理队伍干事创业活力。5年来，学校新增中国科学院、中国工程院院士12人，新增国家级人才450多人次，高层次人才总量增加了近3倍，为学校"双一流"建设奠定坚实人力资源支撑。

华东理工大学

以教育家精神引领一流教师队伍高质量发展

强国必先强教，强教必先强师。华东理工大学始终坚持以习近平新时代中国特色社会主义思想为指导，以教育家精神引领一流教师队伍高质量发展，提高拔尖创新人才自主培养能力，推动高水平科技自立自强，为"强国建设，华理何为"交出强师答卷。

深化思想引领，励志明德正师铸师。好老师无不饱含家国情怀，心系"国之大者"。物理化学家、教育家、华理首任校长张江树先生为发展祖国教育事业和推进化学科学倾注毕生心血；中国风险投资之父、学校名誉校长成思危先生以"为富国强民做点事"为毕生抱负……长期以来，华理强师实践始终以先辈为榜样，教育引导广大教师许党报国。

一是坚持党建引领。加强党对教师工作的全面领导，发挥党委教师工作委员会统筹协调作用，深入贯彻落实《普通高等学校教师党建和思想政治工作质量标准（试行）》，研究出台学校实施方案，压紧压实各级党组织责任链条，充分发挥党建引领保障作用。

二是强化理论武装。建立每周二下午教职工集中理论学习制度，每月发布学习提示，有组织精准化抓实全体教师政治理论学习，开展教师思想政治轮训，持续用党的创新理论引导广大教师坚定理想信念。

三是涵育高尚师德。常态化推进师德培育涵养，加强优秀教师宣传激励，每年隆重庆祝教师节。在第 40 个教师节推出"弘扬践行教育家精神·院士谈""致敬光荣从教 40 年"原创主题视频，厚植校园师德文化，引导广大教师坚守道德情操。

四是厚植家国情怀。强化教师国情教育，每年制定出台教师国情研修方案，建设研修基地，开发研修课程，举办以留学归国教师、青年教师等为重点的研修班，提高广大教师对世情、国情、党情、社情的认知。

强化培养支持，筑基提质塑师强师。育才由育师始，育人者应先受教育。中国著名煤化工专家、中国气流床气化技术的开拓者、华理教授于遵宏先生发扬"汗水哲学"精神，改写了中国大型煤气化技术完全依赖进口的历史。华理强师实践赓续"汗水哲学"精神，为教师成长发展保驾护航。

一是健全教师教育培训体系。成立教师教学发展中心，开展教师教育教学能力培训。推进教师专业发展工程，支持优秀教师国外访学研修和产学研践习。组织教师参加寒暑期教师研修、师德集中学习教育，开展新进教职工、研究生导师、班导师等群体培训，提高教师专业素养和育人能力。

二是优化人才队伍建设机制。建设"汇贤人才"体系，支持基础研究型、工程应用型、教育教学型等各类人才专业发展。构建"基础人才支撑有力、创新人才结构合理、高端人才方向引领"的人才雁阵格局，激发各级人才发展积极性。加强博士后队伍建设，为博士后提供"创新人才支持计划""超级博士后"等激励项目，夯实后备师资力量。

三是搭建青年教师发展平台。实施青年英才培育计划，设立"青年英才校长奖"，建好青年教师联谊会，为青年教师专业发展、实践锻炼、交流合作搭建平台。加强教师心理健康发展中心"欣悦坊"建设，重点关注青年教师身心健康，服务青年教师成长。

聚力深化改革，破立并举尊师惠师。尊师重教、崇智尚学是中华民族优良传统。建校之初，学校便云集了国内最负盛名的化学化工专家；及至改革开放时期，推行教师队伍聘任制和"扬长分流"，学校教师队伍不断壮大。华理强师实践坚持"人才强校"战略，让广大教师"教在华理"安心舒心静心。

一是深化教师评价改革。坚持师德师风第一标准，制定学校教师思想政治和师德师风考核实施办法，严格执行师德失范"一票否决"。大力破除"五唯"，突出教书育人实绩，强化一线学生工作要求，推行学术代表性成果评价，树立科学的教师评价导向。

二是完善职称制度改革。修订学校教师职称制度，重视课程育人、科研育人、实践育人成效，畅通全校 15 个岗位系列教师职称晋升通道，面向作出重大突出贡献教师和急需紧缺人才等建立绿色通道，激发教师干事创业活力。

三是推进薪酬福利改革。实施人事薪酬制度改革专项行动，修订绩效奖励实施办法，不断优化薪酬结构，强化校院两级管理，支持和吸引优秀教师长期从教。

坚持立德树人，育人育才强国兴邦。教师是人类灵魂的工程师，是人类文明的传承者。华东化工学院（华东理工大学前身）为振兴我国化学工业应运而生，在"652 工程"建设过程中铸就的黄坡岭精神成为学校薪火相传的精神财富。华理教师传承兴化强化的历史使命，坚持服务国家重大战略需求。

一是人才自主培养质量不断提升。华理教师以培育时代新人为己任，坚持"五育"并举，以仁爱之心培养了一批优秀学生，3 名学生获评"中国大学生年度人物"，连续四届获"上海市青少年科技创新市长奖"，一批学子获省部级以上表彰，在全国乃至国际级赛事中取得优异成绩。

二是教师队伍高素质专业化水平显著提升。华理教师勤学笃行，不断追求卓越，现有 11 名两院院士，2 名欧洲科学院院士，1 名俄罗斯工程院院士，160 余人次入选国家级人才，2 名教师获全国模范教师，3 名教师获国家级教学名师，4 个团队获国家级教学团队，2 个团队入选全国高校黄大年式教师团队，一批优秀教师获得国家级、省部级荣誉表彰。

三是服务高水平科技自立自强能力持续提升。华理教师秉持"国家所需，研究所向"的弘道追求，依托费林加诺贝尔奖科学家联合研究中心，连续在《自然》《科学》等国际顶级学术期刊上实现成果突破。一批教师在能源化工、高端装备、智能制造等领域取得一系列重大科技创新成果，获国家科技奖励 71 项，拥有各类国内外有效专利3000 多项。

新征程上，华东理工大学将全面贯彻落实全国教育大会精神，坚持以教育家精神铸魂强师，加强高素质专业化教师队伍建设，聚焦"两新两大"发展战略，持续推进"双一流"建设，为教育强国、科技强国、人才强国建设贡献力量。

东华大学

以教育家精神锻造新时代强师

强国必先强教，强教必先强师。习近平总书记在全国教育大会上指出，"要实施教育家精神铸魂强师行动"。东华大学作为高等教育工作者，要大力弘扬教育家精神，充分发挥教育家精神的思想感召、价值引领和实践赋能作用，打造高素质专业化教师队伍，为中国特色社会主义教育强国建设积蓄力量。

一是以教育家精神为强师导航。正确理想信念是教书育人、播种未来的指路明灯。教师肩负着铸魂育人的神圣使命，作为传道者，教师自己必须先明道、信道，要把"心有大我、至诚报国"放在首位，坚持以习近平新时代中国特色社会主义思想武装头脑，自觉做中国特色社会主义的坚定信仰者和忠实实践者，忠诚于党和人民的教育事业，把社会主义核心价值观贯穿教书育人全过程。具体到高校工作实际，我们建设高素质教师队伍，就要把提高教师思想政治素质摆在突出位置，进一步强化党建引领和教师思想政治工作，发挥各级党组织政治引领作用和优秀党员教师带头示范作用，让广大教师牢固树立"躬耕教坛、强国有我"的志向和抱负，立志培养让党放心、爱国奉献、担当民族复兴重任的时代新人。

二是以教育家精神为强师铸魂。学高为师，德高为范。教师的职业特性决定了师德是广大教师的灵魂。中国特有的教育家精神，为当代教师的人格修养与精神成长提供了更为明确的榜样示范，是教师自我追求、自我发展、自我完善的价值引领。广大教师要不断加强自我修养，坚守"言为士则、行为世范的道德情操"，满怀"乐教爱生、甘于奉献的仁爱之心"，努力做"经师"和"人师"相统一的"大先生"，成为学生为学、为事、为人的示范。具体而言，就是要把教育家精神转化为教书育人、为人师表的行为准则和价值追求，努力成长为具有教育信念和情怀、以教育为志业的高素质教师。在高校教师队伍建设方面，要坚持把师德师风作为评价教师队伍素质的第一标准，建立健全师德师风建设长效机制，引导教师把教书育人和师德修养结合起来，按照"四有"好老师要求，提升人格品质，涵养情怀德行，做到以德立身、以德立学、以德施教、以德育德，更好促进学生健康全面成长发展。

三是以教育家精神为强师赋能。高校教师既是学生成长成才的引路人，又是科研工作的主力军。高校尤其是研究型大学，没有高水平的师资队伍，就很难培养出高水平的创新人才、产生高水平的创新成果。强师之"强"根本在于质量，关键是瞄准打好高水平人才队伍建设和拔尖创新人才培养攻坚战的战略目标，培养造就一支师德高尚、业务精湛、结构合理、充满活力的高素质专业化教师队伍。面对学生多元化和个性化的教育需求，要善于运用"启智润心、因材施教的育人智慧"，创新教学手法和教育艺术，用爱浸润和触动学生心灵，激发他们对真知、明理的追求，以更大的主动性、创造性，探索建立交互性、合作性更强的师生关系。面对知识创新和科学技术的加速迭代，要秉持"勤学笃行、求是创新的躬耕态度"，着眼学术前沿和国家重大需求，研究和解决真问题，主动探究新知识、新技术、新理论，不断增强科研创新能力，为实现高水平科技自立自强和建设教育强国、科技强国、人才强国提供有力支撑。

华东师范大学

弘扬教育家精神　建设高质量教师队伍

习近平总书记在全国教育大会上指出，要实施教育家精神铸魂强师行动。华东师范大学深入研究阐释和大力弘扬教育家精神，努力用好高等教育龙头和基础教育基点的联结点优势，通过发挥教育家精神的示范引领作用、构建涵育教育家精神的联动发展模式、激发教师内生成长发展的原动力，把握高质量教师队伍建设的关键，使更多的"好教师"得以涌现、"好教育"得以发生，为推进建设教育强国、实现中华民族伟大复兴提供有力支撑。

发挥教育家精神的示范引领作用。一个民族源源不断涌现出一批又一批好老师是民族的希望。深入研究阐释中国特有的教育家精神，发挥其示范作用特别是校史文脉中教育家精神的引领作用，是建设高质量教师队伍的重要途径。

发挥中国特有的教育家精神的示范作用。从孔子"有教无类"、韩愈"传道授业"，到蔡元培"兼容并包"、陶行知"教学做合一"，中国特有的教育家精神根植于中华优秀传统文化，赓续于教育救国的历程中，更发展于教育强国的实践中，是对优秀教育传统的高度凝练。高校应充分利用教育学等相关学科资源，主动布局教育家精神的系统研究，加强教育家精神的学理化体系化阐释。应下大力气推进教育家精神典型人物的宣传教育，增强广大教师对"教育家"的具象化感知和实体性认知，使教育家精神成为教师队伍不断奋进、追求卓越的持久动力，推动教师群体向下扎根、向上生长、不断传承创新。

发挥校史文脉中教育家精神的引领作用。不少学校校史文脉中的"大先生"就是身边的教育家，他们是理想信念、扎实学识和服务国家等教育元素的综合体现。华东师范大学接续大夏大学、光华大学"教育救国"的理想抱负，涌现出以孟宪承、刘佛年、吕思勉、冯契等为代表的"大先生"。要挖掘校史上的教育家群像，从身边的"大先生"的优秀事迹中汲取智慧和力量，为培育教育家型教师注入源头活水。要依托校史中的教育家资源，联动学校小课堂与社会大课堂、思政课程与课程思政、第一课堂与第二课堂协同育人机制，构建教育家精神的涵养模式。要打造校史文化空间、校史文化产品，营造尊师重教的校园文化氛围，推动教育家精神在线下课堂与线上课堂的文化传承，激励师生以校史上的教育家为榜样，勇担教育强国使命。

构建涵育教育家精神的联动发展模式。学校坚持把加强教师队伍建设作为基础工作来抓，将教育家精神融入教师生涯发展全过程、纳入教师成长激励各环节，构建涵育教育家精神的联动发展模式，为建设高质量教师队伍夯实坚实基础。

将教育家精神融入教师生涯发展全过程。学校应将教育家精神融入新时代教师队伍建设的各阶段、各方面，贯穿师范生培养、教师职后培训、教师职业发展的全周期，贯穿教师教育实践、科研转化的全过程，打通职前职后的区段壁垒，形成一体化、立体式的长效培育体系。通过"开学第一课""毕业一课"等关键节点，为师范生种下心怀"国之大者"的种子，提升教师职业的认同感、荣誉感和使命感；将教育家精神融入"优师计划""师范教育协同提质计划"等实施过程，推进"资源共享、协同发展"育人平台建设。通过新教师入职宣誓仪式、在职教师理想信念教育等关键契机，将"至诚报国"的远大志向与心怀"国之大者"的教育使命融入"甘于奉献"的教育日常。通过职业技能培训、教学技能比赛、进修研修等方式，拓宽教师职业生涯发展和职业素养提升路径，助力卓越教师的专业成长。

将教育家精神纳入教师成长激励各环节。学校应准确把握师德师风第一标准的深刻内涵，将教育家精神作为衡量教师队伍建设质量的重要指标，纳入教师职称评定、考核、晋升等方面。要围绕教育家精神，建构和完善一套以卓越教师表彰为核心，覆盖国家和基层的教师荣誉体系，从不同层面、不同维度、不同范畴发挥教师榜样群体的示范引领作用。国家层面"人民教育家"、全国优秀教师的最高荣誉，各个学校如华东师范大学以"三大贡献奖"为核心、各类专项奖为补充的校级荣誉表彰体系，都是增强教师自豪感、获得感的体现，都旨在激励和引导广大教师为办好党和人民满意的教育而不懈奋斗。

激发教师内生成长发展的原动力。以教育家精神为指引，激发教师追求卓越的内生动力、创新活力，是建设高质量教师队伍的核心路径。

激发教师追求卓越的内生动力。构建涵盖教师自我提升、师生共进、家校社协同的动态生态系统，形成校内外联动、大中小学一体化的教师发展共同体，帮助教师在教学相长、家校互助、社校合作的实践中实现自身的专业成长。激发教师特别是青年教师、基层教师不断追求卓越、促进自身成长的热情，在社会服务中创新教学内容和实践技能。近年来，华东师范大学立足教师教育特色，主动对接基础教育需求，成立基础教育学科联盟、设立教师教育改革实验区，启动为期十年的"教育筑梦"计划，目前已为扎根基层的教师实现 124 个教育梦想，惠及全国超三万名师生，在推动教育优质均衡发展的过程中为普通教师的卓越成长提供专业支持。

激发教师持续迸发的创新活力。随着新一轮科技革命和产业变革的持续深化，高质量教师队伍将成为教育领域新质生产力的代表。转变思维、提升人工智能教学技能、加强人工智能教学技术应用迫在眉睫，这也与教育家精神所倡导的"求是创新"一脉相承。要引导教师加速更新自身知识体系，结合 AI 时代深入思考教学研究领域的新变化，以终身学习的能力、创新思维的发展应对教育领域的新挑战。华东师范大学当前正在布局 AI+ 新专业，聚焦"专业 +AI"建设，建设 AI+ 双学位、AI+X 微专业，鼓励教师尝试 AI 赋能课堂，推进 AI 与教育教学的深度融合，在应对新的机遇与挑战中不断追求实干与创新。

上海外国语大学

以教育家精神铸魂强师
聚力锻造外语教育"大先生"

强国必先强教，强教必先强师。在全国教育大会上习近平总书记指出："要实施教育家精神铸魂强师行动，加强师德师风建设，提高教师培养培训质量，培养造就新时代高水平教师队伍。"教师是教育强国建设的第一资源，是科技强国、人才强国的基础支撑。新时代新征程上，作为中国高等外语教育的"国家队"，学校党委始终把教师队伍建设作为最重要的基础工作来抓，坚持党对教师工作的全面领导，把教育家精神融入教师队伍管理全过程，引导广大教师为党育人、为国育才。

扎根中国大地，在思想铸魂上全面发力。习近平总书记提出的中国特有的教育家精神，是将中华优秀传统文化的思想精髓与新时代教育改革发展的生动实践相结合，赋予了新时代人民教师崇高使命。上海外国语大学的家国情怀与生俱来，首任校长姜椿芳就指出："学校是一所革命的学校，是为人民的生活幸福服务、为国家建设服务的学校"。在75年办学历程中，无论是承担党的理论建设编译，还是推进新文科建设，上海外国语大学教师始终响应的是国家需要、民族需要、人民需要。

新时代新征程上，心有大我、至诚报国仍是每一位上海外国语大学教师的精神内核和师者底色。近年来，学校加强习近平新时代中国特色社会主义思想培根铸魂，发挥基层党组织凝聚青年教师作用，将教育家精神贯穿教师职业生涯全过程，从源头建设明道信道之师。思想是行动的先导，理论是实践的指南，"行思中国"教师国情研习平台创建以来，组织海归教师、青年教师以红色文化、中国式现代化、中华传统文化为主题开展国情实践，在祖国大地行走实践中厚植教育情怀，引导广大教师深刻领悟"两个确立"的决定性意义，增强"四个意识"、坚定"四个自信"、做到"两个维护"，不断增强教师队伍政治认同、思想认同、理论认同、情感认同。

陶冶道德情操，在师德涵养上精准发力。大学之大在于有大师，教育家精神的核心要义是对教师职业精神的凝练与升华，教师的职业特性决定了教师必须做到以德立身、以德立学、以德施教。75年办学历程中，一大批外语教育大家在此执鞭治学，他们有着浓厚的家国情怀和强烈的社会责任感，有着严谨治学的职业素养和文以载道的人文理念，有着不断精进的修身意识和谦和温润的先生风范，他们把自己对国家和民族的梦想融入课堂，这些是教育家精神的上外诠释，更是外语教育"大先生"的上外典范。

新时代新征程上，学校从"校—院—师"多维角度打造"师德第一课""院长讲师德""师德月学记"。以"教师能力提升工程"和"青年人才发展计划"为重点，建设日常浸润、项目赋能、平台支撑的教师发展生态，强化新进教师、海归教师、高层次人才等重点群体的师德教育，发挥教师节庆祝表彰等仪式教育功能，创新《西索师者》《微光》等新媒体多模态教育形式，建设"我心目中的好老师"等模范推选，形成全体教师争做"四有"好老师的良好氛围，让教育家精神内化为每一位教师立德树人的强大动能。

践行躬耕态度，在求是创新上协同发力。"求是创新"是教育家精神蕴含的鲜明导向，践行教育家精神需要高校教师在强国建设、民族复兴的伟大历史进程中展现担当作为。上海外国语大学以外语教育创校，从多语种到多学科，从多学科到"多语种＋"，一次次主动转型升级的办学改革离不开广大教师的勤学笃行和敬业奉献，体现着上海外国语大学教师"强国必定有我"的志向和抱负。

新时代新征程上，外语学科面临着新一轮的挑战和机遇，持续会聚高水平人才，合力开创外语教育高质量发展新格局的需求更加迫切。上海外国语大学构建"1+X"人才制度体系，实施"三大工程""四项计划"赋能教师生涯发展。提升教师核心胜任力，培养教师数字信息素养。引育并举培育一批具有影响力的学科带头人、一大批具有创新能力和发展潜力的青年学术带头人和学术骨干，形成一批高水平创新团队，2023 年语言数据科学与应用教师团队入选第三批全国高校黄大年式教师团队。

坚持胸怀天下，在弘道追求上持续发力。面对百年变局，我们要扎根中国大地，要坚持教育高水平对外开放，统筹做好"引进来"和"走出去"两篇大文章。国际化是上海外国语大学办学战略和特色，"扎根中国、融通世界"必然是上海外国语大学教师的鲜明特质。目前学校专任教师所授课语言 54 种，形成了以传统优势特色语种为核心，以服务"一带一路"建设和经济社会发展急需的非通用语种为主体，以战略性储备语种为支撑的语种布局。广大教师发挥专业特色和学科优势，引导学生树立世界眼光、突出国际比较，在多元文明互动中不忘本来，吸收外来。以建设中阿改革发展中心、研发《习近平谈治国理政》多语种综合语料库、录制多语种版国家形象片、运营多语种网站等为契机，准确把握世界和中国发展大势，带领青年学生扎根中国大地、推动交流互鉴、为教育高水平开放贡献上海外国语大学力量。

征程始于当下，奋斗开创未来。学校将继续高举习近平新时代中国特色社会主义思想伟大旗帜，以进一步深化教育综合改革为根本动力，培育更多为学、为事、为人的外语教育"大先生"，凝心聚力建设中国特色世界一流外国语大学，为党和国家培养一流人才、创造一流成果作出贡献。

推动教育家精神在高校落地生根

　　教育兴则国家兴，教育强则国家强。习近平总书记在 2024 年全国教育大会上的讲话指出："要实施教育家精神铸魂强师行动，加强师德师风建设，提高教师培养培训质量，培养造就新时代高水平教师队伍。"中国特有的教育家精神涵盖理想信念、道德情操、育人智慧、躬耕态度、仁爱之心、弘道追求六个方面的深刻意涵，其与高等教育人才培养、科学研究、社会服务、国际交流与合作、文化传承创新五大职能相互耦合。推动教育家精神在高校落地生根，有助于进一步加强党对高校的全面领导，为加快推进中国特色高等教育强国建设注入强大精神力量。

　　第一，落实立德树人根本任务，培养堪当强国建设、民族复兴重任的社会主义建设者和接班人。 高校是青年成长成才的主阵地。立德树人是中华民族的优秀文化传统，是当代高等教育的生命和灵魂。上海财经大学以高标准师德师风要求狠抓教师队伍建设，着力陶冶教师言为士则、行为世范的道德情操，增长教师启智润心、因材施教的育人智慧，激励广大教师做学生为学、为事、为人的"大先生"。学校坚定贯彻党的教育方针，坚持"五育并举"，深入推进思政课综合改革，在通识教育基础上精进专业教育，全面优化升级全校"三全育人"

能级，将体育、美育、劳动教育工作纳入全学段学生培养全过程，锻造全面发展的时代新人。

第二，强化基础理论研究，支撑高水平科技自立自强，建构中国自主哲学社会科学知识体系。作为基础理论研究的主力军和重大科技突破的策源地，高校尤其是高水平研究型大学重任在肩，要不断构建大平台、汇聚大团队、承担大项目，勇于攻克"卡脖子"关键核心技术和建构中国自主的哲学社会科学知识体系。立足中华民族伟大复兴战略全局和世界百年未有之大变局，上海财经大学不断加强有组织科研，深化科研组织模式改革，完善科研考核与评价标准，集聚力量加强原创性、探索性、引领性科研攻关，让勤学笃行、求是创新的躬耕态度成为广大教师的一种自觉，努力为实现高水平科技自立自强、提升中国哲学社会科学自主性作出新的更大贡献。

第三，聚焦国家重大战略和区域发展需求，推动产学研用深度融合，提升服务经济社会发展能力。高校是推动社会经济发展的重要动力源，必须引导广大教师坚定心有大我、至诚报国的理想信念，把学问做在中国大地上，把智慧贡献在经济社会发展前沿。上海财经大学围绕中国经济发展怎么看、怎么干等理论和现实问题，开展产学研用大调研，找准"需求侧"、优化"供给侧"，谋划服务国家金融战略与地方发展大局的创新举措。学校与临港新片区、临港集团合作成立上财滴水湖高金学院，把大学办到国家金融战略前沿阵地。

第四，深化国际交流合作内涵，开创更全方位、更宽领域、更多层次的教育对外开放新局面。高校要把握世界高等教育的演进趋势，坚定推进高水平教育对外开放，统筹高水平"引进来"和"走出去"，不断增强我国高等教育的国际影响力。上海财经大学着力加强党对高等教育对外开放的领导，坚持胸怀"国之大者"和胸怀天下相统一，依托学校优势学科，聚焦金融、财税、法律等主题，在科学研究、人才培养、协同共建等方面加强工作，主动服务共建"一带一路"倡议。学校创新设计以"语言强化＋专业复合＋合作培养＋国际实习"为特色的一体化培养方案，探索财经类国际组织人才培养模式，为推动我国全面参与全球经济治理体系改革提供智力支持和人才支撑。

第五，深刻把握马克思主义中国化时代化的客观规律和中华文明传承发展规律，提升文化传承创新能力。坚持"两个结合"是新时代高校发展的必然要求，必须在马克思主义的指导下不断推进中华优秀传统文化传承发展，用中华民族伟大实践所体现的精神力量、文化力量铸魂育人。上海财经大学坚定不移推动中华优秀传统文化进校园、进课堂，满足师生的文化艺术审美需求，以文化人、以文育人。学校重视办学理念、校训、校风等大学精神的凝练、传承和践行，深入挖掘百年校史中的红色文化基因、廉洁文化基因，通过专题展览、主题分享、艺术党课、情景思政课、大师剧等丰富多样的形式，激励青年学子厚植爱国情怀，砥砺强国之志。

站在新的历史起点上，建设中国特色、世界一流大学，必须深刻领悟、全面把握中国特有的教育家精神的科学内涵，营造深入学习、研究阐释和大力弘扬教育家精神的良好氛围，教育、引导、激励广大教师和教育工作者不忘立德树人初心，牢记为党育人、为国育才使命，树立"躬耕教坛、强国有我"的志向抱负，把高等教育发展方向同我国发展的现实目标和未来方向紧密联系在一起，为办好人民满意的教育、助力高等教育高质量发展和扎实推动教育强国建设作出新的更大贡献。

南京大学

以教育家精神引领高素质教师队伍建设

2023 年 9 月 9 日，习近平总书记致信全国优秀教师代表，提出了中国特有的教育家精神，并对教育家精神的丰富内涵作出深入阐述，为新时代教师队伍建设指明了前进方向，提供了根本遵循。建设中国特色、世界一流大学，必须深刻领悟、全面把握教育家精神的科学内涵，努力营造弘扬教育家精神的良好氛围，以大力弘扬教育家精神为主线，持续深入推进学校高素质教师队伍建设。南京大学坚持以习近平新时代中国特色社会主义思想为指导，深入学习贯彻习近平总书记关于教育的重要论述、关于扎根中国大地建设中国特色世界一流大学的重大要求和给南京大学留学归国青年学者重要回信精神，以党的创新理论特别是习近平新时代中国特色社会主义思想教育广大教师，全面提升教师思想政治素质和职业道德水平，努力建设一支师德高尚、业务精湛、结构合理、充满活力的高素质专业化教师队伍。

一是坚持党建领航，强师德教育之基。强化顶层设计，持续健全学校党委、院系党组织、教师党支部三级联动工作机制。召开全校人才工作会议，为教师队伍建设举旗定向、谋篇布局，大力弘扬教育家精神、科学家精神；召开党委教师工作委员会（扩大）会议，统筹规划与部署学校教师思想政治和师德师风建设工作。强化交流调研，组织开展"科教报国，争当先锋"主题研讨、高层次人才代表座谈会等，重点围绕激励教师传承南京大学优良传统、勇担科教报国使命，谋划进一步加强教师思想引领的切实举措；开展动态摸底工作，深入教师群体谈心谈话，做好教师思想政治状况滚动调查。强化基层建设，将"开展师德师风建设和师生思想政治工作，加强高层次人才政治引领和政治吸纳"等工作情况纳入院系级党组织书记抓基层党建工作述职评议考核；强化教师党支部政治功能，持续推进教师党支部书记"双带头人"培育工程。

二是突出思想引领，铸师德垂范之魂。突出精神引领，全面做好教育涵养。开展全校"师德集中学习教育"专题活动，举办多场理论学习专题报告会，组织师生线上线下收看"教育家精神"巡回宣讲报告会，召开南京大学留学归国青年学者学习贯彻习近平总书记重要回信精神一周年座谈会、两周年报告会；深入开展国情社情研修，举办留学归国青年学者"再创佳绩，争做表率"专题研修班、"心系'国家事'肩扛'国家责'"国情研修班。突出发展引航，扎实做好教师分类培训。将师德教育培训纳入全校新任教师教学专项培训必修内容和新任教师入职培训第一课；打造多层级导师培训体系，召开"创新与育人"研究生导师交流会，组织院系级导师培训，实现院级培训全达标、新晋导师岗前谈话全覆盖。突出服务引导，细致关心教师工作生活。举办教职工荣休暨入职典礼，进一步提升教师思想引领的仪式感，实现精神传承；关注教师身心健康，建设启用"健康小屋"，举办教职工心理健康培训活动，注重维护教师合法权益。

三是加强典型选树，扬师德先进之优。注重榜样示范，大力宣传李四光、程开甲等南京大学老一辈科学家先进事迹，营造崇尚高尚师德、争做"四有"好老师和"大先生"的良好氛围。注重培优树典，积极开展南京大学"师德先进""优秀研究生导师"等评选表彰活动，树立一批优秀典型，3个团队入选全国高校黄大年式教师团队。注重辐射带动，举办"榜样与传承"报告会、劳模大讲堂等活动，组织教师参与"记嘱托·识校训·践青春"视频拍摄，讲述学校"诚朴雄伟，励学敦行"校训在新时代的故事，展示学校教师心系"国家事"、肩扛"国家责"的生动实践；在校园文化建设上发力，用好多媒体矩阵，引导教师自觉弘扬践行教育家精神，胸怀"国之大者"，报效国家、服务人民。

四是严格考核监督，固师德建设之堤。严格把关，开展师德考核评价。将教师思想政治素质和师德师风作为教师招聘引进、职称评审、岗位聘用、导师遴选、评优奖励、聘期考核、项目申报等的首要要求和第一标准，严把拟聘人员师德评价、教师推荐人选师德审核以及年度师德考核三道关口。严明红线，强化师德警示教育。举办"涵养师德·美其道·慎其行"专题报告会，开展"科研诚信教育月"主题活动，持续加强警示教育，把严格的制度规定与日常教育督导相结合，引导教师自律自强，形成自觉践行良好师德、维护良好师风学风的有利环境。严守底线，做好师德监督查处。构建校院两级监督平台，实时关注师德师风动态，组织院系党委做好师德师风现状摸底、风险排查和年度自查工作；在学校各项工作中坚持对师德违规"零容忍"，严惩师德失范行为。

百年大计，教育为本；教育大计，教师为本。下一步，南京大学将进一步推动师德建设工作往深里走、往实里去，共同构建齐心协力、关联有序、高效运转的学校大教师工作格局，推动教育家精神在南京大学更好地生根发芽、开花结果，形成优秀人才竞相从教、广大教师尽展其才、好老师"大先生"不断涌现的良好局面。

东南大学

坚定"三个服务"追求　建设一流高校师资

党的十八大以来，习近平总书记对教师队伍建设作出系列重要指示，2023 年教师节前夕提出了中国特有的教育家精神，为新时代教师队伍建设指明了前进方向，提出了根本遵循。东南大学认真学习贯彻习近平总书记关于教育的重要论述，旗帜鲜明地提出"服务国家重大战略、服务社会重大关切、服务产业重大需求"的办学价值追求，加快打造一流高校教师队伍，扎实推进中国特色世界一流大学建设。

学生为本，全面提高育人质量。深入落实立德树人根本任务，通过组织开展两轮教育思想大讨论，重塑了领军人才培养目标，形成了"课比天大、生为首位"的育人理念。坚持强教必先强师的原则，以教育家精神引领教师队伍高质量发展，大力实施"至善课堂"教师卓越教学提升计划，以激发教师启智润心、因材施教的育人智慧，涵育教师言为士则、行为世范的道德情操，形成了新时代领军人才培养的"东大模式"。

牢记嘱托，服务国家重大战略。2023 年 7 月，习近平总书记在考察依托东南大学共建的紫金山实验室时强调："现在信息技术飞速发展，颠覆性技术随时可能出现，要走求实扎实的创新路子，为实现高水平科技自立自强立下功勋。"东南大学牢记习近平总书记的嘱托，坚定心有大我、至诚报国的理想信念，坚持在服务国家中锻造人才，在人工智能、量子信息、集成电路、生命健康、脑科学、深地深海等国家科技前沿战略领域，开展引领性、前瞻性的重大项目预研，集中力量培育颠覆性技术，着力解决制约国家发展和安全的重大问题和"卡脖子"问题。尤肖虎院士领衔的6G关键技术攻关团队，屡次突破技术封锁、创造了世界最高无线通信传输纪录。主动服务国家区域发展战略，立足江苏、辐射周边，布局南北、拓展全国，积极参与推进长三角一体化发展和"强富美高"新江苏建设，推动建设东南大学长三角—粤港澳大湾区协同创新研究院，打造创新平台和新增长极。积极拓展海外优质生源基地和预科教育基地，为"一带一路"共建国家培养优质人才，服务国家外交战略。

胸怀天下，服务社会重大关切。坚持在贡献中体现价值，积极在医疗卫生、教育、区域协调发展等社会重大关切领域贡献东大智慧。大力实施"特色医科攀升计划"，积极落实国家医疗卫生改革各项任务，着力建设数字医学工程全国重点实验室和介入医学工程国家医学攻关产教融合创新平台等重大平台，服务"健康中国"战略。滕皋军院士首创了10余项介入新技术，完成了数以万计的介入手术，极大造福了广大医患群体。积极推动东南大学与国家和江苏贯通联动的智慧教育平台体系建设，放大智慧教育平台的公共服务效能，服务高等教育大众化和建设学习型社会，促进教育公平。坚持把服务乡村振兴战略纳入学校工作重点，结合自身优势和对口帮扶的云南省南华县实际，持续探索和实践智力帮扶、教育帮扶、产业帮扶、医疗帮扶等精准帮扶模式，助力南华县顺利退出贫困县序列，并接续推进乡村振兴。贯彻落实国家区域协调发展战略，按照教育部统一部署，根据对口帮扶及合作高校的实际发展需求，加大对西藏民族大学、兰州理工大学、重庆三峡学院的帮扶力度。

产教融合，服务产业重大需求。习近平总书记强调，现代化产业体系是现代化国家的物质技术基础，必须把发展经济的着力点放在实体经济上，为实现第二个百年奋斗目标提供坚强物质支撑。东南大学秉持勤学笃行、求是创新的躬耕态度，坚持在创新中赢得发展，走产教融合的创新路子，聚焦智能 EDA 工具攻关、新一代信息通信技术、智慧能源、新能源电力系统、低碳城乡建设、智慧交通系统、智慧城市等重点领域，改进和完善科技成果转化体系，加快绿色科技创新和先进绿色技术推广应用。在移动通信领域，承担国家 6G 总体技术研究项目等重大任务并取得了全球领先的重大创新成果，探索"大学 + 实验室 + 产业"融合发展路径，在南京与紫金山实验室和龙头企业共建"九龙湖信息产业科技创新中心"，促进 6G 等技术边研发、边转化、边落地。在集成电路领域，研制多款以数据驱动为特征、国内首创的 EDA 工具，大幅提升了高端芯片的设计效率，部分工具已应用于国产高端处理器研制；首创了一种全新的高低压集成技术，成为全球制备功率驱动芯片的两条技术路线之一，通过与华润上华深度合作，解决了我国高端功率芯片无法自主制造的困境，产品已成功走向海外。东南大学始终将产教融合落在实处，及时将科技创新成果应用到具体产业和产业链上，为改造提升传统产业、培育壮大新兴产业、布局建设未来产业、完善现代化产业体系积极贡献智慧。

中国矿业大学

弘扬教育家精神　担当强国建设使命

教师是立教之本、兴教之源。习近平总书记在全国教育大会上强调，要实施教育家精神铸魂强师行动，加强师德师风建设，提高教师培养培训质量，培养造就新时代高水平教师队伍，为我们加强教师队伍建设提供了根本遵循。

深刻认识教育家精神的核心要义与价值内涵。教育家精神既源于中华优秀传统文化传承和历代师者的躬耕实践，又立足于强国建设和民族复兴的宏大背景，具有丰富的价值内涵和时代意蕴。教育家精神是对我国教育事业发展规律性认识的深化。党的十八大以来，以习近平同志为核心的党中央，坚持把教育作为国之大计、党之大计，高度重视教师队伍建设，作出一系列重要指示批示，从"四有"好老师到"四个引路人"，从做"经师"和"人师"的统一者，到"做学生为学、为事、为人的大先生"，深刻阐明了教师本质、教师素质、教师发展等问题，赋予了教师队伍建设精神内涵与价值内核。教育家精神的提出，彰显了习近平总书记尊师重教、兴教强国的教育情怀，是马克思主义教育理论与当代中国教育实践相结合的最新理论成果。

教育家精神具有鲜明的中国特色和时代特征。教育家精神的内涵，植根于数千年来中华民族尊师重教、崇智尚学的优良传统，与中华优秀传统文化所倡导的"德高为师，身正为范""仁者爱人"等道德准则和育人理念一脉相承，并实现了在新时代的创造性转化与创新性发展，具有典型的中国特色。教育家精神又是广大教师在落实立德树人根本任务的实践中凝聚起来的共同价值追求，是新时代优秀教师群体职业精神的真实写照，更是体现了强国建设与民族复兴对教师队伍建设的新要求，具有鲜明的时代特征。

教育家精神具有丰富的价值意蕴与系统的逻辑内涵。教育家精神包含六个维度，其中"心有大我、至诚报国的理想信念"是政治灵魂，"言为士则、行为世范的道德情操"是鲜明品格，"启智润心、因材施教的育人智慧"是能力要求，"勤学笃行、求是创新的躬耕态度"是职业操守，"乐教爱生、甘于奉献的仁爱之心"是崇高情怀，"胸怀天下、以文化人的弘道追求"是视野格局，体现了政治与文化相统一、传统与现代相统一、教书与育人相统一、治学与弘道相统一的内在规定性。

自觉增强践行教育家精神的责任感和使命感。当前，我们正处于一个迫切需要教育家、也是一个可以产生教育家的时代。大力弘扬教育家精神，推进教师队伍建设，对于国家发展和民族振兴具有重要意义。践行教育家精神，是服务强国建设的必然要求。党的二十届三中全会强调，教育、科技、人才是中国式现代化的基础性、战略性支撑。推进中国式现代化离不开科技创新，而科技创新离不开高水平的人才队伍，人才队伍建设离不开教育的内涵式高质量发展。具体到高校来说，教师队伍是改进人才培养模式、学科组织形式和科学研究范式的重要力量，与教育科技人才密切相关。大力弘扬教育家精神，不断提升教师对高质量发展的支撑力和贡献力，对于推进中国式现代化建设具有重要作用。

践行教育家精神，是办好人民满意的教育的迫切需要。当前，中华民族伟大复兴战略全局和世界百年未有之大变局给教育发展环境带来深刻影响，教育数字化转型推动教育要素及教育形态发生深刻变革，现代化经济转型升级对教育提出更高要求，人民群众对更好教育的期盼不断增强。教师是教育改革发展的中坚力量，教育的高质量发展离不开优秀教师队伍的有力支撑。大力弘扬教育家精神，打造一支高素质专业化教师队伍，对于积极回应时代发展对教育变革的需求、加快教育高质量发展具有重要意义。

　　践行教育家精神，是加强教师队伍自身建设的必由之路。当前，我国各级各类专任教师已接近 1900 万人，是单一从业人数较大的群体。如何有效激发教师内生动力，不断提高教师的荣誉感和幸福感，促进教师职业发展，是一个需要认真思考和解决的重要课题。通过大力弘扬教育家精神，充分发挥优秀教师和教育家的榜样作用，激励广大教师树立"躬耕教坛、强国有我"的志向和抱负，全面提升教书育人本领，对于促进教师个人成长和专业发展具有积极作用。

　　以教育家精神推进新时代教师队伍建设。人无精神则不立，国无精神则不强。新时代新征程上，高校要把弘扬和践行教育家精神融入教师队伍建设的全过程，激励广大教师积极投身强国建设伟大事业。引导教师坚定理想信念，树立世界眼光。坚持用习近平新时代中国特色社会主义思想武装教师头脑，增进广大教师对中国共产党和中国特色社会主义的政治认同、思想认同、理论认同、情感认同，让有信仰的人讲信仰；引导教师坚持"四个面向"、心怀"国之大者"，主动将自身发展"小逻辑"服从服务中国式现代化建设"大逻辑"，积极服务国家战略、行业进步和区域发展；引导教师树立世界眼光和人类情怀，不断深化人才培养、学科建设、科技创新等方面的国际交流合作，讲好中国故事，传播中国声音，贡献中国智慧。

引导教师砥砺道德素养，关心热爱学生。坚持师德师风第一标准，全面落实新时代高校教师职业行为十项准则，常态化推进师德培育涵养，全面提升教师职业道德水平；将弘扬践行教育家精神贯穿教师课堂教学、科学研究、社会实践等各环节，引导教师将教育家精神转化为思想认同、内在要求和实际行动，做学生为学、为事、为人的示范者；推动教师践行"三全育人"理念，积极担任班主任、学业导师等，主动关心学生的学习与生活，指导学生参加各类科技竞赛，做学生成长成才的指导者和引路人。

引导教师提升核心能力，勇于开拓创新。建立更加完善的教师培训体系，注重运用数字化赋能教师发展，加强教育教学研究，着力提升教师专业素养和教书育人能力；以全国重点实验室等各类科研平台为重要抓手，不断提升教师科教融合能力和关键核心技术创新能力，激励教师积极服务高水平科技自立自强；引导教师坚持教书与育人相统一，在注重专业知识技能传授的同时，不断加强价值观念的引导，教育引导学生立报国强国大志向、做挺膺担当奋斗者。

河海大学

以教育家精神引领高素质专业化教师队伍建设

强国必先强教，强教必先强师。习近平总书记在 2024 年全国教育大会上指出，要实施教育家精神铸魂强师行动，加强师德师风建设，提高教师培养培训质量，培养造就新时代高水平教师队伍。这为大力弘扬教育家精神，加强高素质专业化教师队伍建设，巩固好教育强国建设的重要根基提供了根本遵循。

一是要以教育家精神为引领，铸就共同价值追求。作为中国水利高等教育肇始之地，河海大学肇启就寄托了爱国进步人士兴学图强、救国救民的强烈愿望。建校之初，黄炎培、许肇南、李仪祉、茅以升等一大批英才俊杰来到河海，他们满怀赤诚报国之志，将西方现代水利科技和教育理念融入办学治校，培养了一批投身民族解放事业的爱国先驱和怀揣治水救国理想的水利英才。在华东水利学院时期，钱正英、严恺、黄文熙、徐芝纶、刘光文、伍正诚、张书农、顾兆勋、沙玉清、郑肇经、赵人俊、刘宅仁、钱家欢等一大批名师大家，提出的"爱国爱水"的办学思想，"艰苦朴素、实事求是、严格要求、勇于探索"的校训精神，"学无止境，教亦无止境"的教学理念，"国为重，家为轻；科学为重，名利为轻"的思想境界，成为广大师生校友做人做事的行为准绳。1985 年，学校恢复传统校名"河海大学"，恰逢国家设立第一个教师节。"新河海"培养的首位院士吴中如先生，坚持"把自己的事业跟祖国的繁荣富强结合起来"，提出了多个"国内外首次"的创新理论，并在佛子岭、龙羊峡等百余项大型工程中得到应用，成为当之无愧的"中国大坝安全的守护者"。"全国模范教师"彭世彰教授，宁肯透支生命也绝不辜负使命，把生命定格在三尺讲台。他提出的"节水灌溉技术"推广应用于超亿亩水稻灌区，为农田增值、农民增收、农业增效作出了巨大贡献。在学校百余年的历史长河里，河海的名师大家，共同铸就了河海师者"爱国爱水"的时代底色，积淀为河海师者的精神传承，也融入进教育家精神的本质内涵，成为河海教师共同的价值追求。

二是要以教育家精神为引领，聚力推动教师发展。党的二十大报告首次对教育、科技、人才作出"三位一体"战略部署，赋予教育前所未有的使命责任。党的二十届三中全会进一步提出构建支持全面创新体制机制，对深化教育综合改革作出系统部署。近年来，学校坚持兴教先强师、兴校先兴才，聚焦完善工作体制机制，成立党委教师工作委员会，加强党对教师工作的全面领导，深化教师思想政治和师德师风建设，建立"学校党委—二级党组织—教师党支部"三级联动机制，健全责任落实体系。聚焦建设高水平师资队伍，加大专项资金投入，制定有竞争力的支持政策，实施靶向引才、体系化育才，形成"引进一个、带动一批、辐射一片"的发展效应，促进提升人才集聚度。聚焦搭建教师发展平台，一体化推进"学科—平台—团队"建设，发挥学科建设、重大平台、重大任务对教师发展的引领支撑作用。将发展学科作为"先手棋"，强化优势学科建设，深化学科交叉融合，夯实学院主体责任；将建设高能级科研平台作为"强引擎"，加快推进国家级平台以增量资源获取和增量成果产出为导向的实体化运行，布局培育新的国家级平台；将有组织科研作为"关键招"，以重大任务为牵引，健全建制化有组织科研体系，组建高水平创新团队，促进青年人才在重大科技任务中挑大梁、当主角。聚焦优化教师发展环境，统筹抓好教师、管理、专技等各支队伍建设，畅通多元化发展路径。深化人事制度改革，突出立德树人、创新突破、质量贡献评价导向，强化绩效管理，优化资源配置，提升队伍发展内驱动力。

三是要以教育家精神为引领，潜心培育时代新人。不久前，党中央围绕弘扬教育家精神、加强新时代高素质专业化教师队伍建设作出新的部署。近年来，学校在建设教育强国的新征程上，紧扣立德树人根本任务，引导教师要坚持以"情怀"立心，践行育人使命，以"四有"好老师为标准，赓续爱国爱水的红色基因，弘扬务实重行的教育传统，厚植江河安澜的济世情怀，高擎向海而行的强国梦想，自觉扛起高等教育"国家队"的使命责任，当好中华民族"梦之队"的筑梦人。要坚持以"发展"立志，提高育人质量，用发展的眼光看待教育、看待学生，以学生的全面发展为根本目标，不断深化对教育规律的认识，有组织地开展教学改革前瞻布局和系统谋划，齐心协力回答好行业最好的教育"是怎样、怎样办"的核心问题，切实为国家水安全保障和高质量发展培养高素质复合型卓越人才。要坚持以"创新"立行，提升育人能力，坚持终身学习，永葆精益求精的专业精神，与时俱进更新教育理念，创新内容方法，努力成为"工匠型""学者型""专家型"教师。要坚持以"品德"立身，夯实育人底色，厚植江河安澜的济世情怀和向海而行的强国梦想，以"宽基础，强实践，重创新"为导向，高站位提升人才自主培养能力，精准融合新质生产力发展需要，为国家水安全保障和高质量发展，培养引领行业发展和服务强国建设的高素质复合型卓越人才。

江南大学

践行教育家精神　深化新时代人才培养创新

教育家精神是引领教育改革与发展、深化人才培养创新的宝贵精神财富。有效落实习近平总书记关于教育家精神的时代要求和实践内涵，是全面提升人才自主培养质量、着力造就拔尖创新人才的必然选择和应有之义。在奋力推进"双一流"建设的过程中，高校应当以教育家精神为指引，树立崇高的责任感和使命感，不断促进人才培养质量的持续提升，从而更好地满足新时代科技自立自强、产业转型升级、社会发展创新的人才新需要。

全面理解教育家精神内涵，促进人才培养理念升级。教育家精神蕴含着丰富的育人内涵，习近平总书记从理想信念、道德情操、育人智慧、躬耕态度、仁爱之心、弘道追求等六个方面对其进行了深刻的阐释。践行教育家精神、促进人才培养理念升级需要以全面理解教育家精神内涵为基础和前提。

一方面，要强化教育家精神的研究学习，将教育家精神贯穿人才培养过程。教育家精神首先体现为育人精神，理解其内涵的过程就是育人精神不断得到升华的过程。从根本上看，教育家精神的提出并非偶然，而是有着深刻的社会基础和教育需要，是对既往人才培养理念问题的有力回应。高校应当组织教育家精神的专题学习和研究，通过内化于心、外化于行，将其真正落实到人才培养过程中的各个环节。

另一方面，要拓展教育家精神的实践内涵，以教育家精神引领教师队伍建设。教育家精神是教育思想与文化的智慧结晶，是体现中国特色社会主义教育理论与实践的集中体现。在中华文明的历史长河中，我国逐渐形成了一大批独具思想的教育家群体，产生了丰富多彩的教育家办学实践形式。随着高等教育改革的不断深化，高校应当以中国特有的教育家精神为指引，持续拓展实践内涵，提升教师队伍建设的质量水平。

充分发挥教育家精神价值，推动人才培养机制变革。不同时代，教育家精神有着不同的呈现形式和实践内容，发挥着不同的育人价值。在全面推进教育强国战略、奋力实现中国式教育现代化的新时代背景下，充分领悟和发挥教育家精神的独特价值，并将其融入高校人才培养机制创新的过程之中就显得尤为关键。

一是深化基于教育家精神挖掘的育人资源整合。践行教育家精神不仅仅是一种自上而下的外在要求，更是一种自内而外的责任和担当。以教育家精神凝聚办学合力、整合育人资源是促进高校人才培养机制变革的内在要求。在推进"双一流"建设过程中，高校应当围绕立德树人根本任务，从"为谁培养人、培养什么人、怎样培养人"的战略高度，系统推动各级各类育人资源的有机整合，从而提升人才培养的协同育人合力、促进人才培养的高质量发展。

二是优化基于教育家精神支撑的育人方式迭代。随着世界发展形势的不断变化以及科技创新的不断迭代，传统的育人方式正显现出愈来愈多的局限性。事实上，以人工智能、数字化等为代表的新技术形态正在不断渗透到教育改革与发展的方方面面，深刻影响着人才培养方式的变革方向和路径。推动高校人才培养机制变革需要以教育家精神为引领，在持续深化育人方式改革创新的同时坚守高校在人才培养过程中的育人初心。

三是探索基于教育家精神指引的育人路径创新。人才培养是一项具有高度复杂性和系统性的综合工程，需要充分调动各方主体的积极性、能动性和创造性。教育家精神是一种敢闯敢干的创新精神，是一种主动作为的进取精神。在推动育人路径创新过程中要善于汲取教育家精神所蕴含的这种创新力量和创新动力，打破传统人才培养改革的既有实践桎梏和路径依赖，真正走出一条"世界一流、中国特色"的人才培养创新之路。

弘扬传承教育家精神使命，实现人才培养质量提升。教育家精神是教育精神文明的具体体现，是教育历史积淀的文明瑰宝。伴随着人类社会的不断发展进步，教育家精神的形式和内容也在不断走向丰富。弘扬传承教育家精神是新时代高校人才培养创新的责任使命，是实现人才培养质量不断提升的客观需要。

一方面，树立先进典型，将教育家精神融入立德树人的理论与实践之中。践行教育家精神不是空洞地讲道理，需要坚持"知行合一"的基本原则，实事求是地落实到人才培养的各个环节。对于高校而言，要在深刻理解教育家精神理论内涵和实践内涵的基础上，善于发现和树立具有教育家精神的先进典型，发挥榜样的示范带头作用。讲好先进典型的育人故事，要将教育家精神从不可触及的神圣化理论拉回到具体生动的实践过程，让每一位教师都可感知、可学习、可践行。

另一方面，鼓励创新探索，将教育家精神落实到培养改革的过程与结果之中。尽管我国高校的创新人才培养能力已经有了显著提升，但仍然存在注重短期绩效的功利主义问题，表现出"重结果、轻过程"

的特征。弘扬传承教育家精神使命要扭转功利主义的弊端，鼓励长期的人才培养创新探索，给予教师更多的探索空间。从深层次看，教育家精神是教师专业性的核心体现，在推动人才培养创新的过程中，既要提升教师的专业性，同时又要相信教师的专业性，以避免给教师的人才培养施加过多的外部压力。

南京农业大学

弘扬教育家精神　推动高等农业教育高质量发展

　　教育是国之大计、党之大计，教师是立教之本、兴教之源。习近平总书记高度重视教师队伍建设，从理想信念、道德情操、育人智慧、躬耕态度、仁爱之心、弘道追求六个方面提出并深刻阐释中国特有的教育家精神，强调要实施教育家精神铸魂强师行动，加强师德师风建设，提高教师培养培训质量，培养造就新时代高水平教师队伍，赋予了新时代人民教师崇高使命，为高等农业院校加强教师队伍建设、推动高质量发展指路引航、举旗定向。

　　以教育家精神拓展办学治校新思路。"心有大我、至诚报国"深刻诠释了新时代教育家应有的大视野、大格局、大情怀、大智慧。要以教育家精神提升境界、拓宽胸怀，从统筹"两个大局"的战略高度，树牢建设中国特色、世界水平的高等教育理想追求。作为高等农林教育第一方阵和"双一流"建设高校，要扛起教育强国和农业强国双重使命，立足启用滨江新校区的历史新方位和百廿办学厚重积淀，聚焦多校区办学格局带来的新机遇和新挑战，用教育家的远见卓识系统审视、科学规划顶层设计，前瞻性思考、整体性谋划、战略性布局一流学科、一流师资、一流人才。要坚持"求是创新"的鲜明导向，把握乡村全面振兴、长三角一体化等重大战略和江苏"走在前、做示范"的独特优势，以目标责任考核激发改革动力，开辟发展新领域新赛道，塑造发展新动能新优势，全面推动领导体制、办学思路、育人模式、管理机制等改革，凝聚全校师生奋进一流的信心和决心，书写好"强国建设、教育何为；农业强国、南农何为"的时代篇章。

以教育家精神建设人才培养新高地。习近平总书记强调，高校只有抓住培养社会主义建设者和接班人这个根本任务才能办好，才能办出中国特色世界一流大学。要将"启智润心、因材施教的育人智慧"和"乐教爱生、甘于奉献的仁爱之心"作为站稳站好三尺讲台的基本要求，坚持不懈用习近平新时代中国特色社会主义思想铸魂育人，把社会主义核心价值观教育融入人才培养全过程，全面提高人才自主培养质量。近年来，南京农业大学深化教育教学改革，坚持"三全育人""五育并举"，在"金专""金课"、书院制、通识教育、耕读教育、教材建设、教师教学能力提升等方面取得了丰硕的成果。2024 年，学校迎来教育部新一轮本科教育教学审核评估，要牢记习近平总书记给涉农高校"以立德树人为根本，以强农兴农为己任"的嘱托，以培养知农爱农新型人才为出发点和落脚点，紧扣新农科建设新要求，全面梳理人才培养的经验和不足，优化调整学科专业，提升质量保障能力，探索构建本研贯通培养体系，科教融汇培养拔尖创新人才，产教融合培养复合应用人才，全面建强一流本科教育。

以教育家精神实现高水平科技自立自强新跨越。"双一流"高校代表了中国高等教育的最高水平，是支撑高质量发展的战略科技力量，是增强国家科技发展实力和发挥世界影响力的重要组成部分。我们要大力弘扬教育家精神"勤学笃行、求是创新的躬耕态度"，深刻领悟教育、科技、人才一体推进的内在逻辑，坚持"四个服务"和"四个面向"，树立大科学的意识，突破学科专业壁垒，加强交叉融合，开展有组织的科研，以全球视野引进一流人才，建设"大团队"，以科技强国的胸怀，布局一流平台，产出"大成果"，努力将南农建设成世界重要农业人才中心和创新高地。要强化农业大学服务"三农"的责任感和使命感，学习运用"千万工程"发展理念，建强建优科技小院等实践基地，依托菊花、大豆、水稻、有机肥、梨等产业优势，着力推动教育链、人才链、创新链、产业链深度融合，主动以科技创新催生新产业、新模式、新动能，培育和发展新质生产力，破解"种源""耕地质量""农业智能化"等"卡脖子"难题，将论文写在祖国大地上。

以教育家精神构建"大先生"竞相涌现新格局。合格的老师，首先应该是道德上的合格者，好老师首先应该是以德施教、以德立身的楷模。必须坚持把教师队伍作为支撑和引领事业发展的第一资源，将师德师风作为评价教师队伍素质的第一标准，以教育家精神引领高素质专业化教师队伍建设。要引导教师将"言为士则、行为世范的道德情操""胸怀天下、以文化人的弘道追求"内化为共同价值追求，树立"躬耕教坛、强国有我"的志向和抱负，坚持"四个相统一"，争做"四有好老师"，当好"四个引路人"，努力做精于"传道授业解惑"的"经师"和"人师"的统一者，成为学生为学、为事、为人的"大先生"，以教师之强支撑农业特色世界一流大学建设。近年来，南京农业大学健全教育、宣传、监督、考核、奖励、惩处相结合的师德建设长效机制，常态化开展警示教育，严把师德师风关口，严惩师德违规行为，大力选树表彰师德典型，每年开展教师节庆祝活动、新进教师入职仪式、教师荣休仪式等尊师活动，全校尊师重教蔚然成风。未来，要以落实教育强国建设规划纲要为契机，以《普通高等学校教师党建和思想政治工作质量标准》为抓手，着力构建大教师工作格局，塑造"新时代南农精神"为底色的崇德尚美精神风貌，形成人人学先进、个个当典型、竞相做"大先生"的生动局面。

中国药科大学

弘扬教育家精神　打造懂医精药的高素质教师队伍

2023年教师节前夕，习近平总书记致信全国优秀教师代表，首次提出中国特有的教育家精神，并阐释了核心要义。在2024年全国教育大会上，习近平总书记强调要实施教育家精神铸魂强师行动。近年来，中国药科大学深入贯彻落实习近平总书记关于教育的重要论述，持续加强教师队伍建设，将"精业济群"的校训精神融入"中国药"的研发生产，以守护人类健康美好未来为己任，铸师德、精己业，润心智、育英才，探新知、筑国基，怀仁心、济天下。

铸师德，精己业。《论语·述而》云："子曰：志于道、据于德、依于仁，游于艺。"学校坚持以教育家精神为指引，着力打造一支高素质专业化的新时代教师队伍。一是将教师思想政治和师德师风建设贯穿于教师发展全过程。党委教师工作委员会统筹指导，构建党委统一领导、党政齐抓共管、职能部门组织协调的大教师工作格局。制定院（部）教师思想政治和师德师风建设工作质量标准，压实院部主体责任。二是突出药学大师精神引领。学校历史上涌现出以彭司勋院士、徐国钧院士为代表的一大批心有大我、至诚报国的药学和中药学教育家，学校通过制作生平纪录片、举办事迹风采展、设立院士教育基金、创作演出话剧，激励新时代药学人继承和发扬药学大师的伟大精神。邀请老一辈教师代表讲述育人故事，开展国邦卓越奖教金、豪森优秀研究生导师（团队）评选，隆重庆祝第 40 个教师节并举办教师成就展，发挥身边人身边事的教育感召作用，让高尚的道德情操成为老师们言为士则、行为世范的底色。三是深入推进教师评价改革。学校大力营造"识才爱才敬才用才"的良好环境，持续完善分类评价体系，畅通教师多元发展赛道，学校自 2017 年设立"教学型特聘教授"等特殊通道以来，7 位一线教学教师成功晋升正高职称。针对特殊人才推行长周期考核、"免考核"和增值评价制度，鼓励人才"十年磨一剑，久久为功"。

润心智，育英才。孔子强调教育要"因材施教"；韩愈云"师者，所以传道受业解惑也"。学校始终强调教师要涵养启智润心、因材施教的育人智慧，勤修乐教爱生、甘于奉献的仁爱之心，将"五育"综合素养贯穿人才选拔、培养、评价各个环节。一是强化学生思想引领。书记校长多年来坚持上"新生第一课"，引导他们树立远大理想，发挥课堂育人主阵地主渠道作用，推进思政课程与课程思政同向发力、同频共振。打造"国旗下的公开课"，弘扬爱国主义精神。试点上好"行走的思政课"，在实践中学真知、悟真谛。二是持续深化教育教学改革。以原创药物研发链为主线重构课程体系，探索拔尖创新人才培养模式。确立新时代药学人才培养的目标定位，牵头研制《全国药学类专业教学质量国家标准》。三是深化产教融合。以校企共建课程和实践基地建设为抓手，持续丰富教学资源中的产业元素。多个专业入选教育部和江苏省"卓越工程师教育培养计划"，2 家基地获"全国药学专业学位实践基地建设特色成果奖"。

探新知，筑国基。生物医药产业是关系国计民生和国家安全的战略性新兴产业。作为国家药学领域的科教龙头，中国药科大学始终聚焦"国之大者"，秉持勤学笃行、求是创新的躬耕态度，为谱写全民健康新篇章不懈奋斗。一是大力推动"有组织科研"体系建设。重点布局靶标发现与确证、创新药物前沿技术等关键"卡脖子"领域，重组获批"多靶标天然药物"全国重点实验室。通过统筹全国、区域、地方等各级各类平台资源，为创新药物研发构建纵横交错、交互促进的有组织科研体系。二是用科技创新为乡村振兴蓄势赋能。学校充分发挥中药学学科优势，紧密围绕陕西省镇坪县"巴山药乡"资源禀赋，搭建特色科研创新平台，组建专家和实践团队，为镇坪中药全产业链发展提供有力的技术支撑和服务保障，超额完成教育部"6 个 200"任务指标，将乡村振兴的火热实践打造成教师科技创新试验场、实践大舞台，学生实践育人的大课堂。三是深化政产学研用协同创新。发挥高校人才库、智囊团的基础研究主力军和重大科技突破生力军作用，打造"医学、医药、医疗"融合发展模式，建立"校地、校医、校企"合作新高地，以人民健康为中心汇聚健康中国前行的强大力量。

怀仁心，济天下。格物、致知、诚意、正心、修身、齐家、治国、平天下，《大学》八条目为践行胸怀天下、以文化人的弘道追求指明了路径。中国药科大学秉持"全健康"理念，持续推动全国乃至全球药学教育事业发展。一是统筹全国药学学科建设。承办首届全国药学学科高质量发展论坛，牵头组建成立"全国药学学科发展共同体"，发挥学校在生物医药领域服务国家、地方和行业发展的智库作用。二是打造区域合作平台。连续两届主办"一带一路"药学国际产学研用合作论坛，牵头 32 个国家的 62 家单位成立"一带一路"药学合作联盟，并担任首届主席单位。三是推进全球药学教育创新发展。举办国际药学院校发展论坛，牵头 14 个国家的 36 所高校成立全球药学发展联盟，并担任首届主席单位，发布《全球药学教育发展南京共识》。获批教育部国际联合实验室、中国—中东欧国家高校联合项目等一批国家级涉外项目。

中国药科大学全校上下始终坚持以习近平新时代中国特色社会主义思想为根本遵循，牢记为党育人、为国育才的初心使命，扎根中国大地办大学，大力弘扬教育家精神，培育时代新人，持续推动我国生物医药产业高质量发展，为研发生产更多适合中国人生命基因传承和身体素质特点的"中国药"，贡献中国药大的智慧和力量。

合肥工业大学

弘扬教育家精神　奏响新时代"工业报国"强音

习近平总书记在 2024 年全国教育大会上强调，要实施教育家精神铸魂强师行动，培养造就新时代高水平教师队伍。为新时代加强教师队伍建设提供了根本遵循，为新时代广大教师树立了努力的榜样和坐标。在强国建设、民族复兴的新征程上，合肥工业大学将切实把教育家精神转化为全体教师的价值引领和行为准则，持续强化师德师风建设，大力培育高素质专业化创新型教师队伍，奋力奏响新时代"工业报国"强音。

牢记职责使命，将教育家精神转化为加快教育强国建设强大动力。教师队伍是建设教育强国的第一资源。习近平总书记高度重视教师队伍建设，作出了一系列重要指示，对广大教师提出做"四有"好老师、做"经师"和"人师"相统一的"大先生"等殷切期望。特别是在 2023 年教师节前夕给全国优秀教师致信中首次提出的教育家精神，深刻阐释了中国特有的教育家精神内涵，其核心要义既源于千百年来中华师者的优良传统，又立足于当今强国建设、民族复兴的时代使命。回顾新中国发展史，在不同时期涌现出的一批批优秀教育工作者，为国家建设、民族复兴作出了重要贡献，是"心有大我、至诚报国"最生动的体现。作为一所具有厚重的历史文化底蕴、鲜明的工业报国底色、突出的人才培养底气的大学，合肥工业大学始终胸怀"工业报国"之志，全力培养高水平创新人才、产出高水平科研成果，为国家工业现代化提供有力支撑。迈向强国建设新征程，合肥工业大学将深刻领会教育家精神对建设教育强国、推进教育高质量发展的重要意义，深刻认识建设教育强国在全面建成社会主义现代化强国，以中国式现代化全面推进中华民族伟大复兴中的基础性、战略性支撑作用，带领全体教师牢固树立"躬耕教坛、强国有我"的志向和抱负，责无旁贷地将"工业强国"作为光荣使命，始终胸怀大局、心有大我，做中国特色社会主义的坚定信仰者和忠实实践者，努力为强国建设、民族复兴伟业提供最坚实可靠的基础保障。

建强教师队伍，把教育家精神贯穿落实立德树人根本任务全过程。教师是立教之本、兴教之源。以教育家精神推进高素质教师队伍建设，以强有力教师队伍建设支撑教育之强，既是未来高校教师队伍建设的方向和教师成长的方位，也是落实立德树人根本任务的内在要求。建校近 80 年来，合肥工业大学培养的 50 余万名毕业生为国家建设特别是工业现代化作出了重要贡献，毕业生 70% 以上服务于高端装备制造、信息技术等重要行业，70% 以上进入各类 500 强企业，一大批校友成长为民族汽车、新能源等国家重点产业领军人物，并涌现出以全国高校黄大年式教师团队、全国创新争先奖获得者等为代表的一大批先进教师典型。面对新使命新任务，要始终坚持政治引领，把弘扬教育家精神贯穿教师队伍建设各方面，坚持不懈用党的创新理论铸魂育人，教育引导广大教师始终牢记为党育人、为国育才的初心使命。要持续加强师德师风教育，系统推进师德师风制度化建设，通过宣传教育、实践养成、日常督导等途径，教育引导广大教师以教育家为榜样，努力做"经师"和"人师"的统一者。要营造良好育人风尚，持续完善教师荣誉表彰体系，充分发挥身边榜样的示范作用，大力弘扬尊师重教的校园文化，让广大教师在潜心教书育人中真正成为教育家精神的弘扬者、践行者，更好落实立德树人根本任务，培养堪当民族复兴大任的时代新人。

一体统筹推进，以教育家精神为引领推动各方面事业高质量发展。党的二十届三中全会强调，教育、科技、人才是中国式现代化的基础性、战略性支撑，并就统筹推进教育科技人才体制机制一体化改革进行了明确部署。高等院校特别是"双一流"建设高校作为科技第一生产力、人才第一资源、创新第一动力的重要结合点，既是为党育人、为国育才的重要阵地，也是推动科技进步的创新高地，责任重大、使命光荣。教育家精神对推进教育事业高质量发展具有重大而深远的意义，也为加快建设世界一流大学和一流学科提供了引领和标杆。近年来，作为教育部直属的"双一流"建设高校，合肥工业大学在大力培养德才兼备，能力卓越，自觉服务国家的骨干与领军人才同时，全力推动各方面事业高质量发展。学校紧盯国家重大战略需求和经济社会发展需要，搭建大平台、组建大团队、攻坚大课题，一大批高水平科研成果在神舟飞船、探月工程、火星探测、长征系列火箭、国产大飞机、高速铁路等重大工程和破解"卡脖子"难题中建功立业，并转化为推动区域经济发展的强大动力。面对党和国家事业发展对高等教育特别是"双一流"高校的殷切期望和嘱托要求，合肥工业大学将把弘扬教育家精神常态化融入学校改革建设发展全过程，认真领会、准确把握教育家精神的核心要义与深刻内涵，持之以恒从教育家精神中汲取营养智慧、汇聚精神力量，以教育家精神为引领，全力推动学校党的建设和人才培养、科学研究、社会服务、管理改革等事业高质量发展，奋力谱写特色鲜明的世界一流大学建设新篇章，在一体统筹推进教育强国、科技强国、人才强国建设中作出新的更大贡献。

浙江大学

打造服务教育强国建设的高素质教师队伍

　　中国特有的教育家精神是习近平总书记立足强国建设和民族复兴战略高度对新时代教师赋予的光荣使命，是总书记关于"四有"好老师，"四个引路人"，"经师"和"人师"的统一，以及做学生为学、为事、为人的"大先生"等教师队伍重要论述的丰富拓展，是"两个结合"在教育领域的生动实践，为新时代教师队伍建设提供了根本遵循。浙江大学坚持以教育家精神为引领，积极落实习近平总书记对浙江大学教师提出的"信念坚定、师德高尚、业务精良"要求，锚定使命目标，立足立德树人，提升教师专业素养，着力打造服务教育强国建设的高素质教师队伍。

　　坚定心有大我、至诚报国的理想信念。理想信念对教师来说，是政治灵魂，是精神底色，体现了教育家的家国使命和时代责任。"大我"就是要胸怀"国之大者"，将个人发展与国家、民族的命运紧密联系在一起，树立"躬耕教坛、强国有我"的志向和抱负，践行为党育人、为国育才的政治责任。浙江大学始终让有信仰的人讲信仰，聚焦教师理想信念塑造，创新开展"育人强师"培训计划，定期组织教师前往井冈山、遵义湄潭等红色教育基地开展研学，引导教师厚植家国情怀，筑牢信仰之基；开设海外归国教师国情教育研修专项培训，帮助海外归国教师了解党情、国情、社情，激发教师服务教育强国建设、教育为民的责任担当。

陶冶言为士则、行为世范的道德情操。道德是为师之本、育人之要。教师要做到学为人师，行为世范，坚持以德立身、以德立学、以德施教，用自己的高尚人格和模范言行为学生树立正确的价值标准和道德标杆。浙江大学始终将师德师风建设作为第一标准，发扬"尊德性、道问学"的传统，积极构建"师德有准则、学术有规范、引才有把关、教学有纪律"的师德师风制度体系，开展师德集中学习教育，实施师德导师制，开发师德师风情境化负面清单定期自警系统，实行师德考核与年度考核相结合的"双考核"制度，引导教师不断提高自身道德修养，用自身品德与行为影响和带动学生。

涵养启智润心、因材施教的育人智慧。育人智慧是教育家能力素质和专业品格的集中体现。好老师是充满智慧的，他们善于因材施教，运用多种教学方法"启"和"润"，让学生在习得知识、掌握技能的同时，也塑造了健全的人格。广大教师要把握教育规律，创新育人理念和方法，提升教书育人本领，同时要尊重学生的个性特点，理解学生的独特想法，包容学生的缺点不足，创设有温度的教育，进行个性化指导，促进学生成长为全面发展的人。浙江大学实施职业导师制，举办求是导师学校，开展"雏鹰领航"计划等活动，充分发挥国家级教学名师等一批优秀教师的"传帮带"作用，提升教师的政治素养、学术水平和育人能力。学校还成立教师发展中心，定期开展教学工作坊、教学技能培训和教学工作沙龙，在深度交流中提高教师教育教学水平。

秉持勤学笃行、求是创新的躬耕态度。优秀的教育家在勤勉好学中夯实知识基础，在知行合一中践行育人理念，在开拓创新中追求学术真理。当下，人类社会信息总量呈指数增长，知识迭代速度大大加快，更需要广大教师勤学乐学、善思笃行，不断更新知识体系，同时要以学生成长为中心，把握教学学术创新规律，着眼世界学术前沿和国家重大需求，推动科教产教融合、教学改革、课程改革。浙江大学始终坚持"四个面向"，引导教师以承担国家重大任务为导向，推动高水平科教融汇、产教融合，创设"启真问学"创新平台、"教授学术小组"、"一站式"科研导航平台等，不断锤炼学生思辨能力和创新本领。

勤修乐教爱生、甘于奉献的仁爱之心。仁爱之心是涵养教育家精神的生命和灵魂。教师应笃爱事业、关爱学生，常修仁爱之心，用爱培育爱、激发爱、传播爱，以赤诚之心、奉献之心投身教育事业，在"乐"与"爱"的基础上建构良好的师生关系，让每一名学生都能健康成长。浙江大学将师生放在办学治校的中心位置，坚持以学生成长为中心构建卓越教育体系，倡导教师对教育用心、对学生关心、与学生交心的理念，在严爱相济中塑造师生共同成长的德育共同体、学习共同体和学术共同体。学校积极发挥先进典型的示范带动作用，通过开展"竺可桢奖""永平奖教金""研究生'五好'导学团队评选"等活动，选树一批优秀教师和优秀团队，持续激发广大教师教育教学热情。

树立胸怀天下、以文化人的弘道追求。"弘道追求"意味着新时代教师要自觉弘扬大道正道，体现了教育家精神的格局视野和境界追求。"弘道"的前提是胸怀天下，具备大境界、大胸怀、大格局，能够给学生指点迷津、引领航向。"弘道"路径就是以文化人，用中华优秀传统文化浸润学生，坚定文化自信；同时，兼容并蓄，充分汲取世界其他文明的有益成果，弘扬全人类共同价值，引导学生在文化与文明的交流互鉴中丰富自我的精神世界。浙江大学鼓励教师积极参与全球文明交流互鉴、参加国际大科学计划和国际学术论坛，在合作交流中提升全球视野。学校通过"大思政课"建设、开设高水平通识核心课等方式，涵育求真求善求美的科学精神和人文情怀，在润物无声中提升学生美美与共、兼容并包的精神修养。

厦门大学

以教育家精神涵养一流大学生态

习近平总书记站在强国建设、民族复兴的高度，深刻阐述了中国特有的教育家精神，是对我国教育事业发展和教师队伍建设规律性认识的深化和升华，为建设中国特色世界一流大学提供了重要遵循、注入了强大精神动力。作为建设教育强国的龙头，高校应大力弘扬教育家精神，把教育家精神贯彻到一流大学建设各环节、全过程，以教育家精神涵养一流的政治生态、育人生态、创新生态和服务生态，培养更多让党放心、爱国奉献、担当民族复兴重任的时代新人。

一是在贯彻教育家精神中涵养一流政治生态。政治素质是新时代教育家的首要标准。贯彻教育家精神，就是要牢牢把握其政治属性，全面贯彻党的教育方针，教育引导教师忠诚于党和人民的教育事业，坚定心有大我、至诚报国的理想信念，陶冶言为士则、行为世范的道德情操，自觉做中国特色社会主义的坚定信仰者和忠实实践者，自觉履行为党育人、为国育才的初心使命，确保高校始终成为培养社会主义建设者和接班人的坚强阵地。

厦门大学始终把教师思想政治工作作为重要的基础性工程，坚持用习近平新时代中国特色社会主义思想凝心铸魂，组织广大教师学习贯彻习近平总书记关于教育的重要论述和习近平总书记致厦门大学建校 100 周年贺信精神，广泛开展"四史"教育和中华优秀传统文化、革命文化、社会主义先进文化学习教育，从根本上培根沃土、强基铸魂。强化教师党支部政治功能和组织功能，发挥"双带头人"示范带动作用，重点做好高层次人才、海外留学归国教师、青年教师的政治引领。加强组织领导，发挥党委教师工作委员会、师德师风建设委员会和党委教师工作部统筹协调作用，夯实校院（系）两级主体责任，抓好教育家精神学习贯彻。

二是在弘扬教育家精神中涵养一流育人生态。立德树人是高校立身之本。落实立德树人根本任务，关键在教师。弘扬教育家精神，就是要教育引导广大教师练就启智润心、因材施教的育人智慧，涵育乐教爱生、甘于奉献的仁爱之心，用一颗心唤醒另一颗心，更好担当起学生健康成长指导者和引路人的责任，实现师生共同成长、全面发展。

厦门大学秉持教育者先受教育的理念，落实正己化人要求，落实师德师风第一标准，通过举办新教工入职典礼、新教师"第一堂课"引荐仪式、老教师荣休仪式等，传承学校百年师德传统，注重日常教育浸润，让教育家精神成为广大教师的人生追求。完善教师荣誉表彰体系，加大师德楷模选树，涌现出全国高校黄大年式教师团队、全国教育系统先进集体、全国教育世家、全国杰出教学奖获得者等一批师德典范。突出示范引领，每年评选"南强杰出贡献奖"，开辟"身边好老师""师者"等宣传专栏，激励广大教师担好教书育人使命。聚焦教学能力提升，建好国家级教师教学发展示范中心，完善"教师工作坊"、教学沙龙等制度，突出教学研究、教师培训、教学竞赛，推进课堂变革、促进教学相长，为教师精进教学提供多元化个性化指导，着力打造一支乐教会教善教的优秀师资队伍。

三是在践行教育家精神中涵养一流创新生态。高校教师是科技创新和科研攻关的关键力量。践行教育家精神，就是要引导广大教师心怀"国之大者"，秉持勤学笃行、求是创新的躬耕态度，树立胸怀天下、以文化人的弘道追求，着眼世界学术前沿和国家重大需求，加强基础研究、科技研发和理论创新，着力攻关"卡脖子""卡脑子""卡嗓子"问题，为国解忧解惑。

厦门大学坚持围绕"四个面向"，以国家重大战略需求为牵引，以服务经济社会发展为导向，加强有组织科研，引导教师开展重大课题研究、促进协同攻关、推动成果转化，着力提升教师服务发展的贡献度。坚持以大平台、大项目聚合大团队，积极打造国家级创新平台，创新科研组织模式，在服务"国之所需"中培养造就领军人才和优秀青年人才。注重发挥战略科学家"传帮带"优良传统，引导学科带头人甘为人梯、奖掖后学，让更多青年才俊竞相涌现。"十四五"以来，学校在两届院士增选中新当选两院院士5人，新增国家级领军人才47人次、国家级青年人才114人次。

四是在激发教育家精神中涵养一流服务生态。激发教育家精神，就是要强化以教学科研为重心的服务理念，将学校一切管理行为均服务于立德树人工作、服务于师生成长发展，营造尊师爱生重教的校园文化，充分发挥大学文化高地的辐射带动作用，引领社会风气和时代风尚。

厦门大学坚持以人才评价为牵引，深化新时代教育评价改革，以"多维"破"五唯"，制定更加科学公平合理的评价标准，完善教师激励和保障制度，支持教师成长发展，不断激发教师弘扬践行教育家精神的主动性和积极性。优化人才培养、科研创新、人才人事、后勤保障等行政服务体系，提高服务效能，更好服务教师教研工作和发展所需，营造人本服务生态。加强校园生活服务保障，关心教师身心健康，创造良好工作生活环境，让教师安心从教、热心从教、舒心从教、静心从教。

山东大学

以教育家精神培育"六要"思政课师资

兴国必先强教，强教必先强师。习近平总书记 2023 年在教师节前夕提出中国特有的教育家精神，2024 年又对学校思政课建设作出重要指示指出，要求建设一支政治强、情怀深、思维新、视野广、自律严、人格正的思政课教师队伍。在新时代新征程上，高校和思政课教师要深入学习贯彻习近平总书记关于教育的重要论述，大力弘扬教育家精神，深入践行"六要"根本要求，奋力开创新时代思政课建设新局面。

立足"两个大局"，领悟思政课教师队伍建设的重要意义。教师是立教之本、兴教之源。当前，实现中华民族伟大复兴的战略全局与世界百年未有之大变局发生战略性交汇，思政课教师如何进行针对性理论回应，教育引导学生正确把握世界大势，看待国际问题，是一个十分紧迫而又严峻的问题。这就要求思政课教师站在马克思主义理论的高度，正确认识和理解国际问题，充分挖掘国内外发展素材，把中国发展同国际形势紧密结合起来，引导学生客观认识外部世界。思政课教师应坚持辩证思维，用全面长远的眼光看待形势变化，准确识变应变，更好应对意识形态领域的风险挑战，进一步守牢思想政治教育的主阵地。站在"两个大局"的战略高度，高校的思政教育应坚持把中国式现代化贯穿始终，把巩固思想政治工作生命线地位贯穿始终，一体谋划推进师德师风建设与教学、科研、管理等各项工作，努力回应人民群众对一流大学和一流师资的殷切期盼。

把握教育家精神内涵，激发思政课教师队伍建设内生动力。广大思政课教师作为思政课建设的重要一环，应深刻领会教育家精神内涵，做到学深悟透做实，树立全面落实立德树人根本任务的理想信念，承担起为党育人、为国育才的责任担当，努力实现自身职业发展与实现中华民族伟大复兴中国梦的同频共振。同时，秉持求实创新、苦干实干的躬耕态度，在教育领域不断深耕，提升自身教学技能。高校也应建立健全机制办法，做到"三个聚力"。一是聚力夯实工作机制。要加强内部管理，优化工作流程提高工作效率，构建完善制度安排，确保教育工作的系统性和规范性。二是聚力落实统筹推进。要注重整合教育资源，依托校外课堂、兼职师资等多种载体，邀请各级领导干部、专家学者、优秀企业家和各行各业先进模范人物到校授课，将最新的科研成果、考古成果、历史遗存和革命文物融入教学中，切实提高教学实效。三是聚力突破督导问效。要健全督导机制，定期对教育工作进行检查和评估，确保各项政策有效执行，使教育工作持续健康发展。同时，积极对接黄大年式教师团队、"最美教师"等国家级、省部级荣誉评选表彰，通过教育家精神日常浸润，激励全体教师争做学生为学、为事、为人的"大先生"。

践行"六要"根本要求，谱写思政课教师队伍建设新篇章。习近平总书记就思政课教师队伍建设提出的"六要"要求，是涵养思政课教师素养、落实立德树人根本任务的重要一招。弘扬教育家精神，与践行"政治强、情怀深、思维新、视野广、自律严、人格正"的思政课教师要求高度契合。

要锤炼政治品格，常葆教育情怀。在思政课教师队伍建设中，首先，要坚定心有大我、至诚报国的理想信念，明确政治标准，并将其贯穿于教师选育管用的全过程各环节。思政课教师应通过加强政治理论学习，不断提升政治判断力、政治领悟力、政治执行力，在重大政治问题上与党中央保持高度一致。其次，思政课教师要做到以情培根、用情铸魂，积极引导学生弘扬以爱国主义为核心的民族精神，始终把学生放在心中重要位置，积极回应学生对思政课的需求与期待。高校也应继续全面落实理论学习等制度安排，深入开展学习交流活动。与此同时，学校要督促其他专业教师在课程中融入思政元素、贯穿思政理念，着力构建全面立体的思政教育体系。

要注重教学创新，拓宽认知视野。首先，要鼓励教师积极探索新的教学内容方式，涵养启智润心、因材施教的育人智慧，充分依托互联网、大数据等现代信息技术手段，注意教学的互动性和趣味性，提高教学效果。其次，要切实提升思政课的说服力，教师除了要夯实马克思主义理论基础外，更要广泛涉猎其他学科知识，积极参加实践教学，注重培养学生的思辨能力和创新精神，增强学生对理论知识的理解和应用能力。高校应弘扬教育家精神，开展"教育家精神教师谈"教师沙龙活动，全力推进高质量思政课教师队伍建设。

要严格遵守纪律，树立良好师德师风。首先，思政课教师要勤修乐教爱生、甘于奉献的仁爱之心，进一步认识自身的职业荣誉和历史使命，提升教师纪律意识。其次，教师还要坚持胸怀天下、以文化人的弘道追求，夯实以天下为己任的价值准则，引导教师自觉遵守职业规范，坚守正道、追求真理，做好学生的楷模。高校应继续发掘和选树教职员工中的先进典型，做好榜样的宣传推荐工作，深入开展师德警示教育，常态长效净化师德师风，为高校思政课教师队伍建设打下更加坚实基础。

中国海洋大学

以教育家精神为引领　锻造一流教师队伍

　　教育是国之大计、党之大计，教师是立教之本、兴教之源。习近平总书记在 2024 年全国教育大会上的讲话指出，要实施教育家精神铸魂强师行动，加强师德师风建设，提高教师培养培训质量，培养造就新时代高水平教师队伍。中国海洋大学牢记殷切嘱托，以教育家精神引领一流教师队伍建设，加快建设特色显著的世界一流大学，努力为建设教育强国、海洋强国贡献中国海洋大学力量。

　　突出思想铸魂，锻造信念坚定、勇担使命的一流教师队伍。强国必先强教，强教必先强师，强师必先铸魂。学校将教育家精神作为教师理论学习、教师在岗培训的重要内容，组织开展系统化、常态化学习，尤其重视对高层次人才、海外归国人才和新入职教师的培训，充分发挥全国党建工作"标杆院系""样板支部"等基层党组织政治功能和组织功能，引导广大教师自觉践行教育家精神，坚定理想信念，牢固树立"躬耕教坛、强国有我"的志向和抱负，厚植中国精神、中国价值、中国力量，深刻领悟"两个确立"的决定性意义，增强"四个意识"、坚定"四个自信"、做到"两个维护"，不断增进对党的创新理论的政治认同、思想认同、理论认同、情感认同。

　　强化师德师风，锻造言为士则、行为世范的一流教师队伍。师德师风建设是提升新时代教师素质、办好人民满意教育的首要任务。学校严格落实师德师风"第一标准"要求，建立师德考核负面清单制度和典型案例通报制度，开展教师思政和师德师风建设专项巡察，将师德涵养贯穿教师管理服务全过程。坚持"教育者先受教育"，深入开展"树师德正师风"等系列专题活动，打造生动讲述学校教师"为学、为事、为人"故事的专题栏目《回澜阁》；拍摄以物理海洋学家文圣常院士生平事迹为蓝本的电影《逐浪》，激励广大教师传承弘扬"信念坚定、爱国奉献，崇尚学术、潜心育人，崇德守朴、淡泊名利，勇担使命、追求卓越"的海大"大先生"精神，以德立身、以德立学、以德施教。

矢志谋海济国，锻造心有大我、至诚报国的一流教师队伍。作为一所服务国家海洋事业发展的使命型、战略型大学，学校始终秉持"教授高深学术，养成硕学宏材，应国家需要"的创校宗旨，传承红色基因，弘扬革命传统，教育引导广大教师坚持党旗所指就是前进方向，国家所需就是使命担当，人民期望就是奋斗目标。面对中华民族伟大复兴战略全局、世界百年未有之大变局，广大教师勇担使命、踔厉奋发，心怀"国之大者"，坚持"四个面向"，积极投身有组织科研，聚力原创性、引领性海洋科技攻关，建成了独具中国特色的综合性涉海学科体系，推动海洋科学和水产学科进入世界一流学科前列，深海圈层动力学、水产遗传育种、海洋糖类药物开发等若干方向实现国际领跑，发起的"透明海洋""蓝色药库""蓝色粮仓""蓝色种业""海工装备科技创新"等系列重大科技战略顺利实施，为国家海洋事业兴盛和经济社会发展作出了重要贡献。

落实根本任务，锻造业务精湛、潜心育人的一流教师队伍。学校着力实施教师职业能力提升工程，完善教师专业发展和能力提升机制，建设名师工作室，打造教师教学创新展示与交流平台，不断提升教师教学水平和育人能力。大力实施新时代幸福海大工程，创造安心从教、舒心从教的良好环境，激发教师深耕杏坛、潜心育人的内生动力，让教师更具获得感、幸福感、安全感。广大教师坚守为党育人、为国育才的初心使命，以培养德智体美劳全面发展、具有民族精神和社会责任感、具有国际视野和合作竞争意识、具有科学精神和人文素养、具有创新意识和实践能力的高素质创新型人才为目标，以造就国家海洋事业的领军人才和骨干力量为特殊使命，全面落实立德树人根本任务，形成了"治学严谨、执教严明、要求严格"的优良教风和"学在海大"的响亮品牌，为强国建设提供了卓越人才支撑。

深化改革创新，锻造追求卓越、充满活力的一流教师队伍。学校坚持系统观念，加强组织领导，统筹推进评价改革、激励保障、引进培养等工作。坚持育人导向、质量导向、贡献导向，实施分类评价，充分运用多把尺子精准"量"才。深化人才发展机制改革，健全各类人才发展体系，构建多层次、多维度、全覆盖的教师荣誉体系，激发教师队伍创新创造活力。大力实施"筑峰""繁荣""名师""英才"等人才工程，完善团队建设组织模式，探索建立青年科技人才培育模式，构建了层次分明、引育并举、交叉融合、服务海洋的独具中国海洋大学特色的人才引育体系，涌现出 3 个全国高校黄大年式教师团队和全国模范教师、全国优秀教师、国家级教学名师等一大批先进典型，打造了世界重要的海洋人才中心和创新高地。

2024 年 10 月 25 日，是中国海洋大学建校 100 周年。站在历史新起点，面向百年新跨越，学校深入学习贯彻习近平总书记关于大力弘扬教育家精神的重要指示精神，着力打造一流教师队伍，勇立潮头、谋海济国，为以中国式现代化全面推进强国建设、民族复兴伟业作出新的更大贡献。

中国石油大学（华东）

传承弘扬教育家精神　勇担能源报国使命

　　强国必先强教，强教必先强师。习近平总书记提出的教育家精神为加强新时代教师队伍建设、推动建设教育强国提供了精神指引和根本遵循。中国石油大学（华东）作为新中国第一所石油高校，承载着为我国石油工业发展提供人才和技术支撑的光荣使命，始终把党和国家需要作为办学第一选择，建校之初就奠定了全体教师心有大我、至诚报国的理想根基，孕育了尊师重教、乐教爱生的大学文化，贡献了科技强国、能源报国的"石大力量"。

　　全面加强党的领导，在大力践行教育家精神中强化政治引领。坚持党对教师工作的领导，成立党委教师工作委员会，完善校院系三级联动的教师工作机制，努力构建大教师工作格局。坚持把学习贯彻习近平总书记关于教育家精神的重要论述作为中心组学习、教职工政治理论学习、党支部"三会一课"、党员个人自学的必要内容，引导全体教职工深入理解和把握教育家精神的丰富内涵和实践要求。坚持把弘扬教育家精神纳入各级教师培训体系，学校党委书记以身示范，在新进教职工岗前培训班专题讲授"入职第一课"，各院级党委开展从教 30 周年教师座谈会等活动，教育引领广大教师当好新时代"大先生"。坚持强化教师党支部政治功能和组织功能，加强基层党建规范化建设，充分发挥全国党建工作标杆院系、样板支部等示范引领作用，配齐配强"双带头人"，实现教师党支部书记"双带头人"全覆盖。坚持师德师风第一标准，实施"师德师风涵育工程"，开展师德集中学习教育，推出教师"荟萃午餐叙""教育家精神石大教师笔谈"等专题专栏活动，引导教师树立"躬耕教坛、强国有我"的志向和抱负。

落实立德树人根本任务，在践行教育家精神初心使命中为党育人、为国育才。学校持之以恒加强高素质教师队伍建设，推动构建新时代人才培养体系，着力培养具有家国情怀、国际视野、创新精神和实践能力的拔尖创新人才。坚持德育为先，构建大思政育人体系，重点加强思政教师队伍建设，大力推进"时代新人铸魂工程"，全面推动"大思政课"建设，实施本科课程思政"三百工程"、研究生课程思政培育工程，将石油精神和石大精神融入思政课程和课程思政。强化教师教学能力提升，实施一流专业建设行动、通识教育提质行动、教学能力提升行动、精品教材培优行动，打造更多"金师""金专""金课"和"金教材"，引导和促进教师教育理念更新与教学改革创新。强化学科融合、科教融合、产教融合，建设跨学科平台、政产学研平台、国际化平台，打造社会和高校联合的"大教师"协同育人模式。

建设一流大学文化，在涵养家国情怀、践行石大精神中不断丰富教育家精神内涵。学校把弘扬教育家精神融入大学文化建设，充分挖掘和宣传教育家精神特别是石油教育家精神的内涵，汇聚成激励师生向上奋进的强大精神纽带。举办建校70周年创新发展大会，研究、诠释、宣传"家国同心、艰苦奋斗、惟真惟实、追求卓越"的石大精神，筑牢石大人共同的思想根基。组织召开石油院校弘扬践行教育家精神研讨会，出版展现石油教育家精神的系列图书，不断丰富教育家精神内涵。高标准建成一流校史馆，举办老一辈石油教育家专题展览，全方位展现石油教育家为党育人、为国育才的突出贡献。大力弘扬"关爱学生、尊重学者、崇尚学术"的价值追求，营造教师潜心教书育人、学生静心学习思考的良好氛围。近年来，学校涌现出全国高校黄大年式教师团队、国家级教学名师、全国模范教师、全国优秀教师等一大批先进典型，他们以教育家精神的石大样板引领广大教师矢志能源报国、勇担强国使命。

加快"双一流"建设，培育一流大师、服务国家能源战略。加快建设中国特色、世界一流的大学和优势学科是高等教育的重中之重，世界一流的大学和优势学科必须要有世界一流的大师。学校瞄准国家和区域发展重大战略需求推进科研攻关，努力培养更多学术大师和战略科学家。围绕国家能源战略、经略海洋战略、黄河重大国家战略，加大高层次人才引育力度，深入实施"光华学者计划"，完善领军人才和高水平创新团队培育机制。实施"卓越青年科学家培育计划"，助推青年人才快速成长。完善科技评价机制，推进分类评价，建立科学合理的多元评价标准体系，为培育"大师"提供保障。强化有组织的科研，深化"政产学研用"深度融合和协同创新，围绕能源领域的关键理论和技术难题，集聚战略科技力量开展核心技术攻关，推动人才团队、平台设备、创新能力一体化建设。加强高端科研平台建设，建有全国重点实验室、国家工程研究中心、国家自然科学基金委基础科学中心和国家级特色化示范性软件学院等一批国家级平台，为学校引育战略科学家、领军人才和创新团队提供核心支撑。

新时代新征程，学校党委将持续贯彻落实习近平总书记关于教育家精神的重要论述，面向广大教师大力弘扬教育家精神，着力培育潜心教书育人的"大先生"，奋力推进中国特色能源领域世界一流大学建设，不断彰显教育强国建设的石大担当。

武汉大学

把厚植教育家精神作为学校教师工作主线

教师是立教之本、兴教之源。2023 年教师节前夕，习近平总书记致信全国优秀教师代表，首次提出了中国特有的教育家精神，为高校培养造就新时代高素质高校教师提供了根本遵循，指明了前进方向。

2023 年 12 月 1 日，习近平总书记给武汉大学参加中国南北极科学考察队的师生代表回信，勉励武大师生用国家的大事业磨砺真本领，始终胸怀"国之大者"，为建设教育强国、科技强国、人才强国作出新的更大贡献。武汉大学牢记习近平总书记的重要指示和殷切嘱托，紧紧围绕立德树人根本任务，坚持把教师队伍作为办学治校的根本依靠，把厚植教育家精神作为学校教师工作主线，努力打造师德高尚、业务精湛、结构合理、充满活力的高素质教师队伍，为全面实施"时代新人铸魂工程"提供坚实队伍保障。

深刻领悟教育家精神，奏响教师思想引领"主旋律"。学校成立党委教师工作委员会，进一步加强党委对教师工作的全面领导，将教师思想工作融入教学、科研、管理、服务各环节，引导教师自觉将教育家精神作为职业精神追求和行动纲领。坚持用习近平新时代中国特色社会主义思想武装教师头脑，注重强化教师理论武装工作，通过校院两级党委理论学习中心组和教师党支部的专题学习，实现教师政治理论学习全覆盖。依托教育部师德师风建设基地（武汉大学）开展"新时代中国教育家精神"课题研究，深度阐释习近平总书记关于教育的重要论述中蕴含的思想、方法和核心要义，为弘扬教育家精神、培养高素质教师队伍提供理论基础。印发学习贯彻习近平总书记教师节重要指示精神工作方案，组织全国高校黄大年式教师团队、国家教学名师等优秀教师代表，全方位、多角度分享学习体会，诠释解读教育家精神的内涵意蕴，推动教育家精神入脑入心。

积极培育教育家精神，打造师德师风建设"新引擎"。坚持第一标准，学校将政治标准和师德师风作为教师引育留用的首要条件，要求教师坚持正确政治方向、潜心教书育人，凡进必查、逢晋必审，由教师党支部—学院党委—职能部门—学校党委进行四级把关，形成了教育家精神与教师职业操守、学校用人导向与个人发展目标、学校宏观指导与学院具体把关"三个融为一体"的教师培育机制。坚持点面结合，在全校范围内分层分类分批开展师德教育，将教育家精神融入新教工岗前培训、高层次人才培训、研究生导师上岗培训等，以关键少数带动绝大多数。同时，通过全覆盖的师德专题教育和集中学习，突出正面引领和负面警示，进一步帮助广大教师提高认识，以正确的政治方向和价值导向引领教职工思想政治素质、师德素养和业务能力全面提升。坚持重点培育，遴选教学科研单位和教师团队进行"弘扬教育家精神"项目培育建设，引导广大教师将教育家精神作为共同的价值追求。

认真践行教育家精神，融入教师成长发展"规划图"。学校将"破五唯"作为深化教育评价改革的重点内容，积极建立符合学术发展规律与人才成长规律的多维度评价体系。通过打出一套稳定支持、科学评价、柔性考核、充分保障的教师评价改革组合拳，将教育家精神转化为教师发展的生动状态。以"优结构、提质量、激活力、控规模"为目标，制定教师队伍定编定岗工作方案，单独设置教学型岗位，突出育人导向和教学实绩的考察。修订专业技术岗位聘用办法，充分尊重学科差异特点和人才发展规律，杜绝"一把尺子量所有"，实现教师分类管理和队伍提能升级。建立"弘毅学者"人才发展体系，探索实行新教师预聘制度，完善优秀青年人才选拔培养机制，构建具有武大特色和国际竞争力的人才梯队。实施高层次人才个性化考核，细化不同类型、不同领域人才分类评价标准和考核程序，建立以科研反哺教学为目标的科研考核评价机制，重点评价人才培养情况及学术贡献和社会贡献，突出分类评价激励教师各尽所能和潜心育人。

以教育家精神为导向重新梳理校内荣誉体系，积极推荐选树一批在全国有影响力的师德典型，通过全方位、多层次、立体化宣传，充分发挥优秀典型示范引领和师德感召作用，引导广大教师争做具有大学问、大情怀、大格局、大境界的"大先生"，形成见贤思齐良好氛围。打造"师德标兵""我最喜爱的十佳优秀教师"等师德品牌活动。高规格举办引进人才入职典礼等，构建新时代尊师文化，激发教师群体立德树人、为人师表的荣誉感和责任感。

教育家精神是教师的精神灯塔，是新时代每个教师应该秉持的职业追求。武汉大学将牢记习近平总书记的殷切嘱托，大力弘扬教育家精神，锤炼教师政治品格，强化教师业务能力，提升教师育人水平，以实际行动落实习近平总书记回信精神，在建设教育强国的新征程上，为实现高等教育高质量发展创造新动能新优势，为推进中国式现代化贡献武大力量。

华中科技大学

以高质量党建推动教育家精神落地见效

　　百年大计，教育为本；教育大计，教师为本。党的十八大以来，习近平总书记高度重视教师队伍建设，强调把加强教师队伍建设作为建设教育强国最重要的基础工作来抓，作出了一系列重要指示批示，对教师队伍建设提出殷切希望和全面要求。2023 年教师节前夕，习近平总书记致信全国优秀教师代表，首次提出了中国特有的教育家精神，从理想信念、道德情操、育人智慧、躬耕态度、仁爱之心、弘道追求六个方面，深刻阐述了其丰富内涵和实践要求，为新时代教师队伍建设指明了前进方向。华中科技大学党委深入学习贯彻习近平总书记关于教育的重要论述，深刻领会教育家精神的科学内涵和时代价值，将加强党的建设作为重要依托，以高质量党建推动教育家精神落地见效。

　　充分发挥高校党委在弘扬教育家精神中的引领作用。坚持党的全面领导，是关系"为谁培养人"的基本前提，是加强新时代教师队伍建设的政治保障。高校党委只有充分发挥党总揽全局、协调各方的领导核心作用，只有深刻领会习近平总书记关于教育的重要论述，才能深刻把握教育家精神的丰富内涵，才能建设一支政治素质过硬、业务能力精湛、育人水平高超的高素质教师队伍。华中科技大学自诞生之日起，始终与党的事业同向同行、与国家发展同频共振。学校党委从战略和全局高度深刻认识教师工作的极端重要性，充分发挥党委在教师队伍建设中管方向、谋大局、抓关键的作用，充分发挥教育家精神在新时代教师队伍建设中的引领作用。一是坚持系统设计，不断完善党委集中统一领导、党政齐抓共管、教师工作部门统筹协调、各部门履职尽责、院系党组织推动落实的大教师工作格局，制定一系列重要文件，将教育家精神落实到教师队伍建设的全过程。二是坚持党管人才，切实把党管人才的体制优势转化为引才、育才、爱才的具体实践，将构筑人才高地同弘扬教育家精神贯通融合，用教育家精神的价值内涵驱动人才发展。三是坚持思想引领，以"新时代党旗领航工程"为载体，持之以恒用习近平新时代中国特色社会主义思想凝心铸魂，推动理想信念教育常态化制度化，持续开展弘扬教育家精神系列活动，以教育家精神长志气、强骨气、增底气。

充分发挥基层党组织在传承教育家精神中的凝聚作用。党的基层组织是党的肌体的"神经末梢"，是干事创业的战斗堡垒，是凝聚人心的"强磁场"。基层党组织担负着推动发展、服务群众、凝聚人心、促进和谐的重要责任，也是传承教育家精神、锻造一流教师队伍的有效载体。华中科技大学党委不断在巩固好、发展好、发挥好党的组织优势上下功夫，通过基层党组织强化政治引领，聚焦强基固本，把传承教育家精神作为贯穿高校基层党组织工作的主题主线，以高质量党建推动基层党组织形成弘扬践行教育家精神的强大凝聚力、向心力和战斗力。一是不断完善党建工作三级联动体系，打造二级单位党组织负责人领头队伍、教职工党支部书记骨干队伍、教师党员重点队伍，通过构建"头雁""强雁""群雁"3支队伍，形成有力有效的关键支撑，扎实推动教育家精神落地生根。二是坚持围绕立德树人根本任务抓党建，大力推动党建工作与教育教学、科学研究、服务管理等业务工作深度融合，让党旗在践行教育家精神一线高高飘扬。三是发挥教师党支部战斗堡垒作用，总结一批可复制、可推广的教师党建经验，培育一批"标杆院系""样板支部""双带头人"工作室等教师党建品牌，让教育家精神在基层党组织和优秀团队中结出硕果。近年来，学校已有4个院级党组织获批"全国党建工作标杆院系"，8个基层党支部获批"全国党建工作样板支部"，2个教师党支部获批全国"双带头人"教师党支部书记工作室。

充分发挥教师党员在践行教育家精神中的示范作用。新时代教育事业的蓬勃发展离不开教师的实际行动，教师党员是教师群体中的先进分子，是教师队伍中最重要的一支力量。华中科技大学党委深刻认识并充分发挥党员的先锋模范作用，将其作为引领广大教师自觉践行教育家精神的现实之需，作为激发教师树立"躬耕教坛、强国有我"志向和抱负的必要之举。一是深入挖掘本校的教育家故事。在学校70余年的发展历程中，老一辈教育家如朱九思、杨叔子、裘法祖、张培刚等"大先生"执着于教书育人、致力于培根铸魂，是师生为学、为事、为人的示范，他们的故事成为学校宝贵的精神财富。二是加大对教师"身边榜样"的选树力度。持续开展"好老师群星计划"。近年来，学校涌现出了全国道德模范、全国优秀共产党员、全国优秀教育工作者崔崑，全国"最美教师""荆楚好老师"熊有伦，全国教书育人楷模胡豫等一批教师楷模，也产生了"中国青年五四奖章"获得者尹海帆、中国青年科技奖获得者陈蓉等一批优秀青年党员，为广大教师树立了标杆模范。三是大力宣传教师队伍中的先进事迹。学校依托全媒体传播矩阵开展全方位、立体化、多层次、浸润式传播，用身边事激励广大教师争做教育家精神的自觉践行者。

中国地质大学（武汉）

建设高素质教师队伍　夯实教育强国建设人力根基

　　强国必先强教，强教必先强师。建设一支高素质教师队伍是建设教育强国的基础工程、保障工程。习近平总书记在 2024 年全国教育大会上指出，要实施教育家精神铸魂强师行动，加强师德师风建设，提高教师培养质量，培养造就新时代高水平教师队伍。中国地质大学（武汉）深入学习贯彻习近平总书记重要讲话精神，以教育家精神为引领，着力培养造就新时代高水平教师队伍，为实现地球科学领域国际知名研究型大学办学目标、助力教育强国建设提供扎实人力支撑。

　　加强党的全面领导，夯实基层组织"向心力"。新时代我国高等教育事业取得历史性成就、发生格局性变化，根本在于以习近平同志为核心的党中央坚强领导。新征程上，加快推进教育强国建设，必须坚持并不断完善党的全面领导，以高质量党建引领保障高素质教师队伍建设，让大国良师竞相涌现，为培育时代新人积蓄铸魂"强军"。中国地质大学（武汉）强化党委统一领导，加强教师工作委员会和党委教师工作部建设，构建"党委集中统一领导，党政齐抓共管，教师工作部门统筹协调，各部门履职尽责，协同配合的大教师工作格局"。充分发挥标杆院系、样板支部示范引领作用，完善学校党委、学院党委、教师党支部三级联动工作机制，倾注资源、压实责任，将教师党支部打造成为师德传承、立德树人、科研报国、服务发展的坚实堡垒。找准党建与学校事业各项发展的结合点、着力点和关键点，建设"一院一品"党建品牌，教师党支部书记实现"双带头人"占比100%，教工支部成为基层党建和教学科研管理工作双融合、双促进、双提高的中坚力量。创新党支部设置方式，依托导学团队、教研团队、项目团队、野外实习队等在育人全场域、工作第一线设立师生混合党支部，师生在同行、同吃、同住、同学、同研中学理论、练本领、长才干，共同谱写立德树人新篇章。

恪守师德第一标准，提升思想教育"引领力"。把思想政治教育和师德师风教育作为教师教育培训的首要内容，构建师德师风培育、业务水平培训和综合素质养成三位一体的分层分类培训体系。打造"入职·认家入会""践履·校训精神""成长·建功立业""关爱·婚恋交友""荣休·薪火相传"教师成长发展"五部曲"品牌，形成家国情怀、地大精神与职业追求同频共振的"文化力场"，引导广大教师践行"躬耕教坛、强国有我"的铿锵誓言。发扬中国地质大学"知行合一"传统，在实践中锤炼高尚师德，组织教师在挂职锻炼、访企拓岗和志愿服务等实践活动中"领衔挂帅"，言传身教引领学生成长。选派优秀教师定点帮扶湖北竹山、新疆塔里木大学、云南滇西应用技术大学，成功打造云南施甸"地质马车"赋能乡村振兴特色帮扶模式，一批"明星"教师成为青年学子扎根基层、服务乡村振兴战略的精神航标。坚持"教育者先受教育"，持续开展以沉浸式野外踏勘、地质科普讲座、文化专题报告为核心的"摇篮之旅"主题活动，让地质报国精神在一代又一代青年教师心中传承扎根。强化对青年教师、海外归国人才和高层次人才的思想引领，实施"高层次人才红色教育引领工程"，定期开展国情省情研修活动，组织高层次人才及党外代表人士赴延安、遵义等革命老区开展红色教育实践。

深化评价机制改革，激发干事创业"内驱力"。编制学校《人力资源发展规划》，进一步明确教师队伍建设的目标任务和思路举措。加快推进"教师一张表"建设，不断提升人力资源管理服务效能，以数字赋能构建全生命周期教师成长体系。科学核定教师队伍岗位总量，根据学科发展需要动态调整岗位结构，加大对重点学科、基础学科和交叉学科等领域的长期支持。修订学校岗位聘用、职称评审和聘期考核文件，突出代表性成果评价，不断完善评价科学、规范有序、竞争择优的分层分类评价体系。举办国际青年学者地大论坛，面向全球引育一批具有引领作用或高成长潜力的高层次人才和高水平团队。实施成建制引进创新团队和"揭榜挂帅"引才方式，引进人才涵盖基础研究、应用研究和成果转化等多个领域。围绕学校改革发展需要及学科建设需求，先后面向海内外公开招聘十余个学院院长及国家级科研平台负责人，再通过引进的院长及学科负责人"以才引才"，组建高水平科研团队。

营造尊师重教文化，发挥榜样典型"感召力"。持续开展"师德标兵""师德模范""研究生的良师益友""优秀班主任""最美地大教工""巾帼建功立业标兵""十大杰出青年"评选活动，组建学校教育家精神宣讲团，讲好师德榜样的奋斗故事、育人故事、报国故事。将教育家精神内核融入《教职工荣誉体系管理规定》，形成覆盖职业生涯全周期的有梯度、有层级、有导向的荣誉体系，将"指挥棒"定格在教书育人、强国报国和服务发展之上。加强卓越导学团队培育，全校173支导学团队包含1015名导师和6855名研究生，教学相长、师徒共进，涌现出一批师生接续攻克"卡脖子"难关的感人典范。将师德典型培育融入教书育人各领域、全过程，充分挖掘野外实践环节中的优秀教师代表事迹，将实习实践基地打造成为广大教师弘扬高尚师德师风践行教书育人使命的集结地和练兵场。广大教师把育人课堂搬到山川大地，涌现出一批与学生同行同住、奋斗在社会实践一线的实践育人典范，传颂着从杨遵仪到殷鸿福再到谢树成师生三代院士接力创新地学人才培养的佳话。创作《大地之光》《大地之子》等教师榜样、师德传承主题原创剧目，展现广大教师爱党爱国、立德树人、自信自强的精神风貌。

武汉理工大学

努力锻造一支大力弘扬教育家精神的教师队伍

强国必先强教，强教必先强师。习近平总书记在 2024 年全国教育大会上指出，要实施教育家精神铸魂强师行动，加强师德师风建设，提高教师培养培训质量，培养造就新时代高水平教师队伍。习近平总书记的重要讲话，为大力弘扬教育家精神，加强高素质专业化教师队伍建设，巩固好教育强国建设的重要根基提供了根本遵循。武汉理工大学坚持把加强教师队伍建设作为落实立德树人根本任务的最重要基础工作来抓，坚持把师德师风作为教师队伍建设的第一标准，以教育家精神铸魂强师，努力锻造一支师德高尚、业务精湛、结构合理、充满活力的高素质专业化教师队伍。

引导教师坚定教育理想，胸怀"国之大者"。培养什么人，是教育的首要问题。古今中外，每个国家都是按照自己的政治要求来培养人。我国高等教育是为人民服务，为中国共产党治国理政服务，为巩固和发展中国特色社会主义制度服务，为改革开放和社会主义现代化建设服务的。高等教育肩负着为党育人、为国育才的时代责任和光荣使命，要引导教师始终同党和人民站在一起，自觉做中国特色社会主义的坚定信仰者和忠实实践者，忠诚于党和人民的教育事业，自觉把党的教育方针贯彻到教学管理工作全过程。面对以中国式现代化全面推进中华民族伟大复兴的中心任务，要教育引导教师，深刻认识党的二十届三中全会关于教育、科技、人才在中国式现代化建设中的战略地位，深入领会教育在夯实国家富强之基、厚植人民幸福之本中的重大意义，深刻把握全国教育大会关于建成教育强国是实现以中国式现代化全面推进强国建设、民族复兴伟业的先导任务、坚实基础、战略支撑的战略定位，引领教师始终胸怀"国之大者"，做到应党所呼、为国所需，自觉肩负国家使命和社会责任，树立"躬耕教坛、强国有我"的志向和抱负，坚守三尺讲台，潜心教书育人。奋进新时代，迈向新征程。武汉理工大学始终教育引导教师，坚持践行"教育报国"的教育理想，坚持把服务中华民族伟大复兴作为教育的重要使命，牢记习近平总书记"把科技的命脉牢牢掌握在自己手中"的殷殷嘱托，围绕打造服务国家战略和支撑行业发展新高地的目标，积极主动服务国家重大战略、服务区域经济社会发展，在推动新质生产力发展、努力攻克"卡脖子"技术等方面矢志不渝、踔厉奋发，在推动高水平科技自立自强、建设制造强国的进程中展现理工担当。

引导教师厚植教育情怀，弘扬高尚师德。教育作为一种实践活动，是师生之间知识、情感、价值等交往的过程，是教师与处于成长中的学生及其精神世界交流的过程。在学生眼里，老师"吐辞为经、举足为法"，一言一行都对学生产生极大影响。这表明，高校要将师德师风作为评价教师队伍素质的第一标准，引导教师取法乎上、见贤思齐，不断提高道德修养和人格品质，把正确的道德观传授给学生，以自己的模范行为影响并带动学生。弘扬教育家精神，锻造具有教育家精神的教师队伍，高校必须持续强化中华优秀传统文化教育、国情教育和"四史"教育，引导广大教师在中华优秀师道文化精髓的滋养中、在我国新时代十年的历史性变革和辉煌成就中坚定"四个自信"，在教育实践中厚植"言为士则、行为世范""乐教爱生、甘于奉献"的教育情怀，努力成为以德立身、以德立学、以德施教的楷模，以赤诚之心、奉献之心、仁爱之心投身党的教育事业，为党育人、为国育才。一直以来，武汉理工大学坚持师德师风"第一标准"，将弘扬教育家精神作为党委工程，把师德师风建设融入强师治校全过程，实施师德固本工程"八个一"行动，建立师德工作指数，从治理体系、制度体系和工作体系等层面为弘扬践行教育家精神提供强有力的保障，努力打造政治坚定、德行兼备、能力出众的高素质教师队伍，涌现出以全国优秀教师、强国青年科学家、全国最美高校辅导员及 3 个全国高校黄大年式教师团队等为代表的教师楷模。

引导教师勤修教育智慧，勇担育人使命。教育是一项智慧性的事业，要求教师具备学习、处世、生活、育人的智慧，既授人以鱼，又授人以渔，在各方面帮助和指导学生，当好青年的引路人，以回答好"培养什么人、怎样培养人、为谁培养人"这一教育根本问题的实际行动，勇担立德树人使命。建设教育强国，龙头是高等教育。高校必须深入领会教育、科技、人才是全面建设社会主义现代化国家的基础性、战略性支撑的深刻内涵，引导高校教师增强主动识变、应变、求变的信心和能力，鼓励广大教师在实践中大胆探索，创新教育思想、教育模式和教育方法，充盈教育智慧，努力提高教育教学质量，为培养时代新人作出新的更大贡献。武汉理工大学坚持用习近平新时代中国特色社会主义思想铸魂育人，持续推进教育教学高质量发展行动计划，深入实施以人事制度改革为牵引的综合改革，全面实施科研创新体系建设行动计划，以"党建引领、数据驱动、协同共享、提质增效"的总体思路深入实施数字化战略行动，推动数字化标杆大学建设，守正创新落实立德树人根本任务，涌现出以"全国最美大学生""中国大学生年度人物""中国大学生自强之星标兵"等为代表的学生典型，理工群星璀璨。

华中师范大学

以教育家精神铸就卓越未来教师

　　教育是强国之本，教师是教育之基。习近平总书记在 2024 年全国教育大会上指出，"要实施教育家精神铸魂强师行动"。对于师范院校而言，培育弘扬践行中国特有的教育家精神，需要从以下四个方面着手。

　　首先，要从战略高度精准把握教育家精神。人无精神则不立，国无精神则不强。小到一个人、一个集体，大到一个民族、一个国家，精神的力量都至关重要。中国特有的教育家精神，与"四有"好老师、"四个引路人"及"大先生"等论述一起，凝成了教师队伍建设和师范人才培养的"根"与"魂"，为健全中国特色教师教育体系、加快建设教育强国、实现中华民族伟大复兴提供了基础性、战略性保障。中国特有的教育家精神，从群体精神和群体文化层面，提炼了我国广大教师共同的价值追求和精神目标，激发了全体教师队伍对教师职业的认同感、归属感和荣誉感，鼓励引导广大教师和师范生将国家、社会对教师的期待和希望，内化为自我要求、转化为行动准则、落实为教育实践。弘扬教育家精神，凝聚社会各界对尊师重教的认可和共识，是提高教师政治地位、社会地位、职业地位，维护教师职业尊严和合法权益的重要途径。

　　其次，要从文化维度赓续传承教育家精神。中国特有的教育家精神源远流长、博大精深，是马克思主义基本原理同中国具体实际相结合、同中华优秀传统文化相结合在教育领域的生动体现。教育家精神是躬耕教坛的教育工作者特有的集体人格和精神特质，这一精神根植于中华文明的深厚沃土和传统师道的千年传承，具有中国特色和时代特征的双重烙印。从"万圣先师"孔子有教无类、因材施教；到近代以来，以陶行知为代表的教育家"捧着一颗心来，不带半根草去"，为中国教育探寻新路；再到新时代以"人民教育家"、全国教书育人楷模等为代表的大国良师，勇担"为党育人、为国育才"使命，做学生为学、为事、为人的"大先生"……历史沧桑巨变，精神一脉相承。立足新时代新征程，传承赓续千年中华师道，大力弘扬教育家精神，是实现以教师之强支撑教育之强、以教育之强推进国家之强的关键举措。

再次，要从师范角度学思践悟教育家精神。建设教育强国，龙头是高等教育，基点在基础教育，师范院校是两者的交汇点。师范大学在服务教育强国建设中负有特殊职责、重要使命，是践行教育家精神、厚植教育家情怀、滋养教育家品格、培养适应教育强国需要的大国良师的主阵地。师范大学要从强国建设和民族复兴的战略全局出发，充分认识教师队伍建设工作的极端重要性，将办好师范教育作为第一职责，将培养合格教师作为主要目标，深化教育评价改革，推动教师教育创新，优化教师教育人才培养模式，强化教师教育学科建设，深入实施"优师计划""强师计划""师范教育协同提质计划"等，弘扬尊师重教的校风学风教风，不断做强、做优、做特教师教育。师德师风是践行教育家精神的底线要求。师范院校作为教育母机，肩负着培养未来教师的重要使命，还应以最高标准坚守师德师风，在人才引进、教师聘用、导师遴选、履职考核和晋级晋升等职业生涯全过程严把政治关、师德关，教育引导广大教师祛除浮躁功利之风，回归育人初心。

最后，**要从实践效度深入贯彻教育家精神。**华中师范大学是教育部直属重点综合性师范大学，作为教师教育国家队，学校始终牢记教育报国初心使命，坚持立德树人根本任务，把教育家精神全方位融入教师队伍建设、师范生培养全过程，推动教育家精神在学校落地生根。学校深挖教育家精神内核，依托政治学、教育学、中国语言文学国家级一流学科，汇聚优势基础学科资源，发挥权威专家、优秀教师的作用，通过课题研究、座谈会、报告会等多种形式，组织开展教育家精神的学习宣传和理论研究阐释。深耕教育家精神引领，建立教师思想政治与师德师风建设长效机制，完善教师荣誉表彰体系，持续开展专项整治行动，组织评选"我心目中的好导师"和"好导师团队"，挖掘、培养一批具有华师印记和典型示范作用的"教育家型教师"。深化教育家精神熏陶，实施"时代新人铸魂工程"，持续推动"大思政课"建设，改进和加强公费师范生教育，打造具有师范特质的校园文化，以学生喜闻乐见的形式，将教育家精神纳入学生培养培训各环节、各阶段。实施"一体三化"师范生培养模式改革，打造智能化、沉浸式教师教育实训平台，以教育数字化开辟师范教育高质量发展新赛道。

华中农业大学

践行教育家精神　为强国复兴而育人

在 2024 年全国教育大会上，习近平总书记指出，要实施教育家精神铸魂强师行动，加强师德师风建设，提高教师培养培训质量，培养造就新时代高水平教师队伍。这为新时代教师队伍高标准建设、高质量发展指明了方向，提供了根本遵循。华中农业大学认真学习贯彻习近平总书记关于教育的重要论述，着力培养一支"经师"与"人师"相统一的卓越教师队伍，营造更人文、更开放、更自在的育人环境，激励全校教师自觉为中华民族伟大复兴而育人。

一是突出价值引领，强国复兴担重任。坚定心有大我、至诚报国的理想信念，树立胸怀天下、以文化人的弘道追求，是教师安身立命之基、教育报国之本。华中农业大学深入学习习近平总书记给学校本禹志愿服务队、给全国涉农高校书记校长和专家代表的重要回信精神，牢记"与祖国同行、为人民奉献""以立德树人为根本、以强农兴农为己任"殷殷嘱托，引领教师为强国复兴而育人、学生为强国复兴而读书。学校开展党的创新理论"精读精讲"，围绕学习贯彻习近平新时代中国特色社会主义思想和党的二十大精神，设立 60 个专题，组织不同学科教师通过专题式研究、团队式备课、点单式宣讲，促进学深悟透、入脑入心。聚焦农业强国建设"国之大者"，以奉献对地球和人类都健康的丰富食物为使命，建强 3 个全国重点实验室，打造作物遗传育种、农业微生物资源发掘与利用、果蔬园艺作物种质创新与利用等领域国家战略科技力量集群。发挥科教优势助力乡村振兴，1200 余名教师主动领题开展"乡村振兴荆楚行"，学校连续 6 年在中央单位定点帮扶工作成效考核中获最高考核等次"好"。

二是涵育高尚德行，师生融乐融真情。大学是价值共同体、教育共同体、学术共同体，好老师不仅要以学术魅力吸引学生，更要以言为士则、行为世范的道德情操和乐教爱生、甘于奉献的仁爱之心感染学生。近年来，华中农业大学把构建"师生融乐"新型师生关系，作为加强师德师风建设的重要抓手，引导教师"视学生如己出"，在自由、平等、诚信、友善的育人情境中，与学生平等交流、自由互动、深度对话，履行好学生为学为事为人的职责。学校从有利于师生共同参与的高品质文化活动入手，在每年的"两季三节"(毕业季、迎新季，狮山读书节、狮山艺术节、狮山欢乐节)等重点校园文化活动中，由师生共同发起、组织和参与活动 1000 余场，通过共同研读人文经典、享受运动乐趣、体验生活美学、激发校园创意，实现"亲其师、信其道"。积极推进"师生融乐"的场域从校园文化活动拓展到党建活动、课堂教学和学术活动，落实到教育教学各环节全过程。建有"共同空间""问学斋"等常态化师生交流平台 20 余个，校领导每周四下午七八节课走进学生社区与师生面对面交流。组织百个教工党支部与百个学生党支部结对、千余名"红色导师"与万名学生入党积极分子结对，98% 专业教师担任本科生导师，广大师生在各方面携手协同，同开展理论学习、同探索学术前沿、同参加社会实践、同投身志愿服务，共同品味成长之乐、探索之乐、奉献之乐。

三是锤炼育人本领，五育融通育全人。教师的天职是育人。每一位教育工作者都必须秉持勤学笃行、求是创新的躬耕态度，涵养启智润心、因材施教的育人智慧，不仅做专业知识的传播者，也是学生全面发展的引路人。近年来，华中农业大学提出"三全育人、五育融通"教育理念，引导教师转变教育教学观念，坚持以学生的终身学习、终生发展和一辈子幸福为中心，从侧重知识传授向价值塑造、能力培养、知识创新"融为一体"转变，促进学生成长为兼具健全人格、全面知识体系、健康身体、崇高审美、独立生活生存能力的拔尖创新人才。学校举办"五育融通"教育思想大讨论，实施一流本科人才培育行动、研究生教育改革创新发展行动，全面修订本研人才培养方案，鼓励以探索和发现为中心的教学，以提升学生阅读、写作、交流、合作能力为重点建设一批核心通识课程，不断丰富"无体育不狮山、无才艺不华农、无劳动不幸福"育人实践，致力于培养德智体美劳全面发展、融合通达的时代新人，帮助学生构建起求真崇善尚美的意义世界，自觉立大志、明大德、成大才、担大任。

四是优化大学治理，营造"近者悦、远者来"的学人乐土。一所大学最宝贵的财富是教师，源源不断涌现出一批又一批好老师是学校的光荣。近年来，华中农业大学坚持人才优先战略，着力构建完善教师发展保障体系，尊重教师首创精神，珍惜教师劳动成果，促进教师成长发展，做到"学术多问计学者，育人多倾听师生"。学校开展管理服务机构改革，遵循"一类事项归口一个部门，由一套人员负责"原则，管理与服务机构数量精简 1/3，有效提升一流大学治理效能。坚持教学神圣、课堂神圣，把立德树人成效作为检验学校一切工作的根本标准，建立教书育人荣誉体系，以扩大教育教学类奖励为重点，修订综合奖励办法，把教育教学质量和师德师风建设情况纳入学院年度目标绩效考核，引导教师潜心向学、静心育人。尊重人才成长规律，实施"狮山硕彦"计划，构建人才发展"绿色通道"，把创新价值、业绩和贡献导向全面落实到学校职称评聘、岗位聘任等工作中，努力做到"用当适任、用当其时、用当尽才"。

中南财经政法大学

"淳风　雅德　颂教"并举
推动教育家精神见行见效

　　加快建设教育强国，是党中央作出的重大战略决策。强教必先强师。中国特有的教育家精神赋予了新时代人民教师崇高使命，为新时代教师队伍建设指明了前进方向，提供了根本遵循。中南财经政法大学作为一所由党创办、具有红色基因的人文社科类大学，通过以"淳风·雅德·颂教"为主要内容的"风雅颂"教师思想政治和师德师风制度文化体系建设，积极推动教育家精神转化为具体行动，努力建设政治素质过硬、业务能力精湛、育人水平高超的高素质教师队伍，落实好立德树人根本任务，在加快教育强国建设中彰显红色大学的使命与担当。

　　一是淳化师风，强化思想沁润推动入心见行。教育家精神对教师素养和师德师风提出了新的高线要求，高校必须以习近平新时代中国特色社会主义思想为指引，不断加强对教师理想信念的塑造和提升，帮助教师群体实现自我净化、自我完善、自我提高，进一步坚定"心有大我、至诚报国"的理想信念，践行"胸怀天下，以文化人"的弘道追求。

　　大力弘扬教育家精神，重在"内化于心"。中国特有的教育家精神为建设中国特色世界一流大学提供了重要遵循、注入了强大精神动力。学校积极做好教育家精神的学习宣传阐释，纳入"第一议题"，党委带头学；在全媒体平台刊登学习资料，推出"躬耕教坛、强国有我"系列专栏，多维供给学；充分发挥人文社科类大学优势，鼓励专家学者深入阐释教育家精神的内涵意蕴，专家辅导学；列入主题党日、教研活动、岗前培训等，全员覆盖学；开展大学习、大讨论活动，广泛深入学，以浓厚的学习氛围促进师德师风提升。

大力弘扬教育家精神，贵在"外化于行"。教育要同国家之命运、民族之前途紧密联系起来。学校"学""研""传""行""创"相结合，积极引导广大教师厚植教育情怀，积极服务国家战略和地方发展。近年来，学校一大批学者，立足国家重大战略需求，心系国家事，肩扛国家责，在服务经济社会发展、涉外法治人才培养、国际组织职能发挥、对外文化交流等领域做出积极贡献，把"爱国心、强国志、报国行"写在祖国大地上。

二是雅正师德，强化制度赋能优化育人资源。学校坚持把教育家精神培育体现在具体业务中，同谋划、同部署、同推进，通过完善制度机制，激励保障广大教师陶冶"言为士则、行为世范"的道德情操，秉持锤炼"勤学笃行、求是创新"的躬耕态度。

制度导德，坚守教书育人本分。新时代一流大学的内涵式建设，必须深刻把握教师发展规律和人才培养规律，完善现代高校教师管理制度，改革教师评价标准，引导教师更好履行教书育人职责。学校坚持加强党的领导，落实党委定期研判制度，强化顶层设计，按照"三实四深六强双促"的建设举措，完善师德建设责任机制、落实机制、管控机制。发挥教育评价"指挥棒"作用，坚持"破五唯""立新标"并举，构建中南财经政法大学特色的人文社科类教师评价体系，坚持师德师风第一标准，突出教育教学实绩，落实师德典型优先；完善"四位一体"教学过程评价体系，激发潜心育人的内生动力，传承学校先贤"板凳能坐十年冷"的治学精神。

深谋融合，坚守立德树人初心。办好社会主义大学必须坚定正确的政治方向，用知识体系教、价值体系育、创新体系引，促进专业知识教育与思想政治教育相结合。学校推动教育家精神涵养、师德师风建设与教育教学深度融通，把教师"第一资源"转化为育德育人"第一动力"。坚持"启智润心"，持续将党的二十大精神融入教育教学，深入贯彻落实"时代新人铸魂工程""'大思政课'建设工程"，聚焦课程思政，搭建多样化的教师教学交流研讨平台，鼓励教师及团队围绕新文科建设等开展深融通"互联网+""专业特色+"课程思政探索，加强数字化教师思政教育课程资源建设，推动课程思政优质资源共建共享。目前学校使用智慧教学工具教师累计838人，覆盖学生4万余人次，教学能力和课堂教学质量显著提升。

三是颂扬师教，弘扬师道精神营造良好生态。教育是"仁而爱人"的事业。树立师德典型，大力弘扬尊师重教的优良传统，让广大教师在岗位上有幸福感、事业上有成就感，必将更好激励他们厚植"乐教爱生、甘于奉献"的仁爱之心，激发"启智润心、因材施教"的育人智慧，以大爱大智点亮学子梦想、托举民族未来。

以尊养德，弘扬师道文化。大学文化塑造大学的精气神，决定着大学前行的步伐，更是涵养教育家精神的重要源泉。学校深入挖掘优秀教师的学术经历、治学方法、育人经验，编写出版《学者学术人生系列丛书》，利用全媒体传播矩阵讲好"希贤好故事"师德篇，传承弘扬严谨治学、经世致用的品格，树立标杆、激励后学。通过"教书育人奖""公道美品德行奖"等，健全教师荣誉制度，不断营造贵师重傅的浓厚文化氛围。加强关心关爱，不断提升全校教师的获得感和满意度，积极营造培育"教育家"的良好环境，保障教师当好"引路人"、争做"大先生"。

青蓝相继，传承师德师风。教育家精神最终体现在一批又一批饱含教育情怀的学者身上。只有一批批优秀的教师用心、用情、用力、用智地开展工作，才能形成学校教育教学、学科建设和人才培养的蓬勃发展态势。学校坚持高线引领，发挥黄大年式教师团队、楚天园丁、银龄教师等先进典型的辐射带动效应，通过"'一对一'教学技能指导""初任教师导师制"等，让资深教授带领青年教师过好"师德关""教学关""科研关"，实现教育家精神精准供给，引导广大教师把教育家精神作为共同价值追求，高质量落实立德树人根本任务。

中南大学

践行教育家精神　培育一流教师队伍

教师强则教育强，教育强则国家强。打造一支高素质专业化的教师队伍，是建设教育强国最重要的基础工作。2023年9月，习近平总书记致信全国优秀教师代表，提出了中国特有的教育家精神，为推进新时代教师队伍建设指明了前进方向、提供了根本遵循。中南大学深入认识和深刻把握教育家精神的丰富内涵和实践要求，紧密围绕贯彻落实习近平总书记关于教育的重要论述，在回答"教育强国、中南何为"时代命题中弘扬践行教育家精神，以一流教师队伍建设引领特色鲜明的世界一流大学建设。

弘扬教育家精神，要在深刻感悟思想伟力上先行。从"四有"好老师、"四个引路人"、"经师"与"人师"的统一者到成为"大先生"，再到中国特有的教育家精神，习近平总书记的系列重要论述，为广大教师成长提供了源源不断的精神动力和思想养分。高校要把加强党的创新理论武装作为教师队伍建设的第一要求，大力推动教育家精神入脑入心、落地见效。中南大学深入挖掘践行教育家精神元素，多形式多渠道抓好学习宣传，构建学校党委、机关部门、学院、党支部"四级宣讲"体系；将教育家精神作为新进教师、海外归国教师、研究生导师等各类培训班次的必修课，实现教师全覆盖；将教育家精神的丰富内涵与实践要求细分为 12 个主题，定期在媒体矩阵平台上发布宣传阐释文章，推动学习宣传常态化长效化；推出"致敬中南良师""中南师范""中南师心""中南师言"等专栏，选树典型 50 人，开展报告会 10 场，编演"中南故事""院士报国梦"等系列舞台剧，1 万余人次参加有关活动。

弘扬教育家精神，要在服务经济社会发展上着力。高校教师是科技创新的生力军，在实施科教兴国战略、人才强国战略、创新驱动发展战略中发挥着重要作用，高校要教育引导教师在"勤学笃行、求是创新"中，把教育家精神转化为科技报国的生动实践。2013 年 11 月 4 日，习近平总书记考察中南大学时，明确要求学校"面向经济建设主战场，面向民生建设大领域，加强科学研究工作，加大科技创新力度，努力形成更多更先进的创新成果"。学校深入贯彻习近平总书记重要指示精神，强化以教育家精神为引领，引导教师紧盯国家重大战略需求，聚焦"四个面向"，为高水平科技自立自强贡献更大力量：坚持顶层战略牵引、重大任务带动、基础能力支撑，组建若干团队，把优秀教师放在重大原创成果和"卡脖子"技术攻关的时代舞台上历练，在资源高效开发利用、高新材料、高速列车气动性能等领域取得不断突破，2013 年以来获国家科学技术奖 45 项；大力推动教师把论文写在祖国大地上，建立健全"综合管理＋战略研究＋转化运营＋信息服务""四位一体"知识产权服务体系，助推教师以更多创新成果服务于发展新质生产力，2013 年以来学校单项合同金额过亿元的成果转化达到 13 项，获中国专利金奖 3 项。

弘扬教育家精神，要在落实立德树人根本任务上固本。高校要教育引导教师牢记为党育人、为国育才的初心使命，培养担当民族复兴大任的时代新人。中南大学始终坚持师德师风第一标准，建立"党建引领、日常涵养、典型选树、师生共育"师德涵育体系，明确责任落实，出台 12 项制度，引导教师以德立身、以德立学、以德施教；聚焦学生成长成才，系统部署人才培养从重规模向重质量发展，推动教师更加注重学生"发现问题、分析问题、解决问题"能力素养提升，修订培养方案、重塑课程体系，突出通识教育与个性化培养，提升教学技能和水平，大力实施课程思政，发挥专业育人作用，确保广大教师做好学生学习成长的引路人；坚持以教学科研并重的标准建设教师队伍，成立教师教学发展中心，多举措帮助教师涵养终身学习习惯，拓宽知识领域、完善知识体系，以精湛的学识、深厚的素养、前沿的视野，为学生成长持续不断提供源头活水。

弘扬教育家精神，要在组织领导保障上谋实。教育家精神落细落地，必须坚持正确的政治方向，不断深化新时代教师队伍建设改革创新。中南大学严格落实党管人才原则，校党委常委会定期研究部署相关工作，充分发挥党委人才工作领导小组和人才工作委员会作用，不断完善"党委统一领导、党政齐抓共管、部门合力推进、学院主体落实、全校广泛参与"的机制，把弘扬教育家精神贯穿教师队伍建设全链条。健全教师评价机制，修订专业技术职务评聘、新进教师和博士生导师遴选等系列制度，坚持"破五唯"与"立新标"并举，构建"师德第一标准、教学实绩为要、科研质量为基、社会服务水平为重"综合评价体系，把教育家精神要求转化为落地举措。营造尊师重教的浓厚氛围，严格落实专家联系制度，在教师节等重要时间节点开展座谈会、走访慰问，建立教师荣誉制度、入职仪式和荣休仪式制度；依托学术委员会、教授委员会，充分发挥教师在学校治理中的作用；提升教师服务供给效能，积极推动解决教师子女教育、医疗保健等实际问题，让广大教师安心从教、静心从教。

湖南大学

以教育家精神为引领　投身强国建设

　　教育是强国建设、民族复兴之基；教师是立教之本、兴教之源。习近平总书记高度重视教师队伍建设，总结凝练了中国特有的教育家精神，提出要实施教育家精神铸魂强师行动，为广大教师描绘了作为新时代"师者"的价值追求与职业情操，为高校教师队伍建设提供了根本遵循、指明了行动方向。湖南大学始终牢记习近平总书记的殷切嘱托，传承和弘扬自岳麓书院以来秉持的"传道济民、经世致用"办学思想，引领广大教师在新时代积极践行教育家精神，当好师者榜样，投身强国建设。

深刻认识中国特有的教育家精神的内涵意蕴

　　一是中国特有的教育家精神，植根于中华文明中的师道传承。中国"特有"的教育家精神，必然是区别于其他价值理念、具有鲜明中国特色的职业精神，千百年来源远流长的中华传统师道文化，正是其根之所在、脉之所系。从被中华民族尊为"至圣先师""万世师表"的孔子所提倡的"人能弘道""有教无类"的教育思想，到唐代韩愈"师者，所以传道受业解惑也"对于为人师者的经典阐释，再到南宋岳麓书院张栻"盖欲成就人才，以传道而济斯民也"的办学宗旨，无不体现了教育者的使命担当、道德修养与育人智慧，具有深刻内涵的"教育家精神"正是这两千五百多年师道文化与师德力量的时代传承与赓续。

二是中国特有的教育家精神，延展于中国共产党人的精神谱系。"一百年来，中国共产党弘扬伟大建党精神，在长期奋斗中构建起中国共产党人的精神谱系，锤炼出鲜明的政治品格。"习近平总书记在庆祝中国共产党成立 100 周年大会上发表重要讲话时强调，以"坚持真理、坚守理想，践行初心、担当使命，不怕牺牲、英勇斗争，对党忠诚、不负人民"伟大建党精神为源头的中国共产党人的精神谱系，是中国特有的教育家精神的品格底色，无论是"躬耕教坛、强国有我"的志向抱负，还是"立德树人、培根铸魂"的使命担当，抑或"言为士则、行为世范"的道德追求，都高度契合于中国共产党"为中国人民谋幸福，为中华民族谋复兴"的初心使命，是中国共产党人的精神谱系在教育领域的丰富与延展。

三是中国特有的教育家精神，呼应于新时代教育高质量发展的现实要求。党的二十大报告指出"高质量发展是全面建设社会主义现代化国家的首要任务""教育、科技、人才是全面建设社会主义现代化国家的基础性、战略性支撑"。在教育强国的战略部署中"强国必先强教、强教必先强师"被摆在更加突出的位置。全国教育大会强调"要实施教育家精神铸魂强师行动，加强师德师风建设，提高教师培养培训质量，培养造就新时代高水平教师队伍"。教育家精神的系统总结提炼，是对"建好高素质教师队伍、办好中国特色世界一流大学"的现实呼应，是在新时代推进科教兴国战略、人才强国战略、创新驱动发展战略进程中恰逢其时的思想引领与理论支撑，为广大教师服务国家战略提供了源源不断的精神动力。

牢牢把握弘扬和践行教育家精神的实践力量

弘扬和践行教育家精神，首先是要培养经世致用的时代新人。湖南大学的前身岳麓书院作为湖湘文化的发源地，从"道林三百众，书院一千徒"到"中兴将相，什九湖湘"，其办学宗旨始终坚持"传道济民，经世致用"的传统。在当前中华民族伟大复兴的新征程上，在教育强国建设的奋进途中，高等教育被赋予"龙头"的重任，湖南大学也将继续传承和发扬千余年来的办学传统，启智润心、因材施教，落实立德树人根本任务，培养新时代经世致用领军人才，造就一大批具有创新精神和创新能力的优秀学生，为党育人、为国育才。

弘扬和践行教育家精神，要勇担科技强国的时代重任。在湖南大学的发展历程中，始终坚持"实事求是、敢为人先"校训，为国家进步提供解决方案。从魏源的"师夷长技以制夷"，到以曾国藩、左宗棠为代表的中兴将相，再到以蔡和森、何叔衡为代表的无产阶级革命家，时至今日，世界上首座跨度超过千米的公铁两用斜拉桥——沪苏通长江大桥、中国第一高楼——上海中心大厦、世界最长玻璃桥——张家界大峡谷玻璃桥等重大工程，都采用了湖南大学科学技术解决方案。在"两个一百年"奋斗目标的历史交汇期，湖南大学将一如既往引导教师遵循"四个面向"，聚焦基础研究和原始创新，对接国家战略需求与地方经济发展，在强国建设中求是创新、至诚报国。

弘扬和践行教育家精神，要谨遵师德操守与师道尊严。教育家精神的培育，要将师德建设作为第一标准摆在首位。习近平总书记关于教育的重要论述中，对广大教师提出"四有"好老师、"四个引路人"、"四个相统一"、"做学生为学、为事、为人的大先生"等殷切期望。湖南大学也始终将师德师风作为第一标准，在师德教育、师德宣传、师德考核、师德监督、师德激励、师德惩处等方面不断加强体制机制建设，教育引导广大教师以德立身、以德立学、以德施教。与之一脉相承且具有更丰富内涵的中国特有的教育家精神，将成为湖南大学育师强师的准则，引领和激励全体教师当好师者榜样，努力做"经师""人师"相统一的"大先生"。

中山大学

以教育家精神引领高水平教师队伍建设

教师是教育高质量发展的第一资源，教师队伍建设是建设教育强国最重要的基础工作。习近平总书记提出中国特有的教育家精神，作出大力弘扬教育家精神的重要指示，为新时代教师队伍建设指明了前进方向。中山大学认真学习贯彻习近平总书记的重要指示精神，以教育家精神引领高水平教师队伍建设，以高水平教师队伍支撑学校高质量内涵式发展。

以思想政治为引领，提升教师政治素质。 高校教师要有"心有大我、至诚报国的理想信念"，把自身和团队发展融入民族复兴、强国建设的历史伟业。近年来，学校坚持以习近平新时代中国特色社会主义思想为指导，深刻领悟"两个确立"的决定性意义，增强"四个意识"、坚定"四个自信"、做到"两个维护"，严格落实"第一议题"制度，建立政治要件闭环管理机制。坚持党对学校工作的全面领导，贯彻落实党的教育方针，加快建设中国特色世界一流大学。持续加强改进教师党建和思想政治工作，培育创建全国党建示范高校、标杆院系和样板支部，以增强政治功能和组织功能为目标，以"双带头人"培育工程为抓手，推动教师党支部建设。加强对高层次人才、青年教师、海外归国教师等群体的政治引领和政治吸纳。以2024年"世纪中大，山高水长"百年校庆为契机，凝聚广大校友和师生的智慧和力量，挖掘校史中的教育家精神，推动大学文化建设和学校事业发展。

以人才培养为中心，提升教师育人水平。习近平总书记指出："教师要成为大先生，做学生为学、为事、为人的示范，促进学生成长为全面发展的人。"高校教师要在履行传授知识、培养能力、塑造价值的职责中提高育人能力。党的二十大报告指出，"全面提高人才自主培养质量，着力造就拔尖创新人才"。近年来，学校深刻把握人才培养的内涵和要求，推动教师更新教育理念，提升教育教学能力，提高人才培养质量。坚持以学生成长为中心，按照"加强基础、促进交叉、尊重选择、卓越教学"理念，构建通识教育与专业教育相结合、集中大类培养与专业培养相结合的培养体系。推动教师着力提升学生的学习力、思想力、行动力，鼓励教师在教学中融入通识教育理念，实施以学生成长为中心的教学模式改革，健全以学习成效为导向的教学评价体系，推进教学体制机制改革，促进交叉复合型人才培养。

以国家战略为导向，提升教师创新能力。2023 年 4 月，习近平总书记在广东考察时指出："实现高水平科技自立自强，是中国式现代化建设的关键。"学校扎根广州、深圳、珠海三地办学，服务粤港澳大湾区建设是学校发展的重要使命。近年来，学校教师瞄准世界科技前沿和国家重大战略需求，加强自主创新能力建设，努力在关键核心技术突破上取得更大进展。国家超级计算广州中心、"天琴计划"、南方海洋实验室、华南高等级生物安全实验室等科技平台建设取得重要进展，"中山大学"号海洋综合科考实习船、"中山大学极地"号破冰科考船、"珠海云"智能型无人系统科考母船顺利建设完成投入运行，涌现出高精度超长距离地月激光测距、陆面模拟系统等重要科研成果。学校广大教师将进一步聚焦国家重大战略需求和世界学术前沿，瞄准关键核心技术难题强化有组织科研，为实现高水平科技自立自强作出更大的贡献。

以深化改革为动力，提升教师队伍质量。习近平总书记指出："从教育大国到教育强国是一个系统性跃升和质变，必须以改革创新为动力。"近年来，学校深化教师人事制度改革，提升教师队伍质量和水平。按照"适度规模、优化结构、注重质量、追求卓越"的基本原则，优化人才引进规划，通过重大创新平台建设聚才引才。深化教师聘任制度改革，健全教研型、教学型、研究型教师分系列发展体系，分系列设岗、聘用和考评，明确不同系列教师发展路径。全面实施教研型教师"预聘—长聘"制改革，实施长周期评估，形成稳定支持机制。完善教师考核评价体系，聚焦教师代表性工作的创新性、系统性、标志性和影响力，建立注重人才培养质量与成效、学术创新贡献与影响的评价体系。坚持分类考核，按照教师系列和发展阶段设置考核周期，建立动态评价制度。全面推进学部制改革，由学部统筹学术标准与学术评价。

以师德师风为根本，提升教师道德修养。习近平总书记指出："评价教师队伍素质的第一标准应该是师德师风。"近年来，学校高度重视师德师风建设，加强党对教师工作的全面领导，完善教师思想政治和师德师风建设体制机制。将教师思想政治和师德师风建设工作纳入学校年度工作要点、全面从严治党工作要点，纳入校内巡视，纳入党建考核和领导干部年度考核。构建四级审核把关机制，在教师管理各环节严格落实政治和师德把关要求。健全"早预防、早发现、早报告、早处置"工作机制，依法依纪依规查处师德违规行为。开展师德师风学习教育，举办庆祝教师节优秀教师表彰活动。近年来，涌现出全国优秀教师张培震、全国优秀共产党员管向东、全国援外医疗工作先进个人吴德熙、第 48 届国际南丁格尔奖获得者成守珍、全国五一劳动奖章获得者保继刚，以及 3 个全国高校黄大年式教师团队等优秀教师代表。

华南理工大学

以教育家精神为引领　培育新时代强国之师

习近平总书记在 2024 年全国教育大会上指出，要实施教育家精神铸魂强师行动。教师是教育事业的基石，没有一支优秀的教师队伍，就不可能办出让人民满意的教育。虽然每一位教师不可能都成为教育家，但用教育家精神引领教师的发展，并尽可能地让更多的教师成为教育家是实现教育强国目标的重要保证。华南理工大学始终坚持以习近平新时代中国特色社会主义思想为指导，深刻领会教育家精神的丰富内涵，大力弘扬教育家精神，深入实施"人才强校"战略，扎实推进新时代教师队伍建设，构建具有国际竞争优势的人才发展体制机制，奋力写好"强国复兴、大学有为"的华工篇章。

筑牢教育家信念，为铸魂者铸魂。立德先立师，树人先正己。教师肩负为党育人、为国育才的初心使命，必须筑牢心有大我、至诚报国的理想信念，涵养言为士则、行为世范的道德情操，切实扛起新时代立德树人根本任务。高校必须做实做强教师思政工作和师德师风建设，让育人者先受教育、铸魂者先铸其魂。一是以红色基因筑底铸魂。华南理工大学重要办学源头之一是成立于 1918 年的广东省立第一甲种工业学校，世称"红色甲工"。学校深入实施"红色基因传承工程"，将"红色甲工"的历史作为鲜活教材，通过建设新校史馆、创作展演歌剧和话剧、塑造英雄群像等方式，激活红色资源，讲好红色故事，在沉浸式党史校史、国情校情教育中汲取红色力量，在传承红色基因中弘扬教育家精神，引导广大教师树立"躬耕教坛、强国有我"的志向和抱负，强化初心使命，争当教育强国建设的先锋闯将。二是以教师工作体系立德正风。何镜堂院士曾言："宁可无得，不可无德"。师德师风是教师的立身之本，是教育工作的生命线，学校始终把师德师风建设摆在教师队伍建设首位，着力构建坚持党委统一领导、校院两级责任、三项引航举措、六大工作机制、两条主线建设的教师工作体系。精心打造"华园师说""尊师重道""师者风华"三大品牌活动，表彰激励卓越者、先进者；加强全过程思想政治和师德表现审查，对师德失范行为严格处置，引以为戒，从正反两面推进全员全方位全过程师德养成。近年来，学校涌现出国家卓越工程师团队、全国高校黄大年式教师团队、全国教育系统先进集体、最美奋斗者、最美科技工作者等一批先进模范。

把握教育家特质，为树人者赋能。教育是关于仁爱的事业，也是关于专业的事业。高校教师既要坚守乐教爱生、甘于奉献的仁爱之心，也要保持勤学笃行、求是创新的躬耕态度，全面践行"四有"好老师、"四个引路人""四个相统一"，做学生为学、为事、为人的"大先生"。学校坚持将弘扬践行教育家精神贯穿教师课堂教学、科学研究、社会实践等各环节，筑牢教育家精神践行主阵地。一是遵循教育规律，增强教师服务学生成长的真本领。如何实现让每个学生都有人生出彩的机会？华南理工大学程正迪院士的座右铭是"教授工作是本良心账"。为帮助老师们算好这本"良心账"，学校将教育家精神深度融入教职工教育培训和人才发展体系，实行"教师教学能力提升计划"，开展全体教师三年轮训，创建立体网格式教学发展组织，开展教学竞赛、"青蓝工程"和新教师研习营等，持续提升教师教书育人的能力和水平。近五年，学校获国家级教学成果奖 11 项，获批全国"三全育人"综合改革试点单位和教育部"一站式"学生社区综合管理模式建设试点单位等。二是聚焦现实需求，做强教师服务国家发展的大平台。当前，党和国家事业发展对教育、科技、人才的需求比以往任何时候都更为迫切。国家有大需求，高校应有大担当，教师须有大作为。建设好大平台是教师实现大作为的前提，学校超常规布局一批急需学科或前沿交叉学科，组建国家卓越工程师学院、集成电路学院、未来技术学院等，建设大湾区超级机器人研究院等一批高能级平台；出台推进科技成果转化和创新创业的"华工十条"、制定"一院一策"《哲学社会科学研究成果评价改革实施办法》，鼓励教师科研成果"加快转、放心转"，引导教师把论文写在祖国大地上，为教师在新时代踔厉奋发、建功立业赋能提速。

呼应教育家需求，为耕耘者培土。建设中国特色、世界一流大学，教师是关键力量。培养造就新时代高水平教师队伍，既要着力加强引才育才工作，也要持续提升教师待遇保障。学校以"双一流"建设和部省市校四方共建广州国际校区为"双引擎"，秉持"近者悦，远者来"的人才理念，推动"政策支持＋全心保障"叠加赋能，营造教育家成长的良好环境。一是在体制机制上下功夫。学校探索实施教研系列"预聘—长聘"制度，推进教师岗位聘任、薪酬体系、晋升评价、考核评估等全链条改革，给予教师稳定长期的支持。坚持破立并举，着力推进教师队伍评价体系建设，在分类评价的基础上，提升代表性成果、创新性成果、质量贡献等"软评价"的科学性和权威性。二是在服务保障上下功夫。近年来，学校积极拓展办学资源，保障教师各项福利待遇；建设人才公寓、开展周转住房分配、办好附属学校和幼儿园等，持续推进一系列重点民生工程取得重大突破，着力为广大教师安心热心舒心静心教书育人营造良好的环境和条件。

　　教育家精神的培养是一项永恒的任务，不仅关涉大学自身办学水平的提升，更关涉国家教育强国目标的实现，甚至影响到中华民族伟大复兴梦想的实现。未来我们将全面实施教育家精神铸魂强师行动，以高质量教师队伍建设为牵引，加速挺进全球百强大学，勇当粤港澳大湾区高等教育发展的排头兵。

重庆大学

大力弘扬教育家精神　锻造新时代好老师

　　2023 年教师节前夕，习近平总书记致信全国优秀教师代表，首次提出并深刻阐释了中国特有的教育家精神的丰富内涵，赋予了新时代人民教师崇高使命，是对教师队伍建设规律性认识的新论断，是对教师队伍高标准建设提出的新要求，为打造高素质教师队伍、推动教育高质量发展提供了根本遵循。重庆大学深入学习贯彻习近平总书记关于教育的重要论述和考察重庆时的重要讲话、重要指示精神，深度融入强国建设、民族复兴新征程，锚定"双一流"目标，大力弘扬教育家精神，着力培养造就高素质教师队伍。

　　领悟教育家精神科学内涵，明"志存高远"的为师之志。"教育者先受教育"，新时代人民教师只有坚定理想信念之锚，牢记"为党育人、为国育才"的初心使命，方可担负起培育时代新人的历史重任。学校坚持筑牢思想根基，严格落实学习贯彻党的创新理论制度机制，将学习领会习近平总书记关于教育的重要论述和关于教师队伍建设的重要指示批示作为教师教育培训核心内容，推进教师理想信念教育常态化，坚持不懈用习近平新时代中国特色社会主义思想铸魂育人。坚持深化宣讲阐释，为新进教师讲好"立德树人"第一课，系好青年教师从教生涯"第一粒扣子"。组建"信仰的力量""红岩精神宣讲"等师生宣讲团，引导教师在"讲"与"听"的氛围中走进躬身爱国、严谨治学、潜心育人的师者境界，增强对教育家精神的情感认同、文化认同。坚持舆论氛围营造，专题开展弘扬教育家精神之"躬耕教坛、强国有我"人物系列报道，全方位立体化展现教师矢志不渝、锐意进取的精神风貌，引导广大教师胸怀"国之大者"。

弘扬教育家精神时代意蕴，立"律己修身"的为师之德。"师也者，教之以事而喻诸德者也。"好老师首先应该是以德施教、以德立身的楷模，是塑造学生品格、品行、品位的"大先生"。学校在组织领导上发力，成立党委教师工作委员会，统筹指导全校教师思想政治工作及师德师风建设；设立党委教师工作部，专职负责师德师风建设工作；明确各学院师德师风建设工作联络员，打通"最后一公里"。在机制完善上发力，紧紧围绕认真落实新时代师德师风建设的要求，全力推进学校党委、学院党组织、教师党支部三级联动工作机制建设，全面落实以教师思政、职业道德素养、教师管理、氛围营造等为主要内容的师德师风建设要求。在制度建设上发力，出台《完善教师思想政治和师德师风建设工作体制机制的实施办法》《进一步压实学院师德师风建设直接责任的实施办法》《教师师德失范行为负面清单及处理办法》等文件，做到教师职业发展全过程"双把关"，夯实师德师风严的主基调，巩固师德师风持续向好发展态势。

发扬教育家精神文化特质，修"仁而爱人"的为师之心。"乐教爱生、甘于奉献的仁爱之心"，内嵌了教育家精神的崇高情怀。学校以文化涵育为着力点，构建红岩精神思政课堂，开展新进教师红岩精神实践研学，将红岩精神内化为广大教师的价值基因和精神动力，赓续红色血脉。打造《何鲁》《光华》《启承》等校园原创话剧以及《师者故事》《青年教师微访谈》《名师在校园》等系列微视频，以学校先贤躬身育人的事迹和身边榜样的力量厚植教师躬耕教坛的"大先生"情怀，引导教师见贤思齐、崇德尚美。以榜样示范为关键点，大力选树教书育人典型，教师队伍中涌现出了全国优秀教师、"杰出教学奖"获得者、全国高校黄大年式教师团队负责人李百战教授，把论文写在祖国大地上的"最美野外科技工作者"蒋兴良教授等一大批坚守三尺讲台、潜心科研攻关、矢志教书育人的教师楷模。以正面激励为突破点，开展年度"优秀教师""十佳优秀青年教师""最受学生欢迎的老师""优秀辅导员"等评选，深入开展新进教师入职宣誓仪式、教职工荣休仪式和教师交流会等活动，不断增强教师职业荣誉感和育人责任感。

强化教育家精神生动实践，弘"天下为公"的为师之道。"心有大我、至诚报国"，学校积极引导广大教师以身示范，心系"国之大者"，融入中国式现代化新征程。持续提升教学水平，构建教师教学三个发展阶段、五种基本能力、三大基本素养的"3+5+3"培育模式，全方位提升教师教学基本功，着力培养担当民族复兴重任的时代新人。始终立足科研报国，引导广大教师不断开拓新领域、攀登新高峰。"跨界"院士杨士中带领团队向太空"借电"，周绪红院士带领团队研究的"高层钢—混凝土混合结构的理论、技术与工程应用"项目获得国家科技进步奖一等奖，潘复生院士带领团队在高塑性镁合金、镁电池、镁固态储氢材料等领域深耕不辍，等等。全面服务国家战略，在新时代西部大开发背景下，以深度融入成渝地区双城经济圈建设为牵引，积极引导广大教师发挥学科、人才、科研等综合优势，与地方政府、重点企业深化合作，打造高能级创新平台，推动成果转移转化，助推地方产业经济快速发展。深入落实党中央乡村振兴战略部署，发挥智力优势，组织学校专家教授等培训云南绿春等地基层干部、技术人员 1 万余名，推动乡村全面振兴。

西南大学

大力弘扬教育家精神
培养"大国良师"和"未来教育家"

习近平总书记在 2024 年全国教育大会上的重要讲话指出："要实施教育家精神铸魂强师行动，加强师德师风建设，提高教师培养培训质量，培养造就新时代高水平教师队伍。"教育家精神孕育于扎根中国大地办教育的伟大实践，根植于源远流长的中华优秀传统文化沃土，熔铸了历代师者先贤的精神品格，在中国式现代化新征程上焕发出新的时代光彩。推动高质量教师队伍和教师教育体系构建，要努力让教育家精神融入师表、渗入师道、浸入师魂。

西南大学坚持以教育家精神擦亮教师教育底色，聚焦涵育"大国良师"和"未来教育家"，加强高素质专业化创新型教师队伍建设，推动教师教育高质量发展，着力提升教师队伍和未来教师的专业自强、历史自觉、文化自信，让"躬耕教坛"与"强国有我"在思想和行动上"双向奔赴"，实现个人理想与国家发展同频共振。

砥砺专业自强，铸就"大学问"。"给学生一碗水，教师要有一潭水"，渊博的知识学识和过硬的专业素养是教师理应具备的基础性素养。教育家精神是优秀教师群体长期躬耕杏坛的生动写照，为教师铸魂育人价值实现提供了强大的精神内核，能够从内心深处感召和驱动教师坚定从教信心、砥砺育人情怀、提升综合素养，对教师专业自强具有直接作用力和转化力。西南大学高度重视教师综合素质和专业素养的培育养成，在弘扬教育家精神中持续提升教师执教能力。系统构建教师培养体系，联动教师和师范生专业教学技能、学科专业教育、公共课通识教育和基础教育教师能力建设；建设一体化成长平台，建成教师职业发展与个人成长工作坊、教师成长关爱中心，实施"行知学堂·新教师成长引导计划"，开展辅导员"学思"沙龙、国家级人才"面对面沙龙"，有组织地开展教师分段分类培训；开展数智化能力提升行动，建设智能化学科教学课程体系、数字化资源、教学模式与能力训练实验室、"学习与教师发展"数据库，建设"教—研—学"一体化新文科实验室，培养具有高水平信息化教学能力与技术素养的卓越教师。

涵育历史自觉，厚植"大情怀"。推进教育、科技、人才"三位一体"协同融合发展，教育是交汇点。教师肩负着为党育人、为国育才的神圣使命，是一体推进教育、科技、人才工作的重要力量。面对"强国建设、教育何为"的时代命题，大力弘扬教育家精神，培养高质量教师队伍，是最重要的基础性工作。西南大学赓续百年文脉底蕴，注重发挥"大地之子"侯光炯、"世界杂交水稻之父"袁隆平、"甜瓜女王"吴明珠等杰出校友精神引领和示范带动作用，引导师生牢记教育报国初心、勇担立德树人使命。瞄准国家重大战略需求，谋划建设种质创制大科学中心，牵头建设中希文明互鉴中心，引导教师坚持"四个面向"，攻克"卡脖子"关键核心技术，在为祖国、为人民立德立言中实现价值。坚持把师德师风作为评价教师队伍素质的第一标准，建设师德建设长效机制，建立教职工荣誉体系，建好教育部师德师风建设基地和 3 个全国高校黄大年式教师团队，构建师范生师德修养课程标准，开发师德养成课程体系，加强学术诚信教育，常态化开展"寻访身边的好老师""师者风采·西大教师故事"等榜样教育，切实提升教师思想政治素质。

坚定文化自信，开辟"大境界"。 教育是国家发展进步的重要推动力，也是促进各国人民交流合作的重要纽带。中国特有的教育家精神既丰富和赓续了中国精神和中华民族精神，又与时俱进地体现着胸怀天下和国际视野的博大情怀。教师要在学思践悟、行为示范中成就自我，在启智润心、因材施教中成就他人，更要在胸怀天下、以文化人中走向世界。西南大学以教育家精神引领深入推进教师队伍和师范教育改革创新，实施教师教育高质量发展"五大行动计划"，推动建立国家师范教育基地，打造"师元"本硕博贯通式人才培养品牌，打造"UGIS"教师教育发展共同体，着力建设高质量教师教育体系、建设一流教师教育文化。把文化滋养作为教师队伍和师范教育的底气和骨气，以立德树人为引领，以内涵建设为中心，以能力提升为龙头，以联合培养为推手，以服务乡村振兴为要务，引导教师把论文写在祖国大地上，引领毕业生扎根一线、建功基层，服务基础教育优质均衡发展。切实加强校园文化建设，通过重要节点组织周年庆典、成就展览等，奏响文化强音，通过举办玉兰文化节、打造传统文化品牌高擎"文化之炬"，通过征集楼宇亭台命名、引进高雅艺术，让师生绵延不绝地感受文化气息，使教育家精神也在文脉传承和文化创新中更加熠熠生辉、生动澎湃。

西南大学将一如既往积极践行教育家精神，教育引导新时代教师心怀"国之大者"，守好教育初心，担好育人使命，在立德树人的实践中开创教师教育高质量发展的新气象，为建设教育强国、实现中华民族伟大复兴作出新的更大贡献。

四川大学

将教育家精神切实融入办学治校全过程

　　2023 年教师节前夕，习近平总书记致信全国优秀教师代表，从理想信念、道德情操、育人智慧、躬耕态度、仁爱之心、弘道追求六个方面，深刻阐述了中国特有的教育家精神，为新时代教师队伍建设指明了前进方向、提供了根本遵循。四川大学党委认真学习领会、大力弘扬教育家精神，着力打造品德高尚、教学优秀、学术卓越的高素质专业化教师队伍，支撑学校高质量发展，助力强国建设、民族复兴伟业。

　　提高政治站位，加强弘扬教育家精神顶层设计。强国必先强教，强教必先强师。教师是立教之本、兴教之源。建设中国特色世界一流大学，离不开教师这个"第一资源"。四川大学党委坚持把教师队伍建设作为基础工作，将弘扬教育家精神与学习贯彻习近平总书记关于教育的重要论述和贯彻落实党的二十大精神结合起来，深刻把握教育家精神核心要义，将其切实融入办学治校全过程。坚持党对教师工作的全面领导，加强学校党委教师工作委员会和师德建设与监督委员会建设，把以教育家精神为引领、建设高素质教师队伍写入学校"十四五"规划中期修订稿，作为教师队伍建设规划的重要内容，列为学校年度重点工作，明确目标、任务与举措。学校相关重要会议对弘扬教育家精神进行重点部署，将落实情况纳入校内巡视，作为基层党组织年度考核重要指标，压紧压实责任，形成学校党委、院系党组织、教师党支部三级工作合力，推动教育家精神落实落细，为一流大学和教育强国建设汇聚磅礴力量。

加强学习阐释，营造践行教育家精神良好氛围。教育家精神，是教育工作者的灵魂，需要学校及广大教师在教育实践中不断追求和自觉践行。四川大学党委扎实开展教育家精神的学习、宣传、阐释，引导广大教师深入把握教育家精神核心要义与实践要求，塑造共同价值追求，增强践行教育家精神的思想和行动自觉。将学习教育家精神纳入教职工政治学习，融入高层次人才、海外归国教师、青年教师、研究生导师等教师培训体系，在入职培训等重要活动中，邀请院士、资深教授深入阐释教育家精神。用好江姐纪念馆暨四川大学革命英烈事迹陈列馆等红色资源，用活老校长吴玉章、张澜和历史学家蒙文通、数学家柯召、高分子材料学家徐僖、卫生学家陈志潜等大师大家故事，传承先贤智者的道德境界、治学风范。积极组织教职工参加"教育家精神巡回宣讲"活动，开展"川大师者——微光"征文和短视频大赛、中华经典美文诵读大赛等，让教育家精神真实可感，引导广大教师做教育家精神的宣传弘扬者、实践力行者、示范引领者。

坚持立德树人，激发涵育教育家精神动力源泉。教育家精神是教育工作者在长期立德树人的生动实践中积累起来的宝贵精神财富，也是指引新时代教师成长的精神航标。四川大学党委把教育家精神落实到立德树人的具体行动中，出台《加强师德师风建设，培育潜心育人、严谨治学"四有"好老师的工作方案》，强化"教师是第一身份、上好课是第一要务、关爱学生是第一职责"，引导广大教师坚定信念、立德修身、敬业立学、乐教爱生，争做"四有"好老师，争当为学、为事、为人的"大先生"。坚持教育家精神高位引领与师德底线构筑相结合，完善规范教育、榜样教育、警示教育、文化养成"四位一体"的师德教育体系。坚持师德师风第一标准，完善师德师风行为规范，把师德师风作为教师选聘的首要条件，列为职称评审、聘期考核、评优评奖、项目申报等的基本要求，实行"一票否决"制。设立"立德树人奖""卓越教学奖"等，重奖品德高尚、教学优秀的一线教师，激发广大教师专注于立德树人、培育优秀人才。近年来，学校涌现出全国高校黄大年式教师团队、全国模范教师、全国教育系统先进工作者、全国首批教育世家等一大批先进典型，他们用矢志教育、躬耕教坛、忘我奉献生动诠释了教育家精神。

优化生态环境，厚植涵养教育家精神成长沃土。教育家精神不仅需要教师个体的内在修炼和躬耕实践，更需要制度的保障和生长的土壤。四川大学党委积极营造尊师重教良好风尚，完善教师培育发展和保障体系，不断提升教师的岗位荣誉感、职业使命感和事业成就感，为教育家精神提供沃土。尊重人才成长和科研规律，深化人才分类评价改革，探索构建不同学科、不同岗位多元化聘用管理制度，针对文理工医不同类型，以及"绝学"、冷门等特殊领域，设置多样化的晋升通道。坚持重师德师风、重真才实学、重质量贡献的评价导向，建立同行专家评价制度，推行代表性成果评价，激发广大教师的积极性和创造性。出台促进青年教师成长若干措施，搭建发展平台，支持青年人才挑大梁、当主角，构建与国际接轨的优质高效精细化教师服务体系，营造关心、爱护、成就教师的良好环境。完善荣誉表彰体系，大力选树名师楷模，每年举办教师节表彰大会、高级职称晋升聘任仪式、退休教师荣休仪式等，定期推出先进教师事迹报道，打造体现时代特征的尊师重教文化，引导广大教师坚定"躬耕教坛、强国有我"的志向和抱负，为民族复兴贡献智慧力量。

坚持教育家精神铸魂强师
启航新百年征程奋楫逐梦

　　百年大计，教育为本；教育大计，教师为本。2023年教师节前夕，习近平总书记致信全国优秀教师代表，从理想信念、道德情操、育人智慧、躬耕态度、仁爱之心、弘道追求六个方面深刻阐述了中国特有的教育家精神，为广大教师立德修身、敬业立学、教书育人提供了根本遵循。一年后，习近平总书记在2024年全国教育大会上强调，要实施教育家精神铸魂强师行动，加强师德师风建设，提高教师培养培训质量，培养造就新时代高水平教师队伍，为教育强国新征程上加强教师队伍建设指路引航、举旗定向。

　　百年西财，名师荟萃，鸿儒辉映。谢霖、陈豹隐、汤象龙、许廷星、刘诗白等一批"西财大先生"在西财光华园传道授业、培根铸魂，潜心治学、著书立说，奠定了学校深厚的学术底蕴和师道传统。进入新时代，西南财经大学党委深入学习贯彻习近平总书记关于教师队伍建设的重要论述，坚持把教育家精神贯穿教师队伍建设全过程和课堂教学、科学研究、社会实践各环节，制定实施《关于加强新时代教师思想政治引领　促进职业发展　涵养西财情怀的实施办法》，以深化新时代教育评价改革为牵引，努力创造更有吸引力的人才环境，努力构建友好型校师关系，着力打造一支师德高尚、业务精湛、结构合理、充满活力的高素质专业化教师队伍，支撑学校高质量发展，助力强国建设、民族复兴伟业。

筑牢信仰之基，培养塑造一支胸怀"国之大者"的强国之师。教育家精神是广大教师信仰的灯塔，照亮爱国报国强国的浩瀚星河。要强化理论武装，坚持不懈用习近平新时代中国特色社会主义思想凝心铸魂，持续抓好"四史"学习教育，不断增进广大教师对中国共产党和中国特色社会主义的政治认同、思想认同、理论认同、情感认同。要强化党建引领，把党的政治建设摆在首位，牢牢掌握党对教师队伍建设的领导权，选优配强教师党支部书记，强化教师党支部书记"双带头人"培育，充分发挥教师党支部的战斗堡垒作用和党员教师的先锋模范作用，把教师紧密团结在党的周围。要强化"四个面向"，想国家之所想、急国家之所急、应国家之所需，自觉从习近平总书记重要讲话中找重大课题，瞄准真问题、做好真研究，主动服务金融强国建设、新时代西部大开发、成渝双城经济圈建设等重大战略，把研究做到国家重大战略需求上，把论文写在祖国广袤大地上。

勇担育人之责，培养塑造一支矢志躬耕教坛的强教之师。教育家精神是广大教师使命的风帆，引领育人育才育己的铿锵远航。要坚守初心使命，深刻把握"培养什么人、怎样培养人、为谁培养人"这一根本问题，深入推进新时代立德树人工程，从党的事业和强国建设后继有人的战略高度出发，努力培养更多让党放心、爱国奉献、担当民族复兴重任的时代新人。要办好关键课程，坚持思政课建设与党的创新理论武装同步推进，立足"大历史"、聚焦"新时代"，把习近平新时代中国特色社会主义思想装进头脑、融入课堂，把思政小课堂和社会大课堂结合起来，以"大思政课"拓展全面育人新格局。要注重立德修身，把涵养师德师风和潜心教书育人统一起来，坚持师德师风第一标准，引导教师自律自强，以德立身、以德立学、以德施教，以优良的师风促进优良的教风、带动优良的学风、形成优良的校风。

凝聚改革之力，培养塑造一支勇于开拓创新的强校之师。教育家精神是广大教师奋进的引擎，激发创新创造创优的不竭动力。改革创新是西南财大百年办学治校的宝贵经验，也是新征程推动高质量发展的不竭动力。要积蓄改革动力，深入学习贯彻党的二十届三中全会精神，统筹推进教育科技人才体制机制一体化改革，更加注重系统集成、更加注重突出重点、更加注重改革实效，主动谋划一批事关学校高质量发展的战略性、全局性的重大改革，以改革之力激发担当之责。要善于开拓创新，深刻把握互联网、人工智能等因素对高等财经教育带来的深刻影响，敏锐把握科技创新和理论发展新态势、新进展，研究新情况、适应新样态，不断总结教学经验、提升教学本领，推进教育理念、培养模式、教材内容、教学方法等各方面创新，加快建设"新财经"。要涵养西财情怀，深入领会西南财经大学近百年奋斗走过的光辉历程、作出的重要贡献、积累的宝贵经验、铸就的精神文化，弘扬"经世济民、孜孜以求"的西财精神，凝聚团结奋斗、奋勇争先的磅礴力量。

迈入新征程，启航新百年。西南财经大学将全面落实全国教育大会精神，坚持教育家精神铸魂强师，锤炼过硬政治品格、涵养高尚师德师风、提升教书育人水平、弘扬尊师重教风尚，深入实施"人才强校"战略，扎实推进新时代教师队伍建设，加快建设财经特色鲜明的世界一流大学，在建设教育强国的新征程上奋力写好"强国建设、西财有为"的时代篇章。

西南交通大学

以教育家精神为引领
锻造服务交通强国建设的"大先生"

　　党的十八大以来，以习近平同志为核心的党中央始终高度重视教育工作和教师队伍建设。习近平总书记首次提出的教育家精神，深刻回答了我们要扎根中国大地建设什么样的教师队伍、怎样建设教师队伍这一重大教育实践课题，为新时代教师队伍建设提供了重要遵循。西南交通大学紧紧围绕立德树人根本任务，把弘扬教育家精神覆盖、贯穿和融入教师队伍建设全过程各方面，加快锻造服务交通强国建设的"大先生"，为全面推进强国建设、民族复兴伟业积极贡献力量。

　　深刻领会教育家精神的丰富内涵，坚定不移加强师德师风建设。西南交通大学因铁路而生、因轨道而兴、因高铁而强。建校以来，伴随着中国铁路事业从无到有、从弱到强，西南交通大学一代代教师秉持"严谨治学、严格要求"的"双严"育人传统，坚守三尺讲台，潜心教书育人，涌现出了以"交大五老"和全国高校黄大年式教师团队等为代表的一批教师楷模，他们"无意求闻达，有功在树人"的赤诚情怀，"视学校如家庭、视学生如子女"的大师风范，生动诠释了"躬耕教坛、强国有我"的精神实质和丰富内涵，也充分彰显了立德树人在学校的崇高地位。新时代以来，学校高度重视师德师风建设，将教育家精神深度融入教师教育培训体系，形成了"1+N"教师思想政治和师德师风建设制度体系，"五维并进"提升教师思想政治与师德师风建设水平，持续开展新入职教师"开学第一课"，把每年9月定为"师德建设月"，打造了以"立德树人奖"和"思国奖"等为代表的教师荣誉表彰体系，发掘师德典型、讲好师德故事，让"好老师"在学校享有最高的礼遇，让"大先生"成为让人羡慕的身份标识。站在新的历史起点上，西南交通大学将进一步加强师德师风建设，深入实施教育家精神铸魂强师行动，传承铁路报国红色基因，促进学校"双严"育人传统薪火相传，推动广大教师成为师德高尚、行为世范的"人师"。

深刻把握教育家精神的内在逻辑，持续提升教师队伍综合素养。教育家精神既是对一代又一代优秀教师和教育工作者在长期育人实践中形成的育人观念、育人理念的深刻总结，更是对他们职业素养、育人方式和教学方法的凝练升华。强国必先强教，强教必先强师。西南交通大学深刻认识教师是立教之本、兴教之源，是教育发展的第一资源，把全面加强教师队伍建设作为一项重大政治任务，扎实推进思想铸魂、素质提升、结构优化、人才强校、制度建设、评价改革等举措，构建起从入职培训到跟踪培养，从教学能力提升到进阶研修"贯穿式"的培养培训链条，不断提高教师培养培训质量和成效。深入推进"人才强校核心战略"，重点建设了战略科学家、领军人才等8类人才队伍，持续释放人才动力活力。建立了随到、随评、随录、随聘"多评合一"快捷通道，打造"近悦远来"新高地。实施"雏鹰计划""扬华计划""优秀青年团队"等专项计划，支持青年教师挑大梁、担重任，源源不断培育更多可堪大用、能担重任的"大国良师"。全国教育大会指出，要培养造就新时代高水平教师队伍。西南交通大学将以教育家精神引领新时代高水平教师队伍建设，深刻践行"以学生为中心、以教师为主体"的办学理念，不断完善人才引进、培养、激励和保障体系，教育引领广大教师潜心研究教育教学理论，持续提升教学能力和教学水平，不断增强数字化素养，以先进的教育理念、精湛的教学方法和深厚的学术积淀，支撑高水平教育教学和高质量人才培养，推动广大教师成为学识渊博、授法精湛的"经师"。

深刻认识教育家精神的实践要求，一体推进教育科技人才工作。教育家精神既源自千百年来一代代师者"心有大我、至诚报国"的优良传统，又立足当前胸怀"国之大者"，服务"国之所需"的时代使命，是推进强国建设、民族复兴伟业的宝贵精神财富和重要力量源泉。高校作为国家战略科技力量的重要组成部分，在为党育人、为国育才，创造前沿科技成果和推动新质生产力发展等方面必须踔厉奋发、挺膺担当。一直以来，西南交通大学深刻领会教育家精神的实践要求，引领全校教师牢记"四个面向"，聚焦"强国建设、教育何为"时代命题，主动对接国家战略需求，充分发挥轨道交通特色优势，实施有组织科研"七大行动计划"，加快锻造轨道交通领域国家战略科技力量，为打造"中国高铁"自主创新典范提供了强有力的人才和智力支撑，为"高铁技术树起国际标杆"作出了重要贡献。党的二十届三中全会提出，教育、科技、人才是中国式现代化的基础性、战略性支撑，必须深入实施科教兴国战略、人才强国战略、创新驱动发展战略，统筹推进教育科技人才体制机制一体改革。着眼于服务"一带一路"倡议、交通强国、川藏铁路和成渝地区双城经济圈建设，西南交通大学将教育引导广大教师既要教书育人，也要把论文写在祖国的大地和钢轨上，一体推进教育发展、科技创新和人才培养，以产教融合、科教融汇努力破解轨道交通领域"卡脖子"难题，聚焦高速铁路、智能高铁和未来轨道交通开展有组织基础研究与原始创新，深化校地企合作打造新形态"科创园"，加快形成人才培养、科技创新、高水平人才队伍建设的"耦合"效应，推动广大教师成为国之所需、我之所向的"强师"。

电子科技大学

以教育家精神引领高素质教师队伍建设

百年大计，教育为本。教育大计，教师为本。习近平总书记高度重视教师队伍建设，在 2024 年全国教育大会上强调，要实施教育家精神铸魂强师行动，加强师德师风建设，提高教师培养培训质量，培养造就新时代高水平教师队伍。电子科技大学将始终把习近平总书记的重要讲话精神作为教师队伍建设的"指南针"，矢志打造电子信息学科的"梦之队"筑梦人，攀登关键核心技术自主可控的科学高峰，培养电子信息领域战略人才，努力为建设教育强国、推进中国式现代化提供强大支撑。

引领广大教师挺立主心骨，恪守信念如炬、行为世范的为人品格。"心有大我、至诚报国的理想信念"是教育家精神鲜明的政治底色，"言为士则、行为世范的道德情操"是教育家精神崇高的品行指引。广大教师只有具备过硬的思想政治素质、优良的道德风尚，才能引领学生成长为社会主义建设者和接班人。

电子科技大学将强化教师思想政治素质、加强师德师风建设作为教师队伍建设的首要任务，聚焦"高线引领、常态涵养、底线约束"的工作原则，着力构建全校齐抓共管、常态长效的大教师工作格局。一方面坚持党建引领事业发展，坚持党管人才，探索将支部建在教学科研一线，促进党建与业务深度融合，推进教师党支部与科研院所结对共建，将教师党支部建设成为推动党建工作和事业发展"一融双高"、涵养师德师风的重要平台，形成了一批以全国高校"双带头人"教师党支部书记工作室为代表的优秀典型。另一方面倡导"以服务国家为最高追求"的师德文化，高质量选树优秀教师典型，升级教职工校级荣誉体系，隆重举办教师节表彰大会、从教三十周年教师表彰仪式、荣休仪式等，选树一批立德树人教师典型，涌现出一批以全国高校黄大年式教师团队为代表的优秀教师集体。

引领广大教师对标"大先生"，恪守化育天下、严谨求实的为师情怀。"启智润心、因材施教的育人智慧"是教育家精神内在的实践要求，"勤学笃行、求是创新的躬耕态度"是教育家精神深厚的使命担当。广大教师必须注重以大道引领传道，以大业引领授业，用党的创新理论铸魂育人，涵养扎实的知识底蕴和专业功底，以源源不绝的活水滋润学生心田，引导学生紧跟党走、矢志报国。

电子科技大学始终坚持育德育才两手抓，不断提升教师的综合素养、教学能力，大胆探索中国特色的高质量教育体系，大力提升人才自主培养质量。一手抓育德，结合党的创新理论学习，大力推动习近平新时代中国特色社会主义思想"三进"，引导学生自觉强化理论武装，做到知行合一。在第一课堂外，学校还组建了理论宣讲团、辅导员宣讲团、青年讲师团等，广泛开展各类理论、文化宣讲巡讲活动，用正能量的校园文化浸润滋养学生。一手抓育才，积极回应当前全球高等教育的变革与挑战，迭代升级"新工科与一流本科教育升级工程"，持续建设实施"新生新工程教育计划"，打造贯通四年逐级挑战的新工科项目式课程体系、研究型挑战性课程体系和"高水平科研育人新工程教育计划"等新工科教育体系。新工科教育改革"成电方案"入选全国首批"中国工程教育改革先锋案例",形成"以学生成长为中心"的教学文化和以质量为导向的教改文化。

引领广大教师弘扬新风尚,恪守心有大爱、追求卓越的为学态度。"乐教爱生、甘于奉献的仁爱之心"是教育家精神温情的人文价值,"胸怀天下、以文化人的弘道追求"是教育家精神博大的胸襟气魄。广大教师要厚植家国天下情怀,聚焦国家重大战略需要,把论文写在强国建设的宏伟征程中,带领学生一起为民族复兴伟业贡献智慧和力量。

电子科技大学始终坚持"求实求真、大气大为"的校训精神,以人才培养为根本,以服务国防建设和经济社会高质量发展为己任,推动教师"有为""有位"相统一,引导教师扎根科研、不断创新,努力创设"人尽其才"的干事创业环境。一方面坚持发挥电子信息特色优势,努力打造融入国家重大战略需求的科技创新体系,以"大平台、大项目、大团队、大成果"为着力点,聚焦解决"卡脖子"问题,深入推进科研育人,引导师生着眼世界学术前沿和国家重大需求,开展有组织地科研集成攻关和协同创新。另一方面,持续深化教师评价改革,更加突出质量、贡献和实绩导向,对服务国家战略或地方经济发展取得突出成效的教师,按有关程序单独评价考核。推动信息技术赋能,建设基于大数据技术的人才质量评估系统,分层分类改革人才评价机制。构建"预聘长聘"与"特色岗位"制度相结合的人才体系,初步形成了电子信息领域的人才高地,矢志为强国建设持续造就更多可堪大用、能担重任的栋梁。

新时代新征程,电子科技大学将始终以习近平新时代中国特色社会主义思想为指导,以教育家精神引领高素质教师队伍建设,努力提高人才自主培养质量,为教育强国建设贡献力量。

西安交通大学

以教育家精神引领教师队伍高质量发展

　　2023 年教师节前夕，习近平总书记致信全国优秀教师代表，充分肯定了广大教师为国家发展、民族复兴作出的重要贡献，深刻阐释了教育家精神的丰富内涵和实践要求，赋予新时代人民教师以崇高使命，为新时代教师群体践行立德树人根本任务提供了重要的行动指引。

　　西安交通大学坚持以习近平新时代中国特色社会主义思想为指导，牢记为党育人、为国育才初心使命，以教育家精神为引领推动高素质教师队伍建设，全面提高人才自主培养质量，服务发展新质生产力，助力国家科技自立自强，为加快建设世界重要人才中心和创新高地贡献智慧和力量。

　　以教育家精神为指引，领航思想政治和师德师风建设，厚植教师队伍家国情怀。西安交通大学全面贯彻落实习近平总书记来陕来校考察重要讲话精神，传承弘扬"听党指挥跟党走"的西迁精神，以教育广大教师贯彻落实教育家精神为新起点，把爱国之情、报国之志融入教育、科技、人才统筹推进、协同发展的伟大事业之中，融入提高人才自主培养质量的实践中，贯穿于教师思想政治教育的始终。学校建设西迁精神研究中心，举办西迁精神研讨会，开展西迁精神宣传宣讲活动，推出大先生系列原创校园话剧，教育引导广大师生做"听得准、跟得紧、走得实"的西迁精神新传人。学校加强组织领导，成立党委教师工作委员会，建立健全学校党委、二级单位党组织、教师党支部三级联动的教师工作机制，全面推进党建工作和业务工作深度融合，持续推动师德师风建设。举办新时代大先生讲坛，开展"寻迹交大"校园沉浸式培训、"干部＋人才"一体化研修，切实提高教师群体弘扬践行教育家精神、科学家精神的行动自觉，激发教师"躬耕教坛、强国有我"的使命感与荣誉感。近年来，学校涌现出最美奋斗者、最美科技工作者、全国教书育人楷模、全国高校黄大年式教师团队等一批先进典型。

以教育家精神为指引，推动教书育人和科研攻关，为经济社会发展提供有力支撑。高校作为基础研究主力军和重大科技突破策源地，承担人才培养、立德树人根本任务，必须将弘扬教育家精神作为推动各项工作高质量发展的重要基础。学校依托中国西部科技创新港实施"6352"工程，构建"1121"产学研深度融合新模式，构建以人才链为核心牵引，优化资金链、激活创新链、服务产业链的"四链"融合发展体系，服务引进人才教学实验、科研攻关、交叉融合等全方位需求，目前已建成191个校企联合研究院和300多个科研平台，成为陕西乃至西部深化改革、人才聚集、自主创新的国家级示范新区。学校联合企业推进产学研深度融合，落实校企"双导师"培养制度，打通基础与应用衔接，持续加大基础学科和交叉学科人才培养力度。学校坚持需求导向，建立若干新领域新赛道研究中心（团队），统筹政策、项目、资金、人才等各类资源，支持领军学者、优秀青年学者开展原创性、引领性科技攻关，提升学校自主创新能力，助力传统产业升级和新质生产力培育。

以教育家精神为指引，深化人才发展体制机制改革，激发教师队伍发展活力。学校落实新时代教育评价改革要求，向改革要动力、用改革增活力，向用人主体授权、为人才松绑，持续推进评价、分配、管理"三项改革"，在改革中完善办法举措、理顺管理机制、破解难题堵点，全面提升学校治理能力水平、支撑新时期学校高速发展。坚决"破四唯"，加快"立新标"，修订完善"领军""青拔""青秀"等人才计划，构建"学科带头人—学术带头人—学术骨干"三位一体人才发展体系。完善考核评价绩效分配方案，健全以创新价值、能力、贡献为导向的全员评价体系和基于学科特点的分类评价制度，完善个人评价与团队评价相结合制度。搭建"青年学术沙龙""青年教师跨学科论坛"等交流平台，推行科研财务助理制度，为人才松绑减负，释放人才活力。探索实践"学校招、企业供、政府助、协同用、多方赢"的"校招共用"引才用才新模式，与属地各级政府通过"人才＋项目"，以资金池、项目池、人才池、对接机制为核心的"三池一机制"模式牵引，与头部企业深化产教融合，联合技术攻关解决"卡脖子"难题。

以教育家精神为指引，培育人才成长沃土，营造识才爱才敬才用才文化生态。学校落实"真心爱才、悉心育才、倾心引才、精心用才"要求，制定《贯彻落实中央人才工作会议精神20条工作举措》，形成引才、用才、育才全链条服务与保障体系。持续开展"作风建设年""我为师生办实事""支部共建解难题"等活动，强化落实党委联系服务专家人才制度，完善人才工作联动协调机制，与人才真诚交朋友、结对子、听建议，畅通人才支持服务保障"最后一公里"，促进政治生态、学术生态、人文生态融合发展。全面开展青年人才成长分析工作，支持青年人才挑大梁、当主角，将个人发展与国家发展、国家重大需求紧密结合，持续提升教书育人和科研攻关本领，形成统筹全校资源、多部门深度协同、多层级高效联动、全学院共同参与推进的青年人才培养新机制。

西北农林科技大学

践行教育家精神　勇担兴农强国使命

　　教育是国之大计、党之大计。强国必先强教，强教必先强师。2023 年教师节前夕，习近平总书记致信全国优秀教师代表，站在实现中华民族伟大复兴中国梦、打造中华民族"梦之队"筑梦人的战略高度，全面深刻阐释了教育家精神的时代内涵和实践要求。西北农林科技大学大力弘扬和践行教育家精神，牢记习近平总书记给全国涉农高校的书记校长和专家代表的回信嘱托，以立德树人为根本，以强农兴农为己任，在加快推进中国特色世界一流农业大学建设的征程中守初心、担使命、作贡献。

　　守初心立德树人，把育人成效作为践行教育家精神的具体体现。西北农林科技大学牢牢抓住"培养什么人、怎样培养人、为谁培养人"这个教育的根本问题，坚持以学生为本，注重发挥教师"言为士则、行为世范"的示范作用，不断涵养学生爱国之情、砥砺强国之志。学校扎实推进习近平新时代中国特色社会主义思想"三进"工作，加强新时代马克思主义学院建设，成立"思政课＋课程思政"协同创新中心，台账式推进思政工作体系建设，深入实施思想政治工作质量提升工程，不断凝聚学生服务国家需求、践行使命担当的价值认同。着力打造拔尖筑峰创新人才高地，阶梯式推进卓越农林人才培养标杆创建，创新学科专业一体化建设机制，本研贯通设计人才培养模式改革，系统性推进"三全育人""五育"并举，深化学生知农爱农教育，打造"西部乡村调查"等实践品牌，近年来，55%毕业生扎根中西部干事创业，75%服务涉农行业，毕业生成为服务旱区"三农"工作的主力军。

严师德身先示范，将教育家精神贯穿教师队伍建设全过程。 教师是立教之本、兴教之源。习近平总书记指出，教师是教育发展的第一资源。西北农林科技大学把强化教师队伍建设作为推动事业高质量发展的基础工作常抓不懈，引导教师以德立身、以德立学、以德施教，自觉担负起培育知农爱农时代新人的责任使命。学校建立教师政治理论学习制度，举办理想信念研修班，深刻理解和把握教育家精神内涵实质。严格师德师风建设，将师德考核结果作为年度考核、职称评聘、评优奖励、人才项目申报的"第一标准"。健全教师成长支持体系，实施教学能力提升计划和高层次人才发展支持计划，将教育家精神融入教师培养全过程和职业发展全周期。建立教师荣誉体系，开展"金牌教师""卓越教师""我最喜爱教师"评选活动，用身边榜样激励教师敬业修身治学。实施教师分类评价改革，构建覆盖多类型多维度成果认定方式的综合评价体系，强化育人成效在教师评价中的核心地位。增强教师实践能力，开展青年教师赴校外试验场站等驻点实践锻炼，知农爱农成了西农教师最鲜亮的底色和特质。

重实干科技报国，让教育家精神在矢志创新中生根发芽。 西北农林科技大学因国家战略而生、而为、而兴，一代代西农人以农立身，紧扣国家战略需求，面向世界农业科技前沿，瞄准"卡脖子"问题，自觉肩负起支撑和引领旱区现代农业发展的国家使命，以高质量科学研究成果践行教育家精神。学校大力推动一流创新团队、高水平创新团队、前沿交叉型团队建设，鼓励教师开展"大协同"产出"大成果"。聚焦粮食安全、生态文明、人类健康、乡村振兴，开展有组织科研，推进科研基地平台重组优化，获批建设旱区农业陕西实验室。强化种业科技创新和突破性品种培育，加快培育农业新质生产力，首次发现小麦条锈病关键感病基因，开辟了作物抗病育种新途径，创立基因编辑牛羊高效培育技术，研发出全国首款奶绵羊育种专用液相芯片，奶牛体外胚胎生产和移植技术取得重大突破，首次为良种奶牛装上了"中国芯"。

担使命心有大我，在服务"三农"中使教育家精神深刻表达。习近平总书记在给全国涉农高校的书记校长和专家代表的回信中，勉励涉农高校师生要为推进农业农村现代化，为打赢脱贫攻坚战、推进乡村全面振兴不断作出新的更大的贡献。西北农林科技大学建校91年来，与时代同向、与祖国同行，坚定不移地走产学研紧密结合的特色发展道路，引领广大教师始终胸怀"国之大者"，牢记"心有大我、至诚报国"，矢志投身农业强国建设，以实际行动助力乡村全面振兴。面向区域农业主导产业发展需求，探索形成以大学为依托的农业科技推广新模式，形成"大学＋试验示范站（基地）＋科技示范户＋农民"的农业科技推广新路径，有效解决了农业科技成果转化"最后一公里"难题，被誉为高校服务"三农"的一面旗帜。成立全国首家农民发展学院，建立乡村振兴学院、乡村振兴战略研究院和陕西省乡村振兴产业研究院，打造"三团一队"科技助农帮扶新机制，开辟了科学技术进村入户快捷通道，为乡村全面振兴贡献了西农智慧和力量。

强国必先强农，农强方能国强。立足新时代，站在新起点，西北农林科技大学坚持以习近平新时代中国特色社会主义思想为指导，矢志不渝弘扬和践行教育家精神，胸怀"国之大者"，牢记初心使命，争做新时代高校兴农强国的排头兵，在新征程上用更大的实干实绩为服务农业强国、农业农村现代化建设贡献力量。

陕西师范大学

坚持以教育家精神铸魂强师

习近平总书记在 2024 年全国教育大会上强调，要实施教育家精神铸魂强师行动，加强师德师风建设，提高教师培养培训质量，培养造就新时代高水平教师队伍。近年来，陕西师范大学坚持以教师教育为办学特色，以卓越教师培养为主责主业，扎实推动教育家精神在三秦大地落地生根。

坚持以教育家精神铸就师魂匠心。近年来，陕西师范大学充分发挥教育家精神的目标指向、榜样示范和精神引领作用，全面落实立德树人根本任务，加快建设高素质专业化教师队伍，各项事业都呈现向上向好的发展态势。

从目标指向看，教育家精神旨在在新时代教育强国的建设背景下，以鼓舞群体、浸润人心的精神力量培育和打造一支中国特有的高质量教师队伍。建校 80 年，陕西师范大学已形成"国家公费师范、国家优师计划师范、普通师范、地方委培师范"等多种形式共同发展的师范教育体系，师范生培养覆盖学前、小学、中学全学段，本硕博全层次，以实际行动践行了教育家精神的目标指向作用。从群体发展看，教育家精神作为特定群体的精神凝练，具有鲜明的对象性——广大教师群体。陕西师范大学作为党和国家布局在西部地区的一所部属师范院校，科学认识和充分把握教育家精神与师范院校在群体指向上，即教育者与受教育者、教学与求学之间的传承耦合，为西部地区基础教育输送了一批又一批高素质、专业化、创新型的优质师资，以优异的办学成绩体现了教育家精神的榜样示范作用。从精神理念看，教育家精神涵盖了仁爱精神、志业精神、红色精神和爱国情怀，是对不同历史时期广大教育工作者优秀"业绩"的精神刻画和抽象表达，具有鲜明的历史性、引领性、时代性和实践性。在 80 年的办学历程中，陕西师范大学栉风沐雨、薪火相传，为教育救国攻坚克难，为教育建国筚路蓝缕，为教育兴国勇立潮头，为教育强国踔厉奋发，以对国家民族的赤胆忠诚和无私奉献，铸就了"西部红烛两代师表"精神，以独特的精神样态彰显了教育家精神的精神引领作用。

坚持以教育家精神引领卓越教师培养。教育家精神融入师范院校人才培养，是大力弘扬教育家精神，加快构建中国特色师范教育体系，助力教育强国建设的必然要求。新时代以来，党和国家在高质量教师队伍建设上持续出台"卓越教师培养计划 2.0""强师计划""优师计划""国优计划"等专门政策，以期到 2035 年培养造就数以万计的教育家型教师，为教育现代化和教育强国建设提供有力支撑。未来教育家型教师的培养理念为推进新时代师范生培养指明了方向、标出了新高度。作为教师的精神标杆，教育家精神是未来教育家型教师在师德师风、教书育人能力上的高度凝练与内在升华，是新时代教师队伍建设必须高度弘扬和培育的核心精神品质，必须将教育家精神融入新时代高校师范生培养的全过程各方面，积极引导学生形成追求卓越的思想自觉，为打造未来教育家型教师厚植教育情怀、强化教书育人能力。一方面，持续开展榜样教育，通过生动展现教育家"以何为师""何以为国"的群体形象，推动学生在日常行为表现和思想精神层面的学习效仿。另一方面，持续开展价值教育，通过系统诠释社会各界和广大教师普遍认同的共同价值理想、价值规范和价值导向，引导学生坚定从教信念、树立教育理想，以更持久的内在动力推动形成自我驱动，自觉把个体价值追求融入党和国家的教育事业，实现师范院校人才培养理念与教育家精神价值意蕴的贯通融合。

近年来，陕西师范大学深入学习贯彻习近平总书记关于教育的重要论述和历次来陕考察重要讲话重要指示精神，坚持以"四有"好老师和教育家精神为引领，以"学识扎实、情怀深厚、灵魂高贵"为理念，持续完善师范教育体系，改进卓越教师培养模式，构建了"13（公费卓越班）+9（优师计划班）+N（普通师范班）"的卓越教师培养体系，探索出了"精神铸魂、专业筑基、素养培根、平台提质"的"四维一体"卓越教师培养模式，各类师范生培养占比本科生规模近60%，国家公费教育师范生占比师范生规模近90%，为国家尤其是西部地区源源不断输送"国字号"优秀师资，荣获2022年国家级本科教育教学成果奖二等奖。

坚持以教育家精神谱写强师报国新篇章。习近平总书记在全国教育大会上发出了"紧紧围绕立德树人根本任务，朝着建成教育强国战略目标扎实迈进"的动员令。在教育强国建设新征程和建校80周年的新起点上，陕西师范大学要胸怀"两个大局"，充分发挥师范教育"国家队"的示范带头作用，主动担当作为，致力"三个追求"。

一是要追求政治性与师范性的统一。扎根中国大地办师范，坚持党对师范教育的全面领导是新中国师范教育在曲折中奋然前行的重要经验。站在新的历史起点上，要想有新气象新作为就必须进一步坚持以习近平总书记关于教育的重要论述和全国教育大会精神为指导，不断创新阐释马克思主义教育理论，创造适合西部国情、民情和学情的师范生培养模式与教师教育理论体系，努力培养更多理想信念坚定、师德师风高尚、学识素养优良、甘于扎根西部的教育家型教师。

二是要追求思想性与师范性的统一。教师角色决定了思想政治教育之于教师成长发展的关键作用。要立足教育家精神的核心要义和实践要求，进一步加强"西部红烛两代师表"精神的宣传阐释及其与教育家精神的相互证成、共融共荣，围绕理想信念的内化、道德情操的塑造、育人智慧的授予、躬耕态度的引导、仁爱之心的培养、弘道追求的激励，不断以"西部红烛两代师表"的精神荣光强化自觉实施教育家精神铸魂强师行动的责任感和使命感。

三是要追求学术性与师范性的统一。理论阐释是理论武装、科学引领的基础和前提。要充分发挥自身人文社会科学研究的优势，加强对中国特有教育家精神的时代解读和理论阐释，在办学实践中协同把握好理论阐释与实践锻炼、显性传承与隐性教育、外部输入与自我教育的辩证关系，致力于推动中国特有的教育家精神融入校园、融入课本、融入课堂，使之成为推动学校立德树人、铸魂强师的新质力量。

西安电子科技大学

大力弘扬教育家精神　挺膺担当教育强国建设使命

教育大计，教师为本。习近平总书记在 2024 年全国教育大会上指出，要实施教育家精神铸魂强师行动。西安电子科技大学作为我国电子信息领域高校的排头兵，肩负建设教育强国的时代重任，坚持把大力弘扬教育家精神作为"教育强国，西电何为"的"动力源"，以教育家精神为引领，激励全校教师爱党报国、科技强国、人才兴国，着力为教育强国建设贡献西安电子科技大学的力量。

大力弘扬教育家精神，赓续红色基因，坚定教育报国的理想信念。习近平总书记指出，"理想信念是事业和人生的灯塔，决定我们的方向和立场，也决定我们的言论和行动"。教师牢固树立"心有大我，至诚报国"的理想信念，才能补足"精神之钙"，才会坚守教育家应有的精神风骨和价值底色。西安电子科技大学前身是 1931 年诞生于江西瑞金的中央军委无线电学校，延续着中国高校最长的红色根脉，始终坚持思想铸魂，把光荣革命传统和鲜明红色基因融入教师队伍建设全过程。强化政治理论学习，开展系统丰富的"理论课堂"，定期发布《教职工理论学习要点》，以研讨式、体验式、嵌入式学习形式和报告会、座谈会、研讨会、培训班、读书班等学习方式，让教育者先受教育。深化研学实践活动，创办形式多样的"行走课堂"，面向高层次人才、海外归国教师、新入职教师等开设教师国情研修实践班，将教师"成长课堂"设在祖国发展窗口、红色革命圣地、重大工程一线，用"大思政课"涵育教师的政治素养和家国情怀。活化红色教育资源，打造立体多元的"红色课堂"，创造性挖掘转化红色文化资源，打造红色育人资源库，创新网络思政传播方式，培育《永不消逝的电波》《信仰的光芒》《毕德显》等系列红色校园文化精品，建设"红色电波的时代光影""指尖上的红色教育空间"等红色思政品牌，以话剧、音乐会、微课等形式讲述不同年代西安电子科技大学教师爱党报国的故事，让红色资源成为不断滋养教师成长的文化根系。

大力弘扬教育家精神，矢志求是创新，争做科技强国的信息尖兵。高校教师是立德树人的主力军，也是科技创新的排头兵。高校教师能否具有勤学笃行、求是创新的躬耕态度，是关乎教育家竞相涌现、教师队伍活力充分迸发的关键。西安电子科技大学秉承全心全意为人民服务的办学宗旨，做新时代科学的"千里眼""顺风耳"，一大批教育科研工作者践行勤学笃行、求是创新的躬耕态度，矢志教学科研，奋力打造国家重要信息创新高地，开创我国电子与信息学科专业先河，在国内高校最早建立信息论、信息系统工程、雷达、微波天线、电子机械、电子对抗等专业；一大批教育科研工作者发扬敢为人先、科技强国的优良传统，立足电子信息学科优势，打造一流学科体系，面向国际科技前沿和国家重大战略需求，锻造战略科技力量，在通信、雷达、计算机、微电子、网络安全、人工智能等关键领域，产出一批应用于"大国重器""大国工程"的重大标志性成果。2022年，中国科学院院士郝跃领衔的宽禁带半导体教师团队入选第二批全国高校黄大年式教师团队，团队建立的第三代半导体核心技术解决了航天重要装备、5G通信基站等领域关键元器件"卡脖子"难题。2023

年，中国工程院院士段宝岩领衔的机电科技研究所教师团队入选第三批全国高校黄大年式教师团队，为我国高性能电子装备的跨越式发展作出突出贡献。郝跃、段宝岩心有大我，均将陕西省最高科学技术奖200万元奖金全部捐出，分别设立芯缘科创基金和"段宝岩科教创新基金"。

大力弘扬教育家精神，躬身启智润心，乐做人才兴国的经师人师。 教育家精神中启智润心、因材施教的育人智慧和言为士则、行为世范的道德情操，要求教师既精通专业知识，又涵养道德品行，努力做"经师"和"人师"的统一者。西安电子科技大学牢记为党育人、为国育才的初心使命，从严师德、转评价、重风尚等维度全面激励教师乐教爱生、以文化人。坚持师德第一标准，完善教师招聘和引进制度，严把教师入口关；完善师德考核评价体系，出台《西安电子科技大学师德考核实施办法》，实行师德"一票否决"。完善教师评价体系，改革教学评价和职称评审，坚持向教育教学倾斜，多维度综合评价教师授课质量，深化分类聘用和分类评价，将育人成效突出的教师纳入高层次人才岗位体系，强化教书育人导向。弘扬尊师重教风尚，健全教师荣誉体系，举办"尊师主题月""师德楷模在身边""向身边的榜样学习"以及教师入职宣誓仪式、荣休仪式、教师节表彰、"传承师德、引领成长"等主题教育活动，开设"名师西电""我的西电故事"等专栏，宣传报道学校育人楷模，强化榜样引领作用，"育人第一使命"成为广大教师的共识。

长安大学

大力弘扬教育家精神　建设高素质教师队伍

强国必先强教，强教必先强师。习近平总书记在 2024 年全国教育大会上指出，"要实施教育家精神铸魂强师行动"。长安大学坚持把教师队伍建设作为基础性工作抓紧抓实，大力弘扬教育家精神，多措并举打造充满活力、可持续发展的高水平师资队伍，为学校高质量发展积蓄了磅礴的奋进力量。

坚持以服务国家为最高追求，始终心怀"国之大者"。"心有大我、至诚报国"的理想信念是教育家精神的政治灵魂。学校全力服务交通强国、新时代推动西部大开发、黄河流域生态保护和高质量发展、"双碳"等国家重大战略，坚持把论文写在祖国大地上。一大批教师作为科技创新生力军，在超级跨海集群工程深中通道、"国之重器"港珠澳大桥、"全球空港新标杆"北京大兴国际机场建设中深度参与科技攻关。汤中立院士提出的"小岩体成大矿"理论，为新一轮找矿突破战略行动提供了理论支撑；李佩成院士通过"三水理论"再造山川秀美大西北，为建设美丽中国提供了实践路径；彭建兵院士领衔启动的"宜居黄河科学研究计划"，为推动黄河流域生态保护和高质量发展作出了重要贡献。

坚持以党的领导为根本保证，筑牢教师信仰高地。"言为士则、行为世范"的道德情操是教育家精神的鲜明品格。学校始终加强党对教师工作的全面领导，成立党委教师工作委员会、师德建设委员会，不断完善教师思想政治和师德师风建设工作体制机制，在教师准入、考核、评聘、评优等工作中落实师德师风第一标准。出台实施《长安大学"弘扬践行教育家精神行动年"工作方案》《教职工荣誉表彰体系实施办法》等制度文件，举办"师德师风宣传教育月""思政大课堂""师德大讲堂""国情大研修"系列活动，营造尊师重教浓厚氛围。近年来涌现出一批全国模范教师、全国高校黄大年式教师团队、陕西省教书育人楷模、陕西省师德标兵等先进典型，助推学校在人才培养、学科建设、科学研究和社会服务上不断取得新的突破。

坚持以立德树人为根本任务，提升教师育人能力。"启智润心、因材施教"的育人智慧是教育家精神的使命呈现。学校以"时代新人铸魂工程"为牵引，坚持"五育"并举，深化思想政治工作质量提升工程和"三全育人"综合改革，持续打造"十大育人"特色品牌，"传承红色、坚守本色、强化特色"的育人改革与探索已成为学校人才培养的基本理念和行动自觉。主动面向新科技革命和产业革命，聚焦人才培养质量提升关键环节改革创新，构建"现代""强基""融合""未来""国际"五大人才培养模式，系统优化交通类人才培养矩阵，强化交通类人才培养契合度，引导学生自觉把人生理想融入民族复兴、强国建设的伟大事业之中。

坚持以深化改革为强大动力，优化人才发展环境。"勤学笃行、求是创新"的躬耕态度是教育家精神的必然要求。学校牢固树立人才是第一资源的理念，大力推进"人才强校"战略，着力构建人才"引育用留"一体化推进工作格局。聚焦学科建设布局和重大任务需求，创新以才引才、合作引才、"大师+团队"式引才、特色学科影响引才等方式，优化"精准化引进、梯队化培育、柔性化使用"三位一体选才育才用才生态。深入实施"长安学者"人才支持计划、"青年英才引进计划""优秀青年人才培育计划"等，引进和培育杰出人才、领军人才、青年拔尖人才及青年学术骨干。大力弘扬科学家精神，营造潜心育人、潜心科研的育人氛围。深化评价体系改革，尊重教育规律和人才成长规律，坚持"破五唯"与"立新标"并举，营造人才发展良好环境。

坚持以仁爱之心为思想引领，铸就高尚师德之魂。"乐教爱生、甘于奉献"的仁爱之心是教育家精神的崇高情怀。学校深入推进陕西省重点马克思主义学院建设，实施"名师引领计划""青年教师科研提升计划"等，获全国高校思想政治理论课教学展示活动特等奖。积极推动思政课程和课程思政同向同行，构建"思政课程＋课程思政＋行业思政"育人体系，打造"课堂融通、平台融汇、师生融合"三位一体的行业特色高校"大思政课"育人模式。推出"红色经典影视作品融入思政课"教学案例库，打造"红色"思政金课；开设"交通强国""地学人与国土文化""绿色建筑与人居环境"等，打造"蓝色"行业思政课；将"乡村振兴"融入思政课实践教学，打造"绿色"思政实践课。

坚持以报国传统为文化底色，厚植家国天下情怀。"胸怀天下、以文化人"的弘道追求是教育家精神的宏大格局。学校紧紧围绕"培养什么人、怎样培养人、为谁培养人"这一根本问题不懈探索实践，形成了"弘毅明德、笃学创新"的校训和"自强不息、求真务实、团结奋进、追求卓越"的大学精神，将报国传统与大学文化内化为广大师生的价值基因和精神动力，建设起了一支政治坚定、素质优良、学术精湛、创新能力强的师资队伍，培养了30多万德才兼备、本领过硬、勇于担当的长安大学学子，毕业生主动到祖国需要的地方建功立业，45%以上扎根西部，65%以上投身重点行业、重要企业和重大工程。学校充分发挥国际交通人才培养优势，打造"国际工程班—中外合作办学机构/项目—留学长大—海外办学"多元立体国际化人才培养模式，持续培养具有家国情怀和国际视野的高水平复合型人才。

兰州大学

以教育家精神涵育教书育人"大先生"

2023 年教师节前夕，习近平总书记在致信全国优秀教师代表时明确提出并深刻阐释了中国特有的教育家精神，为打造高素质教师队伍、推进教育高质量发展、建设教育强国指明了方向、提供了遵循。要引领广大教师牢记习近平总书记殷殷嘱托，大力弘扬和践行教育家精神，树立"躬耕教坛、强国有我"的坚定志向和远大抱负，努力成为新时代教书育人的"大先生"和以中国式现代化全面推进强国建设、民族复兴伟业的重要力量。

坚定心有大我、至诚报国的理想信念。深入学习贯彻习近平总书记重要论述精神，始终从战略和全局高度认识把握教师思想政治教育工作，建立"学习政治理论、感受博大文化、体察国情时政、提高思想认识"的教育体系，切实激励广大教师牢记初心使命。要以"心有大我、至诚报国的理想信念"为方向引领，进一步引导广大教师深刻认识建设教育强国在以中国式现代化全面推进中华民族伟大复兴中的基础性、战略性、支撑性作用，坚定"躬耕教坛、强国有我"的志向和抱负。坚持不懈用习近平新时代中国特色社会主义思想培根铸魂，帮助教师从党的创新理论中汲取真理养分、从教育家精神中砥砺奋进动力，担当起学生健康成长指导者和引路人的责任。

厚植言为士则、行为世范的道德情操。坚持"传文脉、树精神、成风格、育新人"的工作理念，坚持每年开展"师德文化传承月"系列活动，通过挖掘"萃英大先生"师德典范人物故事、评选"萃英好老师"等活动，传承创新师德文化，展现师者乐教爱生、甘于奉献、追求卓越的良好精神风貌。要以"言为士则、行为世范的道德情操"为鲜明标识，激励引导广大教师积极践行社会主义核心价值观，恪守教师职业道德准则，自觉加强师德师风建设，发挥教育引领人、温暖人、凝聚人、感召人、教化人的精神力量。始终坚持师德师风第一标准，构建集教育、宣传、考核、监督、查处和约束于一体的师德师风建设体系，完善教师思想政治和师德师风建设长效机制，实现知识传授与人格培养的双重目标。

传承启智润心、因材施教的育人智慧。始终将教师育人育德能力作为重要工作来抓，不断改进完善教师能力提升机制，采取拓展多元化培训、构建"老带新""传帮带"互助体系、促进教学科研相互融合等方式，全面提升教师教书育人能力、科研创新能力和自我提升能力。要以"启智润心、因材施教的育人智慧"为核心素养，激励引导广大教师严爱相济、润己泽人，使学生在温暖关爱中成长，在启迪智慧中进步，体现教育深入学生、融入心灵、春风化雨、润物无声的良好效果。秉持"有教无类"的原则，根据学生在认知能力、思维特点、情绪表达等方面的差异特点采取灵活多样教学策略，营造理解包容、互相尊重的育人环境，在学习过程中心灵得以呵护、思想得以启发、灵魂得以塑造。

秉持勤学笃行、求是创新的躬耕态度。紧密围绕"以学习者为中心"，着力构建教师成长发展服务体系，建立符合学科特点和教师成长规律的考核评价标准，引导教师自觉主动服务国家重大战略需求和区域经济发展需要，"入主流、强特色、争主导"，激发人才创新活力、释放创新潜能。要以"勤学笃行、求是创新的躬耕态度"为实践追求，激励引导广大教师把终身学习作为一种职业本分、一种精神追求，不断拓宽知识边界，深化知识结构，引领学生在探求真理、追寻新知中实现全面发展。紧跟科技发展趋势，扩容自身专业知识，利用现代技术手段丰富教学内容与方法，激发学生及自身的创新潜能，利用新颖的思维视角和方法策略解决教学、科研中的复杂问题，提高育人水平、教学质量，助力学术发展、科学进步。

勤修乐教爱生、甘于奉献的仁爱之心。一代代教师扎根西北大地，以科学探索的精神和严谨治学的态度兴学育人、传承文脉，培养出 42 万余名"基础扎实、知识面宽、勤奋实干"的优秀学子，涌现出以任继周、南志标、涂永强、周又和、黄建平等为代表的一大批杰出教师。要以"乐教爱生、甘于奉献的仁爱之心"为品质传承，激励引导广大教师自觉把对党和国家的忠诚、对教育事业的赤诚、对学生的真诚融为一体，让学生"亲其师""信其道"，向着光明和梦想勇敢前行。树立高尚的职业情操，以大爱情怀谱写立德树人、敬业爱生的育人乐章，以高尚师德在学生心灵涂上亮丽底色，努力成为党和人民满意、学生真心喜爱的好老师。

树牢胸怀天下、以文化人的弘道追求。面向未来，兰州大学矢志不渝"在西北办好一流大学"，引导教师追求一流的目标、贡献、价值，不断深化国际合作与交流，为构建人类命运共同体贡献力量。要以"胸怀天下、以文化人的弘道追求"为价值取向，激励引导广大教师以天下为公的情怀，以教育家的远见卓识，为推动人类文明的进步、参与全球治理、促进世界和平与发展贡献中国智慧。在知识传播、文化传承、精神培塑的过程中，传承"胸怀天下"的民族精神与文化基因，引领学生增强立足中国、放眼世界的历史自觉，厚植家国情怀，树立远大理想，汇聚推动中华民族伟大复兴、屹立世界民族之林的磅礴力量。

后　记

习近平总书记高度重视新时代高水平教师队伍建设工作。2023年9月，习近平总书记致信全国优秀教师代表时强调大力弘扬教育家精神，为强国建设民族复兴伟业作出新的更大贡献。2024年9月，习近平总书记在全国教育大会上指出，要实施教育家精神铸魂强师行动，加强师德师风建设，提高教师培养培训质量，培养造就新时代高水平教师队伍。

为深入学习贯彻习近平总书记重要讲话精神和党中央决策部署，奋力谱写教育强国建设崭新篇章，夯实教师队伍建设的基础地位，加快建设教育强国，2024年2月起，教育部教师工作司与人民网、中国教育报联合开设"大力弘扬教育家精神"专栏，在"学习强国"学习平台推送，邀请各省、自治区、直辖市有关负责同志及教育部直属高校主要负责同志结合工作实际深入研究阐释，引领广大教师深刻领会教育家精神丰富内涵、自觉弘扬践行教育家精神，推动各地各校将教育家精神转化为加快建设教育强国的生动实践。

《大力弘扬教育家精神》一书将专栏文章结集出版，总结各地各校大力弘扬教育家精神的实践成果，旨在大力弘扬教育家精神，激励广大教育工作者不忘初心、牢记使命，为教育强国建设贡献力量。

参加本书编写的有：怀进鹏、杜江峰、俞伟跃、黄小华、韩劲红、赵鑫、邓杭、王志洁、郭春阳、吴非、李德付、沈爱平、葛佑勇、王炳明、赵静、童春林、何一帆、石中英、康丽等同志。此外，教育部师德师风建设基地（浙江大学）也参与本书编写，并给予支持帮助。

责任编辑：龚　勋
责任校对：曲　静
装帧设计：汪　阳

图书在版编目（CIP）数据

大力弘扬教育家精神 / 本书编写组编写 . -- 北京 ：人民出版社，
2025．4． -- ISBN 978－7－01－027101－9

I. G40-092

中国国家版本馆 CIP 数据核字第 2025Z8H084 号

大力弘扬教育家精神

DALI HONGYANG JIAOYUJIA JINGSHEN

本书编写组

人民出版社 出版发行

（100706　北京市东城区隆福寺街 99 号）

北京汇林印务有限公司印刷　新华书店经销

2025 年 4 月第 1 版　2025 年 4 月北京第 1 次印刷
开本：710 毫米 ×1000 毫米 1/16　印张：25.75
字数：307 千字

ISBN 978－7－01－027101－9　定价：69.00 元

邮购地址 100706　北京市东城区隆福寺街 99 号
人民东方图书销售中心　电话（010）65250042　65289539